神話を読んで わかること

丸山顕誠
Maruyama Akiyoshi

原書房

神話を読んでわかること

目次

まえがき

　神話を読んで何がわかるのか。これが本書のテーマである。

　神話は単に不思議な話を語っているわけではない。なかには、神話がいいたい事は一読すればわかるという向きもあるだろう。例えば『聖書』の天地創造は、神が世界を造った話である。これは一読すれば理解できる。しかし、ひとつひとつの話を分析し、あるいは他の似たような神話と比較し、また祭祀などを検討してゆくことで、神話が何をいわんとしているのかを深く知ることが出来る。

　例えば『聖書』において、創造のはじめに作られたものは水であり、これは世界の多くの神話にみられる。他にも、ノアの洪水のような神話は、ギリシアやメソポタミアにも存在する。しかし、似ているからといって同じことをいっているわけではない。似ている神話であっても、それぞれの神話ごとに主張したい点や、それぞれの神話を信仰する集団が理解してきた点は違う。

　この似ているが違う、違うが似ているという点に留意しながら、本書では様々な神話を神話の形ごとに取り上げる。創世神話、人間と死の起源、英雄神話、英雄と竜、神婚譚・王権神話、洪水神話、戦争・秩序・終末の七つである。各章の最初に、章全体のまとめを設け、次いで各神話の紹介と分析を地域やトピックごとに行う。

　神話は人々に様々なことを教える。人や動物、山や川はなぜ存在するのか、国はなぜ出来たのか、人生はなぜ苦しいのか、等々。そしてその疑問を突き詰めてゆけば、「なぜ、ないではなく、あるのか」という問いに行きつく。つまり、神話は人間が生きていく中で生まれる疑問、そしてその果てにある

根源的な疑問に答えるものである。宇宙のはじまり、人のはじまりなど様々な学問分野が答えようとしてきた問いを、神話もまた持っているのである。

神話は人間が持った問いに答える最古の姿であり、また人間の様々な暮らしをも規定してきた。神話を理解することは、人間がどのように神と世界と人を捉えてきたのかを知ることに繋がる。そして、その繋がりは現代にまで多様な形で続いている。信仰を持っている人にとっても、信仰を持っていない人にとっても、神話を学ぶことは、神と世界と人を知ることに繋がるのである。

凡例・略語・記号

fl.　floruit　活動期間。

c.　circa　　頃。c.180 は 180 年頃。

¶　　pilcrow　　段落記号　　¶3 は第三段落。

§　　section sign　　節記号　　§§3-5 は第三節から第五節。

古典や章節が明示してあるいくつかの文献は、章節で表記してある。

　　　　　例：創世記 1.26.　⇒　『聖書』「創世記」第 1 章第 26 節。

ギリシア語は、一部を除いてラテン文字（ローマ字）に移しかえた。

ギリシア神話の人・神名は一部を除いて長音記号を省いた。

図とエピグラフの典拠は巻末に配置している。

第一章

ファンタジー・神話・聖典

「人間は、意味なくしては、
しかも全体的で絶対的な意味なくしては、
生きられない。」
ヤン・パトチカ『歴史哲学についての異端的論考』

トマス・コール《タイタンの盃》1833 年

現代ファンタジーからたどる道

　神話とは何か。この問題を考えるうえで、神話と似ているものとの違いから考えてゆくことが有用だろう。そこで、巻頭の本章では、神話とファンタジーとの違い、神話と聖典との関係の二つを取り上げる。

　神話とファンタジーは似ているように見えるが、実は全く違う。ファンタジーというジャンルのゲームや小説などでは、神々が登場し、魔術師が火を放ち、魔力の込められた武具で英雄が戦う。神話でも神々が登場し、魔術師が登場し、英雄が神々に授けられた武具で戦う。歴史的にも、ファンタジーというジャンルのフィクションは様々な要素を神話から吸収してきた。また、神話や宗教を信じない人の目から見れば、どちらも虚構の話でしかないだろう。しかし、神話を信じない人にとってもファンタジーと神話は決定的に異なる。大きくいえば、誰かがその神話を本当の話だと信じているかどうか、がその基準となるのだが、神話がファンタジーになるにはいくつかの重要な契機がある。本章の内容は、ファンタジーから神話へどのように変化したのかと、聖典と神話がどのように違うのかを説明する。大まかに以下のような内容になっている。

ファンタジーから神話へ

　神話から見れば、ファンタジーは神話に様々なものが付け加わったものだといえる。大まかな流れとして、次のようにいえるだろう。英雄を語った神話が、中世ヨーロッパでフィクションとして英雄を語る物語となる。次に、ルネサンスの英雄詩では現代のファンタジーで使われる様々な驚異——魔法の本や武具など——が完備される。そして、ロマン主義の時代では、世界中の様々な神話がヨーロッパに紹介され、研究が行われ、様々な作品が生み出されていく。そして、20世紀初頭の神話創造文学の作家によってファンタジー専用の世界として第二世界を舞台に作品が作られる。そして、トールキンが、自分のマニフェストに従って書いた『指輪物語』の商業的成功によって、現代ファンタジーが成立するのである。大まかな過程を、歴史を現代か

らたどることによって、神話とファンタジー文学との違いを様々な作品・作者の特徴、そして多くの研究から、歴史をさかのぼる形で見てゆく。

　様々な作品と作家の名前が出てくるが、作品や作家の詳細を知っておく必要はない。神話を考えてゆく我々にとって重要なのは、現代のファンタジーと神話との違いなのである。しかし、記述だけをみていてはなぜ神話を人が信じていて、ファンタジーの世界を人は信じていないのかわからない。信じられているものとしての神話、つまり聖典は、神話とどのように違うのかを考える必要がある。

<h2 style="text-align:center">聖典と神話</h2>

　ある宗教、例えばキリスト教では『聖書』の記述は本当のこと（宗教や信者によってその範囲は異なるだろう）が書かれた文書、つまり聖典だとみなされる。しかし、その神話が書かれた文書が存在するだけでは、虚構の物語として書かれたファンタジー文学との違いはわからない。聖典と神話との違いは、聖典だけでなく、さらに二つの要素、つまり神を直接体験した人と、集団的・間接的な神体験である祭祀を含めて検討することで理解できるようになる。神を直接体験した人の話は、神話に記述され、祭祀で祭られることによって、確実さを保証される。祭祀も神を体験した人が証言する神が、神話の文献によって書かれた方法によってその正当性が認められるのである。

I. 現代ファンタジーから神話へ

現代ファンタジーの始まり：トールキン

　ファンタジーと呼ばれるジャンルの作品はエンターテインメントのなかで溢れている。『指輪物語』やハリー・ポッター・シリーズのように小説として成功し、映画にもなった作品があり、ビデオゲームにもドラゴンクエストシリーズや The Elder Scrolls シリーズに代表されるようにファンタジーと呼ばれるジャンルの作品がある。いずれも、主人公が何者かと戦い、偉業を

達成する。このように身近なファンタジーの姿はどこからきているのか。神話からファンタジーへ至る歴史の中で、現代のファンタジーを決定的に特徴付ける最後の重要な契機はトールキンの『指輪物語』と彼のプログラムである「妖精物語について」にある。

現代ファンタジー文学の歴史は、J.R.R.トールキンの『指輪物語』ペーパーバック版が成功を収めた1960年代にはじまると、作家・批評家のブライアン・ステーブルフォードは分析する。その理由として、『指輪物語』がトールキン自身のエッセイ「妖精物語について」の中で述べたプログラムに基づいて書かれ、そして世界的成功をおさめ、現代ファンタジーの範型となったからだと彼は論じる。[1]

トールキンの「妖精物語について」では、ファンタジー作家は、準創造者として第二世界を創り、物語を作る存在であり、作家の作る物語によって、読者は感受性の回復、苦境からの逃避、ユーカタストロフィが与える喜びによる慰めが与えられることが議論される。この三つの心理的機能を没入型のファンタジーによって行うというプログラムによる作品の創造と成功によって、商業的ファンタジーというジャンルの典型が生まれたのだとステーブルフォードは論じる。[2]第二世界の問題は次の神話創造文学で取り上げ、ここでは、ファンタジーの分類について取り上げる。

この没入型という分類はファラ・メンデルソンの「ファンタジーの分類学に向けて」という論文でなされたものの一つであり、それをステーブルフォードが参照した。メンデルソンはポータル型・没入型・侵入型・疎外型という分類を行っており、これを紹介する。[3]

ポータル型

ポータル型はポータル（扉）を通じてファンタジックな世界に入る作品で、ナルニア国物語の第一作目『ライオンと魔女と衣装だんす』をメンデルソンは典型例に挙げている。[4]

1　Braian Stableford, Introduction to *Historical Dictionary of Fantacy Literature*, (Lanham, Maryland: The Scarecrow Press, 2005), lviii.

2　Stableford, Introduction to *Historical Dictionary*, xl.

3　Farah Mendlesohn, "Toward a Taxonomy of Fantasy," Final version, 4. https://www.academia.edu/6730658/Taxonomies_of_Fantasy_final_version. 2023年5月13日アクセス。

4　Mendlesohn, "Toward a Taxonomy of Fantasy," 6.

没入型

没入型ファンタジーは我々の住む現実とは無関係の第二世界で進行するもので、語り手や人物が当然視されない世界となる。『指輪物語』が代表例である。メンデルソンは十分に構成された場合、SF と見分けがつかないと指摘する。[5]

侵入型

侵入型ファンタジーは、現実世界にファンタジックな原理が侵入してくる作品で、その侵入にかんする解決や打倒が特色とした分類である。メンデルソンはハリー・ポッター・シリーズを例に挙げている。[6]他にもラヴクラフトの作品はその典型例だといえるだろう。

疎外型

疎外型ファンタジーは現実の世界で進行するが、ファンタジックな経験が恐怖や不協和音なしに進行する形式の物語である。メンデルソンはクロウリーの『リトル、ビッグ』を挙げている。[7]疎外型の例として、魔術的リアリズムの中でもアレホ・カルペンティエル『この世の王国』やエイモス・チュツオーラ『やし酒飲み』のような作品が挙げられるだろう。

トールキンのプログラムによる没入型ファンタジーは、トールキン以前のファンタジーの結末、つまり結婚・相続などの結末とは全く違ったものを提供しているとステープルフォードは論じる。[8]それは、トールキンのプログラムでの登場人物は個人の欲望を越えた偉業を達成する。これは、お伽噺だけではなく、ロバート・E・ハワードが開拓した剣と魔法の世界とも大きくことなると指摘する。ハワードの描くヒーローのコナンは利己的・控えめな野望を持つ人物であって、ヒロイック・ファンタジーにおける救世主的英雄による驚異的な功績がほとんどないと彼は論じている。[9]

5　Mendlesohn, "Toward a Taxonomy of Fantasy," 8.
6　Mendlesohn, "Toward a Taxonomy of Fantasy," 8.
7　Mendlesohn, "Toward a Taxonomy of Fantasy," 11.
8　Braian Stableford, Introduction to *Historical Dictionary*, lx.
9　Braian Stableford, Introduction to *Historical Dictionary*, lxii.

ユーカタストロフィ

　この英雄が達成するのは、幸福な大団円と訳されることもあるユーカタ[10]
ストロフィである。これは、キリストの贖罪・復活に範型を持つトールキン
による重要な文学技法といえる。トールキンの語るファンタジーの主人公、
つまりキリストに匹敵しうる偉業を行う者はまさしく英雄である。キリスト
教徒にとって、キリストの贖罪と死は現実に起こった神話的な出来事で、そ
れを物語の中で再現するのがトールキンにとってのユーカタストロフィなの
である[11]。

　ユーカタストロフィをもたらす英雄の確立によって、トールキンはこれ
までのファンタジーとはまったく違う新たな作品を作りだし、『指輪物語』
は現代の商業ファンタジーの典型となったとステープルフォードは論じる[12]。
また、彼は「現代ファンタジーの多様性の美徳の一つは、作家がヒロイズム
の本質や目標を自明のものとしすぎることを禁じているところにある。」[13]と
も述べている。これはおそらく、神話的な世界の広がりが大きく設定される
ことによって、容易に登場人物がユーカタストロフィに逢着（ほうちゃく）させることが可
能になることがその理由の一つではないかと考えられる。

　現代ファンタジーの特徴である三つの心理的機能と第二世界、このうち
第二世界の創造は、ひとりトールキンの業績ではない。同時代には同様の文
学的な潮流と呼んでよいものが存在した。それが神話創造文学の作家たちで
ある。

神話創造文学：現代ファンタジーの発端

　神話を作り上げる行為を、トールキンは神話創造と呼んだ[14]。英語でミソー
ピア (mythopoeia) と呼ばれるこの創作のありかたは、現在、詳細な神話が
設定された小説一般をさしてつかわれる言葉になっている。トールキンや彼

　　10　J.R.R.トールキン「妖精物語について」杉山洋子訳、同著者『妖精物語の国へ』ちくま文庫、
同訳者（筑摩書房：2003）、120。
　　11　トールキン「妖精物語について」126-29。
　　12　Stableford, Introduction to *Historical Dictionary*, xl.
　　13　Braian Stableford, Introduction to *Historical Dictionary*, lxii.
　　14　J.R.R.トールキン「神話を創る」杉山洋子訳、前掲『妖精物語の国へ』、147-159。原題
は Mythopoeia.

と交友関係にあったC.S.ルイス、クトゥルー神話と呼ばれる作品を残したラヴクラフトなど、この20世紀初頭の時期には神話を作品の中で創造した人物が集中して出現している（⇒コラム「神話創造文学の動機と背景」）。この神話創造文学の潮流の祖として挙げることができるのは、『ペガーナの神々』において独自の世界と神話を作り上げたロード・ダンセイニであろう。ここでは、生年順に神話創造文学のなかの重要な作家を取り上げていく。

シドニー・サイム
『ペガーナの神々初版 表紙』
1905 年

ロード・ダンセイニ (1878-1957)

　神話創造文学の嚆矢ともいえる『ペガーナの神々』(1905)『エルフランドの王女』(1924) は二次世界創造を考える上で最も重要であろう。無神論者と考えられているダンセイニは、美的な観点からその作品世界を造り上げた[15]。彼に先だって神話を創造したブレイクやポオは、自身の確信した実際[16]の世界を作品に移し替えた（⇒「コラム　神話と詩と真理II」）。彼らとは違い、ダンセイニは純然たる創作・文芸的表現のための二次世界を作り出したといえることが、彼の最大の特徴だろう。この点で彼の影響力・重要性は極めて大きい。

　彼へ大きな影響を与えたのは、『欽定訳聖書』による古風で荘厳な文体、ギリシア・ローマ神話への憧憬、ニーチェの無神論・反聖職者主義だと指摘されている[17]。他にも、神々の造形に関して様々な神話の影響がうかがえる。ペガーナにおける最高神マアナ＝ユウド＝スウシャイは、世界を創造した後、眠りにつき、そして、目覚めた時世界が消滅する。マアナ＝ユウド＝スウシャイを目覚めさせないために、神スカアルは太鼓をたたき続ける。創造と睡眠、覚醒と崩壊の関係はヒンドゥー教のビシュヌあるいはブラフマーに同様の例が見られるし、称えられる神というのは、『聖書』の熾天使などにもある。様々な神話を渉猟しながら彼の神話も形成されていったのだと思われる。

　　15　S. T. Joshi, "Cristianity and Paganism in Two Dunsany Novels," in *Critical Essays on Lord Dunsany*, ed. S. T. Joshi (Lanham: The Scarecrow Press, 2013), ch. 23, kindle.

　　16　William F. Touponce, *Lord Dunsany, H. P. Lovecraft, and Ray Bradbury: Spectral Journeys* (Maryland: The scarecrow Press, 2013), 2.

　　17　S. T. Joshi, Introduction to *Time: And Other Fantasy Tales*, Penguin Classics, by Lord Dunsany, ed. S. T. Joshi (London, London: Penguin books, 2004), Introduction, Kindle.

彼の活動は、第一次大戦前、戦間期そして第二次大戦後にまで及ぶ激動の時代を潜り抜けたもので、ファンタジー、SF、戯曲など様々な形態で作品を発表している。彼は、C.S.ルイス、J.R.R.トールキン、ラヴクラフトをはじめ現代ファンタジーに対して影響を与え続けている。

オラフ・ステープルドン (1886-1950)

イギリスの哲学者・作家のオラフ・ステープルドンも神話創造の潮流の中で重要な人物だといえる。『最後にして最初の人類』では壮大な人類史の始原から終末までを、『スター・メイカー』(1937) では宇宙の歴史、精神の進化、創造者を作品の中で描いた。これらの作品の中で、彼は自身の哲学的な思想を小説の中で表現している。彼は自分の小説を、『タイムマシン』や『宇宙戦争』で著名な H.G.ウェルズに類するジャンルの作品ではなく、「哲学的小説」「科学的ロマンス」というような呼び方をした。[18] そして、彼は神話を文化の中で最高の賞賛と表現し、偽りの神話を文化によって理解される表現を越えたものだと考え、自己の作品を「神話創造のエッセイ」と呼んでいる。[19]

ヘーゲルあるいはスピノザに好意的なステープルドンは、アーサー C.クラークや C.S.ルイス、スタニスワフ・レム、ラヴクラフト、ボルヘスをはじめとした人物に影響を与えた。[20] ボルヘスは「ポオとベーコンという二人の SF の始祖を融合させた」と評価する。[21]

彼は精神的価値の再発見と精神の進化というテーマを学術的に出版する一方、そのテーマを文学作品の形でも発表した。[22]『スター・メイカー』では精神体となった「わたし」が、他の知的生命体や星々などと精神的共同体を築き、最終的に思索を原動力として破壊と創造を繰り返すスター・メイカーに遭遇する話である。

『スター・メイカー』は日常生活を送っている人間に真理が浸食し開示されるという点で浸食型ファンタジーであるといえる。ステープルドンの真理

18　Olaf Stapledon, Preface to Last and First man: A story of the Near and Far Future, 2nd. ed. (London: Methuen, 1931), v-vi. Patrick A. McCarthy, Olaf Stapledon (Boston: Twayne Publishers, 1982), 28.

19　Stapledon, Preface to Last and First man: vi.

20　Robert Crossley, Olaf Stapledon: Speaking for the Future, Syracuse (New York: Syracuse University Press, 1994), 234-235. Olaf Stapledon, Philosophy and Living (London: Penguin Books, 1939).

21　ルイス・ボルヘス「オラフ・ステイプルドン『スターメイカー』」ホルヘ・ルイス・ボルヘス著　牛島他訳『ボルヘス・コレクション　序文つき序文集』(国書刊行会：2001)、293。

22　McCarthy, Olaf Stapledon, 25-27.

は悲観的ではあっても、人間の完成、精神の進歩という肯定的な側面が浸食するものである。ラヴクラフトは、フリッツ・ライバー宛の書簡の中で「貴方の仰るとおり、この作品は神話という真に基本的な性質を備えており、幾つかの挿話は比類なき痛切さと劇的な激しさが充溢しています」[23]と評したが、そのラヴクラフトは同じく神話創造を行う一方で、浸食してくる存在はステープルドンとは違い、恐怖に満ちたものだった。

H.P. ラヴクラフト (1890-1937)

アメリカの作家 H.P. ラヴクラフトは「コズミック・ホラー」[24]という言葉をつけて表現される作品群で著名である。これらの作品群は彼の「クトゥルーの呼び声」(1926/28) に登場する神的存在であるクトゥルーの名前をとって「クトゥルー神話」とも呼ばれる。ラヴクラフトは「近年では初期のダンセイニ以降の何者も果たそうとしなかった子供のような真摯さで神話制作者になるつもりだ」[25]と述べたように、神話創造を旨とした作家であった。

ラヴクラフトの作品には、日常を暮らしている人間が、その裡（うら）にうごめく様々な神的存在やその力のあらわれと逢着する作品が多い。そこに出現する神的存在は、例えばクトゥルーとギリシア神話のテュポエウスとは、造形や封印されているという共通点がある。彼の作品に出てくる超越的存在であるヨグ＝ソトースと『聖書』の神は時間を超えるという点で[26]類似がある。他にも、アザトースは眠りにつきながら音楽を奏でられるという点で、ダンセイニのマアナ＝ユウド＝スウシャイに、延いては前述のように『聖書』の神やヒンドゥーの神に類似が見られる。彼の作品では、その神的存在を前に、人間の無力さ、強大な力に翻弄される姿が描かれることが多い。ダンセイニとステープルドンを絶賛する彼の記述を、トゥポンスは「ラヴクラフトにとって人間存在とは、ニーチェが『力への意志』で示したように、究極的には自

23　H. P. ラヴクラフトからフリッツ・ライバー宛の 1936 年 12 月 19 日付けの手紙。*H. P. Lovecraft, Selected Letters: 1934- 1937*, ed. August Derleth and James Turner （Wisconsin: Arkham House, 1976), 375.

24　森瀬繚『クトゥルー神話解体新書』（コアマガジン：2022）、20-21。

25　H.P. ラヴクラフトからフランク・ベルクナップ・ロング宛の 1922 年 6 月 9 日 付けの手紙、S.T. Joshi, *I Am Providence: The Life and Times of H. P. Lovecraft* (New York, Hippocampus Press, 2013), ch. 13, kindle。

26　『神学大全』I.10.2、邦訳：トマス・アクィナス『神学大全』I、高田三郎訳（創元社：1960）、172-176。

然の力の無意識的な戯れに従う操り人形に過ぎなかった」[27]と指摘する。トゥポンスは、ラヴクラフトがダンセイニと同じくニーチェの影響を受けており、他にフロイト、ダーウィンから多くの影響を受けていると分析している。[28]

彼の小説における神話的な記述は、彼の友人でありフォロワーであったオーガスト・ダーレスらによって体系化されラヴクラフトのフォロワーの共通財産となっている。[29]

J.R.R.トールキン (1892-1973)

『ベーオウルフ』の研究で著名な文献学者・言語学者であるトールキンは敬虔なカトリックである一方、神話の乏しいイングランドの真実の伝承をよみがえらせたいという思いがあり、また同時に古代の異教神話はキリスト教の先触れだという信念も持っていた。[30]そして、その二つを結び付けたいと願っていた。[31]彼の創造した二次世界エアの創造神話は死後出版された『シルマリルの物語』で描かれている。この五つの物語で構成された物語は、『聖書』、ギリシア神話、北欧神話、『カレワラ』など様々な要素で構成されている。[32]

彼の『シルマリルの物語』のなかの天地創造を描いた「アイヌリンダレ」では、創造主エル・イルーヴァタールは、エア（世界）を創り、その中のアルダ（大地）にアイヌア（天使的存在）の中で望んだものはアルダに下った。そして、創造主に反逆したルシファー的存在であるメルコールもエアに下り、その王になろうとした。このように『聖書』を踏まえて創られた世界は、『指輪物語』の舞台となる。

この『指輪物語』は、「根本的に宗教的でカトリック的な仕事である」[33]とトールキン自身が書簡で述べており、その書簡の中で、改訂版では意識的に宗教

---

27. William F. Touponce, *Spectral Journeys* (Maryland: The scarecrow Press, 2013), 61.

28. Touponce, *Spectral Journeys*, 61.

29. 森瀬『クトゥルー神話解体新書』22-23。

30. デイヴィッド・デイ『図説　トールキンの指輪物語世界』井辻朱美訳（原書房：2004）、14、17-18。

31. トム・シッピー『J.R.R. トールキン：世紀の作家』沼田香穂里訳、伊藤盡監修、（評論社：2015）、391。

32. デイ『図説　トールキンの指輪物語世界』、17-18。

33. トールキン「書簡142」、J.R.R. トールキンからイエズス会士ロバート・マー レイ宛、1953 年 12 月 2 日付けの手紙。J.R.R.Tolkin, "Letter 142," in *The Letters of J.R.R Tolkin*, ed. Humphrey Carpenter, asst. Christopher Tolkien (Great Bretain: George Allen & Unwin, 1981), (London: HarperCollins, 2012), "Letter 142," Kindle.

への言及を全部削除したと述べている。『ベーオウルフ』や『散文のエッダ』はキリスト教徒が異教徒を扱った。それと同じく、トールキンは異教を「深い共感と共に描」き、宗教的救済・断罪については扱わなかったとシッピーは論じる。[34]他方で、前述のように『指輪物語』の結末はユーカタストロフィというキリストの贖罪に範型を持つ表現技法が使われており、シッピーは『シルマリルの物語』の最後「エアレンディルの物語」はキリストの到来という福音の背景にしていると論じている。[35]

C.S. ルイス（1898-1963）

アイルランド出身の文献学者・信徒伝道者である C.S. ルイスはファンタジー文学のナルニア国物語シリーズや SF の別世界物語シリーズで著名であり、また、トールキンの同僚であり彼との交流でもよく知られている。更に、『キリスト教の精髄』(1952) や『人間の廃絶』(1944) をはじめとしたキリスト教弁証論などの分野においても重要な作品をのこしている。

このキリスト教への彼の態度はナルニア国物語シリーズにおいても強く描かれている。このシリーズでは、異世界のナルニア国の創造から終焉までが描かれていて、そこにはキリスト教神学や『聖書』の神話の影響が至る所に認められる。例えば、第一作の『ライオンと魔女と衣装だんす』(1950) では、『新約聖書』の福音書を踏まえて書かれている。そこでは、大帝の息子、世界を作ったライオンのアスランが、裏切り者の罪を背負い死に復活する。この贖罪というキリスト教における重要なテーマや裏切りのようなモチーフの他に、救世主の到来とヨーロッパ・コマドリというようなキリスト教民話に見えるモチーフあるいは象徴などが、他にもギリシアや中東の神話・民話などから引用した神話的存在などとともに様々な形で使われている。また、アスランの造形などにかんしてはオットー『聖なるもの』との関連も重要である。[36]

彼の作品はポータル型の典型といえるが、そこにはアイルランドやイギリスの異世界訪問譚の伝統、『聖ブレンダン航海記』からウィリアム・モリスの『世界のかなたの森』などに代表される諸作品の伝統があることもその

34　シッピー『J.R.R. トールキン』、282。
35　シッピー『J.R.R. トールキン』、387-393。
36　Adam Barkman, Rudolf Otto, "The Idea of the Holy," in *C. S. Lewis' List: The Ten Books That Influenced Him Most*, ed. David Werther and Susan Werther (London: Bloomsbury Academic, 2023).

作品を考える上でも、そしてポータル型ファンタジーを考える上でも重要だと思われる。

神話創造文学への影響

　神話創造文学を可能にしたのは、ヴィクトリア朝やイギリスのファンタジー文学の伝統の影響も重要である。そこにはコールリッジ『ファンタスミオン』、モリス『世界のかなたの森』、『世界のはての泉』、ラスキン『黄金の川の王さま』、マクドナルド『リリス』、そしてキャロル『不思議の国のアリス』などの重要な作品が含まれている。リン・カーターはトールキンの先駆者としてヴィクトリア朝の作家たちを例に挙げている[37]。特にマクドナルドはキリスト教神話作家として、神話創造文学者の一人に挙げられるし[38]、彼の叙述には様々な神話・民話の影響がみられる[39]。しかし、神話とファンタジー文学との関連を考えてゆく本書における叙述は、ロマン主義の圧倒的な重要性に道を譲らざるを得ない。ロマン主義の時代には、それまでヨーロッパが持っていたギリシア・ローマ神話やキリスト教以外の世界の様々な神話が紹介された。そして、多くの研究と文学作品が構築されていったのである。

ロマン主義：多様な神話のヨーロッパへの導入

　ロマン主義とは18世紀末から19世紀にかけて発生した精神・文化運動を指す。理性を重視した啓蒙主義への反動として、個人や自然、民族などが重視されてゆく。この時代には、世界の様々な神話がヨーロッパに紹介され、それらの神話を対象とした学問が起こり、芸術作品が作られていった。

　ギリシア・ローマ神話はこの時代に見直しが行われ、様々な神話の翻訳が行われ、詩人や戯曲家に影響を与えた。北欧神話も『エッダ』のアンリ・マレによる仏訳、グリム兄弟による独訳が行われた。またグリム兄弟はドイツ民話の紹介でも著名である。東洋の神話も紹介された。インド神話の『リ

---

[37]　リン・カーター『トールキンの世界』荒俣宏訳（晶文社：1977）、ch.13。

[38]　例えば、Rolland Hein, *Christian Mythmakers*, 2nd ed., (Chicago: Cormerstone Press, 2002). などを参照せよ。

[39]　例えば、山田敦子「ジョージ・マクドナルドの「巨人の心臓」に関する一考察」『日本大学大学院総合社会情報研究科紀陽』10(2009):181-91。を参照せよ。

グ・ヴェーダ』のミュラーによる
英訳が行われ、その他にも彼は『東
方聖典叢書』を編集し、仏教、ヒ
ンドゥー教、ゾロアスター教など
の聖典を紹介した。

　近代的な神話研究もこの時代に
はじまった。シェリングは神話を
学術分野として確立するのに大き
な役割を果たし、『神話の哲学』[40]
(1842) にあるように様々な方法論
の先駆となった。[41] 他にもクロイ
ツァー『古代諸民族、特にギリシ
ア人の象徴と神話』、ヤーコプ・
グリム『ドイツ神話学』、マックス・

アンヌ＝ルイ・ジロデ・ド・ルシー＝トリオゾン《フ
ランスの英雄の霊魂を受けるオシアンとその兵士たち》

ミュラー『宗教学入門』、フレイザー『金枝篇』など現代の研究に直接つな
がる様々な研究が行われた。

　このような時代状況の中で様々な作品が神話や神秘などを問題として作
られてゆくことになる。ヘルダーリン『ヒュペーリオン』(1797-99)、シェリー
『鎖を解かれたプロメテウス』(1820)、ユゴー『神』(死後 1891 年出版)、ネルヴァ
ル『火の娘たち』(1854)、バルザック『ルイ・ランベール』(1832) などを著
名なものとして挙げることができるだろう。

　ファンタジーの成立にとって直接的に重要な作品も多く生まれている。
ゲーテ『メルヒェン』(1795) は創作メルヒェンの嚆矢となった。フリードリ
ヒ・ド・ラ・モット・フケー『魔法の指輪』(1813) は中世騎士道物語を近代
的な散文と現代的ファンタジー冒険物語として再生させた。ゴブリン（仏：
ゴブラン）や吸血鬼との恋を描いたシャルル・ノディエ『トリルビー』(1822)
『死霊の恋』、ジークフリート伝説を再生させたワーグナーの『ニーベルング
の指輪』など重要な作品は枚挙に暇がない。

　　40　　Edward Allen Beach, *The Potency of God(s): Shelling's Philosophy of Mythology* (New York:
State University of New York Press, 1994), xi.
　　41　　Beach, *The Potency of God(s)*, Introduction, Part I, Part III chapter 3.

ルネサンス叙事詩と驚異の描写

　ロマン主義以前においてもファンタジーと神話との関係を考えるうえで重要な作品は多い。特に叙事詩というジャンルにおいて顕著である。ホメロスに直接の起源をもち、多くの神話も叙事詩という形態で語られた。スペンサーの『妖精女王』(1590)、宗教的な側面を中心にした作品であればミルトン『失楽園』(1664) やそれに先立つフォンデルの『ルシファー』(1654)、あるいはキリスト教文学の最高傑作であるダンテ『神曲』(c.1321) を例として挙げることができるだろう。しかし、本書のテーマに即していえば、最も重要な作品はルネサンスイタリアの英雄詩、就中『狂えるオルランド』であろう。

　ルネサンス期を代表する英雄詩、『狂えるオルランド』や『エルサレム解放』などにはフィクションとして騎士の戦いや冒険が描かれ、驚異——魔法、魔法の剣・盾、空飛ぶ馬など——が描かれる。これらは現代ファンタジー文学にも共通しているもので、歴史的に使われた魔法や神話における記述に影響されてフィクションの中の魔法が描かれた。驚異の存在する世界において英雄が活躍するフィクション、この形式が最高度に完成された姿が『狂えるオルランド』であるといえよう。

　『狂えるオルランド』(1516) はボイアルド『恋せるオルランド』(1495) の続編として書かれた叙事詩で、シャルルマーニュのパラディンであるオルランドを中心とした物語である。ここには、現代ファンタジーに現れる要素が多く現れており、その多くは古典や民間伝承、そしてシャンソン・ド・ジュストから受け継いだものである。

　その物語の中で、シャルルマーニュの 12 人のパラディン（12 人とは限らない）をはじめとした登場人物たちは、愛の泉と憎悪の泉の水を飲んだことによる恋のトラブルに巻き込まれ、ヒポクリフに乗って世界を旅し、『聖書』のエリヤの燃える戦車で月へ行き、妖精に魔法をかけられ忘却の川を渡る。無敵の槍、トロイア戦争の英雄ヘクトルの名剣、鎧・兜があり、あらゆる魔法を防ぐ指輪と、悪魔を呼び出し全てを教えてくれる魔法の本が存在する。異国との戦争や騎士の一騎打ち、魔女に惚れられ城に閉じこめられた騎士を助けに行く女騎士、グリフィンと巨人に守られた魔法の馬、等々。実に様々な要素が組み込まれている。しかし、それは無秩序に記述されているわけではない。

この『狂えるオルランド』を同時代のマキアヴェッリは「全編じつに美しく、多くの箇所で見事な出来栄え」[42]だと述べ、時代を下ったヴォルテールは「『イリアス』と『オデュッセイア』と『ドン・キホーテ』を一つにしたような作品」[43]であり、またアリオストを「私のあこがれの人です、というよりは［中略］神アリオストです」[44]と賛辞を与えた。なにより同時代にアリオストと同じく英雄詩の傑作『エルサレム解放』を書いたタッソは次のように述べている。

　　また神聖なるアリオストは生来の才能と、たゆまぬ努力と、多彩な知識と、善と美の確かな審美眼を彼にもたらした長きに及ぶ古典作家の研究とによって、今日の詩人の誰一人として、また古代の詩人でもごくわずかしか到達できなかった英雄詩の頂点に達していると考えています。[45]

　『狂えるオルランド』の話は、シャルルマーニュとパラディンたちと異教徒の国の軍隊との戦いを基調に進んでゆく。そこに、二つの大きな話が中心となって、様々な話が優雅に進行してゆく。一つ目の大きな流れは、シャルルマーニュのパラディンであるオルランドの陥る恋と狂気である。これは、キタイの王女で魔法使いのアンジェリカとオルランドが魔法の泉の水を飲んだことから起こる愛の行き違い、そしてそこから彼が陥る狂気と回復の物語である。二つ目は、ヘクトルの子孫のロジェロとエステ家の祖であるブラダマンテの対決と愛が中心となる物語である。まさに現代ファンタジーを全ての面で先取りし、完成させた内容となっており、そこに欠けているのは神話創造による第二世界の存在とユーカタストロフィ、そしてそれに必要な英雄だけである。

　この作品の圧倒的な影響力はいたるところで見ることが出来る。きわめて有名な所であれば、スペンサー『妖精女王』、シェイクスピア『空騒ぎ』、

　42　ロドヴィゴ・アラマンニ宛の 1517 年 12 月 17 日付けの書簡。ニコロ・マキアヴェッリ「書簡 44」松本典昭、和栗珠里訳『マキアヴェッリ全集 6』藤沢道郎 訳者代表（筑摩書房：2000）、292。

　43　Voltaire, "Épopée," Dictionnaire *philosophique*, II, , OEuvres Complètes De Voltaire, Nouvelle Édition, XVIII. ed. Louis Molland (Paris : Garnier, 1878), 573.

　44　ヴォルテール「書簡 967」高橋安光訳『ヴォルテール書簡集　1704-1778』高橋安光編訳（法政大学出版局：2008）、1179。

　45　トルクァート・タッソ『詩作論』イタリアルネサンス文学・哲学コレクション 2、村瀬有司訳（水声社：2019）、52。

カルヴィーノ『不在の騎士』、ボルヘス『アリオストとアラブ』などを容易に思い浮かべることが出来る。人気のキャラクターであったマンドリカルドは、19世紀に至るまで翻案・派生作品を生み出し続けたことからも、この作品の影響力を窺うことができる[46]。

シャンソン・ド・ジュスト：フィクションとしての英雄詩

　これらのルネサンス期における英雄詩の中で描かれた驚異は作り話であっても、驚異そのものはあくまで信じられているキリスト教の神が起こすものであり、奇跡などは実際にあったと考えられていた[47]。これは啓蒙主義を経たロマン主義の一般的な世界の捉え方とは大きく異なるだろう。キリスト教でなくても、神話、例えばホメロスの『イリアス』や『オデュッセイア』は真理であった。様々に矛盾がある説が様々な書で展開されていても、その話は神に由来すると考えられていた。（⇒コラム「神話と詩と真理Ⅰ」）しかし、ルネサンス期の英雄詩は作品として「本当らしさ」を追求したとしても、ストーリーはフィクションとして描かれる。ここで神話に繋がる重要な問題が発生する。

　そこで問題となるのは、フィクションとしての英雄詩は真理としての叙事詩といつ道がわかたれたのか、というものである。それは『狂えるオルランド』がその先端に存在する伝統、つまりフランス中世の騎士物語、シャンソン・ド・ジュストにあるといえる。この時期には、古代の『イリアス』や『アエネーイス』を翻案した物語が作られ、また、アーサー王物語がクレチアン・ド・トロワによって実質的に創始された[48]。これらは、神話・伝説と現代のファンタジーのつながりを考える上で重要である。しかし、英雄の真実の姿を述べたと考えられていたジャンルがフィクションに変化したシャンソン・ド・ジュストは、より本章のテーマ、神話とファンタジーとの違いを考える上で重要である。

　　46　『マンドリカルド原典集成：太陽の書』『マンドリカルド原典集成：月の書』西川秀和編訳（私家版：2022）、kindle。
　　47　タッソ『詩作論』23-24。
　　48　渡邉浩司「『クレティアン・ド・トロワ作『グラアルの物語』に隠された民話」への訳者前書き」フィリップ・ヴァルテール『クレティアン・ド・トロワ作『グラアルの物語』に隠された民話』人文研ブックレット42、渡邉浩司訳（中央大学人文科学研究所：2023）、2。

シャンソン・ド・ジュストとは武勲詩[49]と一般に訳される中世ヨーロッパ文芸ジャンルである。騎士の話をジョングルールという旅芸人が、ヴィエールと呼ばれるバイオリンの先祖である楽器で歌うものであった[50]。最も有名な作品は、シャルルマーニュの騎士ローラン（伊：オルランド）の戦死を歌った『ローランの歌』であろう。このシャンソン・ド・ジュストには様々な神話的要素が組み込まれていて、例えば妖精のオベロンや異世界のアバロンなどが語られる作品もある。

　シャンソン・ド・ジュストの写本は11世紀末から15世紀後半までのものがあり、ジョセフ・ドゥガンはそれらを三つに分類している。取り上げられた話を歴史的に、1.シャルルマーニュの時代のサラセン人との戦いを描いたもの、2.シャルルマーニュの時代から12世紀までの第一次十字軍やユーグ・カペーなどを取り上げたもの、3.同時代の歴史的叙述を建前としたものの三つに分類している[51]。

　ミカエル＝アンドレ・ボシーは、シャンソン・ド・ジュストを、集合的歴史的記憶から抽出された伝説を保存・再形成したものと定義する[52]。『ローランの歌』を例として彼は次のように説明する。まず、ローランの死の伝説があり、そこに戦死した場所（ロンスボー）の伝説が加わり、口頭の叙事詩に移行し、最終的に散文の年代記、例えば『偽トゥルパン年代記』に移行されたのだと説明する[53]。また、つまりフィクションという問題にかんしていえば、12世紀末にはシャンソン・ド・ジュストは真実ではなく娯楽として認識されており、その頃には、真実を伝えるメディアとして、シャンソン・ド・ジュストではなく、散文が台頭したとしている[54]。

　シャンソン・ド・ジュストは当初は真実として、そしてすぐに娯楽・フィクションとして楽しまれることになった。シャンソン・ド・ジュストは英雄

49　Joseph J. Duggan はジュストの意味を血統であると論じている。Joseph J. Duggan, "Medieval Epic and History in the Romance Literatures," in *Epic and History*, ed., David Konstan and Kurt A. Raaflaub (West Sussex: Willy and Blackwell, 2010), 280.

50　聴衆とのコールアンドレスポンスがあったことは、例えば Michel-André Bossy, "Roland's Migration from Anglo-Norman Epic to Royal French Chronicle Hisotry," in *Epic and History*, ed., David Konstan and Kurt A. Raaflaub (West Sussex: Willy and Blackwell, 2010), 303 などを参照せよ。

51　Joseph John Duggan "Medieval Epic and History in the Romance Literatures," in *Epic and History*, ed. David Konstan and Kurt A. Raaflaub (West Sussex: Willy and Blackwell, 2010), 280.

52　Michel-André Bossy, "Roland's Migration from Anglo-Norman Epic to Royal French Chronicle Hisotry," in *Epic and History*, ed. David Konstan and Kurt A. Raaflaub (West Sussex: Willy and Blackwell, 2010), 293.

53　Bossy, "Roland's Migration," 297-298.

54　Bossy, "Roland's Migration," 298.

を描いた歌という点で古代の叙事詩の後裔であるが、古代の英雄叙事詩は
シャンソン・ド・ジェストとは違い、真理として捉えられていた。英雄叙事
詩に限らず、詩という形態は神に授けられた真理を表現していると考えられ
た。この真理としての詩という伝統は、ヨーロッパにおいてはホメロスを始
原として、現代まで続いている。

　しかし、神話はなぜ真理が描かれていると信じられるのか。字に書かれ
たものだけを見れば、その違いはわからない。その違いは、祭祀や神体験と
いったものと神話との関係を見てゆかねばならない。

II. 聖典と神話[55]

　ある宗教体系を信じている人にとって、その宗教における重要な文書、
例えば『古事記』や『聖書』は、個人の信仰に温度差はあったとしても、真
理を記述した文書、つまり聖典である。それは、世界の形成、神と人の繋が
り、祭祀の方法などを教える文書である。また概していえば、科学の進歩に
よって様々な事柄が解明される以前では、神話は世界を説明する最も有力な
説でもあった。しかし、文書で書かれているだけでは、ファンタジーとの違
いはわからない。文字で表現されたものという点ではなにも変わらないから
だ。その点で見れば、神話本来の機能、つまり聖典と何かということを、文
書だけで把握することはできない。

　神話はそれだけでは、単なる空想の話を区別はできない。神社や教会な
どで行われる祭祀は、それだけでは、単に不思議な服を着た人々が不思議な
行為をしているに過ぎないだろう。その中で行われる歌や舞も単なる舞台芸
術に過ぎない。祭祀の中で、神がそこにいるといっても、人はそこに存在す
る神を直接見ることはない。また、個人が神と逢着したという証言・記録も、
それを聞いた人にとっては単なる個人の空想・幻と区別がつかない。しかし、
その三つ相互の関係を見ればそれぞれが支えあって、神と世界が真理として
みなされることがわかる。

　　55　この節の記述は丸山顕誠「聖典と神話：現象学的研究」、角南総一郎、丸山顕誠編『神
話研究の最先端』（笠間書院：2022）の後半部（特に第六節、第七節）を要約したものである。

神話は祭祀の方法を教え、個人が出会う神が確かであることを教える。例えば、『聖書』でのレビ記、『古事記』『日本書紀』での天岩戸など様々な形で神は人に祭祀の方法を教える。そして、個人が出会った神が神話に記されているなどのことから、個人が出会った神とその言葉が正しいということが確認される。他方、神話は祭祀が執行されることによって、記述の一部を共同体の人々に直接的に経験させる。そして、神話の神は、個人が遭遇することによって実際に存在することが確かめられ、またその遭遇も聖典に掲載される。

　祭祀は、神話に書かれた神との交流を行い、個人が出会った神を共同体のものとする。祭祀によって人は神とコミュニケーションをとり、その結果（例えば、救済や降雨など）を享受する。そして、個人が出会った神は共同体が祭祀の対象とすることによって、一対一の関係から多対一の関係に移る。他方、祭祀は神話に書かれたことによって行われ、そして、個人が出会った神を、媒体（御神体やシャーマンなど）を伴って共同体の前に出現させる。

　個人の神体験は、神話に書かれた神が実際に存在すること、祭祀の対象となる神が本当にいることを教える。人の前に現れた神は神話の正しさ、祭祀の正しさを人々に確信させる。他方、個人が出会った神は聖典によって真偽が確認され、正しい場合、聖典に記述される。そして、正しいと判定された神は祭祀によって共同体のものとなる。

　もちろん、この三つの関係は全ての宗教・時代に当てはまっているわけではない。しかし、例えば神話を持たないといわれる中国でも、皇帝は天から命を受けた存在であり[56]、天の存在を前提として祭祀を行っていた[57]。『イリアス』は絶対的な聖典ではないといわれることもあるが、冒頭にはアポロンへの祭祀が記述され、また権威を持っていた（⇒コラム「神話と祭祀　古代ギリシアの犠牲祭と秘儀」）。つまり、聖典・祭祀・神体験は、それらが揃っていなくても、それらに類するものの存在が前提とされていたといえる。

　それでは、現代の我々が神話と呼んでいるものは何か。これは、聖典・祭祀・個人的な神の体験の三つが揃っている一つの世界のありかたから、聖典だけを抜き取ったものだといえよう。これこそが、『指輪物語』と神話を区別しえる分岐点なのである。つまり、『指輪物語』などは誰にとってもファンタジー

　56　『玉璽譜』（『後漢書』光武帝本紀巻一上、建武三年正月条、所載）。『後漢書』第一冊、范曄撰（中華書局：1965）33。
　57　『大唐開元礼』巻一などを参照のこと。

であり本の中だけの真実である一方で、神話は誰かにとって真理を表わしたものなのである。『イリアス』も『指輪物語』も等しくファンタジーであるというような表現は、その点を考慮した場合、難しいといわざるを得ない。[58]聖典は人々の神と人との繋がりの中で、その繋がりへの考察の中で、現実の探求の中で作り上げられてきたものであり、人と世界と神との繋がりを表現したものでもある。本書は聖典として捉えられた文書・伝承を中心に、その周辺に位置する物語や伝承なども含めながら、その記述から何が分かるのかを見てゆくことになる。

III. 神話へ

　現代ファンタジー文学は神話や叙事詩の末裔ではあるが、ファンタジー文学は空想の物語として、そして、神話は真理を語るもの、つまり聖典として社会に位置づけられているという違いがある。聖典・祭祀・個人的な神体験はそれぞれが支え合いながら一つの共同体の中で神と人との関係を作っていた。そこで使われた文書や伝承は様々な形で、時には学者の研究によって古代の姿が再現され我々が手に取る形となって書店に並んでいる。

　さて、我々は現代ファンタジー文学から神話の領域へと歩みを進めた。そこでは、神々が世界を創造し、人が生まれ、死ぬ。神と人との子供である英雄たちが怪物と戦い、選ばれた人々が洪水を生き残る。そして、今の世界が終わり新たに完全な世界が形成される。

　本書では様々に語られた神話を、創造神話、洪水神話など著名なトピックに分類し、それぞれの論点とともに論じていく。

58　カーター『トールキンの世界』120-23。

神話という語について

　神話は英語では myth（ミス）とい
い、神話学あるいは一つの神話体系を
mythology（ミソロジー）という。これ
はギリシア語のミュートス（μῦθος）とい
う言葉がもとになっている。チャールズ・
バレットによれば、ミュートスはホメロ
スでは言葉・物語などの意味を持ってい
て、これは同じく言葉や物語などを指
すロゴスという言葉と互換可能な言葉で
あった。そして時代が下っても、ギリシ
ア詩では物語を意味していたが、散文（例
えばアリストテレス）の世界では「素朴
な人や信心深い人だけが実際に起こった
と信じている神々と人間の物語」となり、
そして、10 世紀の東ローマ帝国の辞書・
百科事典である『スーダ』の「真理を表
現した虚偽の記述」[1]という定義に至った
と論じている。[2]この言葉はラテン語に
導入され、5 世紀後半にはフルゲンティ
ウスが『神話』(Mythologiae) という神話
とその解釈に関する書を遺している。

　他方で、ヘシオドスの『神統記』に書
かれている、いわゆるギリシア神話のよ
うな事柄を語る人びとは、古代ギリシア

ではテオロゴイ、つまり神を語る人々
として呼ばれていた。この神（テオス
theos）と発話・語・理性（ロゴス logos）
を指す言葉の結合は、プラトンの『国家』
において、神にかんする言葉という意味
を持っていた。歴史を経て、キリスト教
の神学を指す言葉となっている。

　他方、日本では神の言葉、および神の
事を語ること、語る人々のことを、天語
(あまがたり)・神語 (かんがたり) と
呼んだ。[3]これは江戸時代に至っても使
われていた。[4]明治に至って神話の語が
myth に対応する言葉として使われてい
る。早い例として、田中治六の哲学館（東
洋大学の前身）での講義録『哲学名義考』
（跋文日付 1896 年 10 月）[5]や、中島茂一
の早稲田大学での 1903 年の講義録『近
世欧州文学思潮史』が挙げられる。[6]

　宗教 (religion) はラテン語で神への敬
意などを意味する religio に由来する。
この宗教という言葉は神話 (myth) と対

　1　"μῦθος." Suda On Line. http://www.
stoa.org/sol-entries/mu/1389. Barrett, Charles
Kingsley Barrett, "Myth and the New Testament:
The Greek Word Μύθος." The expository times 68,
issue 11(August 1957), 345.
　2　Barrett, "Myth," 345.

　3　神語：『古事記』上、大国主神。『古
事記』新編日本古典文学全集 1、山口佳紀、
神野志隆光校注訳（小学館：1997）、90。天語：
『古事記』下、雄略天皇。『古事記』352。
　4　例えば、『東照宮大平神語』『神語秘
笈』などの書名にも見える。
　5　田中治六『哲学名義考：哲学館教育
学部講義録』（哲学館：c. 1896）、89。
　6　中島茂一『近世欧州文学思潮史』（早
稲田大学出版部：c. 1903）、18 等。

比的に使われている。ギリシアの哲学者であるアリストテレスは神話を偽りの話という含みを持って使ったし、ローマ帝国の著述家であるウァロも、神話的神学という言葉を使い、嘘の話という意味の含みを持たせた。この使い方は時代が下っても維持されていた。ドイツ観念論の哲学者であるシェリングは偽りの神話の宗教と、真実の啓示の宗教という使い分けをしている[8]。

　これらのことから、日本語における神話という訳語の選択は、非常に優れているといえる。神話はアリストテレス以来、常に嘘の含みがあった。ギリシア語のテオロゴス（θεολόγος: 神を語る人）は、日本語の神語にまさに対応する。これまで信仰上の態度において真実だと考えられていたものは、神語という言葉で表現することができるからである。

　　　7　アウグスティヌス『神の国』6.8.2, 邦訳：上、赤城善光、泉治典、金子春勇、茂泉昭男、野町啓訳（教文館：2004）303-304。

　　　8　フリードリヒ・ヴィルヘルム・ヨーゼフ・フォン・シェリング『啓示の哲学』第九講：邦訳、『〈新装版〉シェリング著作集第6b巻　啓示の哲学〈中〉』諸岡道比古編、（文屋秋栄：2019）13-35。

第二章

本書で紹介する神話

> 「それゆえ真実の存在は、魂がいこえる世界は、
> とにかく「こういうものすべて」以外のものであるにちがいないという確信が
> そのような人には圧倒的になるということなのである。」
> アーサー O. ラヴジョイ『存在の大いなる連鎖』

アピアヌスの宇宙図

様々な神話を本書で取り上げる。本章では具体的に神話の話に進んでゆく
まえに、本書の中で紹介する神話、その中でも筆者が要約して紹介する神話
を紹介順にまとめる。本書で紹介した神話がどこに書かれているのか、邦訳
がある場合は邦訳を、邦訳がなく英訳を使った場合は英訳の文献を紹介する。
また、各神話の要約の索引を巻末に置いた。

ユダヤ教・キリスト教の神話

　キリスト教でいう『旧約聖書』、ユダヤ教でいう『タナハー』の中でも特に「創
世記」と呼ばれる最初の部分には、一般的に神話ととらえられる様々な話が
書かれている。神による天地創造、ノアの箱舟などが著名な神話だといえる
だろう。「創世記」は複数の伝承が合わさり、紀元前500年代に文書にまと
められたと考えられている。

　また、『新約聖書』はキリスト教が採用する『聖書』で、紀元後1-2世紀
にまとめられた。マタイ・マルコ・ルカ・ヨハネの四福音書にはイエスの生
涯が書かれ、その福音書を中心に様々な書が含まれている。

本書で使った邦訳

　　『聖書　原文校訂による口語訳』フランシスコ会聖書研究所訳注。サンパ
　　ウロ：2011。

メソポタミア神話

　シュメール人は現在のイラクに紀元前3000年代に都市国家群を作ってい
た。ここで語られていたのがシュメール神話であり、楔形文字によって記述
された。その後紀元前2300年代に北からアッカド人がメソポタミア地方を

統一し帝国を作る。そこで語られる神の名前はアッカド風に替わる。（例：
アン→アヌ）。その後紀元前1700年代にアムル人がメソポタミア地方を統一
しバビロニア帝国を作り、バビロニア神話が語られる。バビロニア神話では
マルドゥクが主神となり、様々な物語が語られている。

主に使った邦訳

『シュメール神話集成』ちくま学芸文庫、杉勇、尾崎亨訳。筑摩書房：
　　　　2015。
『バビロニア創世叙事詩　エヌマ・エリシュ』月本昭男訳注。ぷねうま舎：
　　　　2022。
『ギルガメシュ叙事詩』月本昭雄訳注。岩波書店：1996。

ギリシア神話

　紀元前9世紀-5世紀頃には様々なギリシア神話が文献にまとめられ、そ
れ以降も多くの本が書かれていく。最古のものはホメロスの『イリアス』、『オ
デュッセイア』で、その後書かれたものの中でも重要なものとしてヘシオド
ス『神統記』やアポロドーロス『ギリシア神話』（ビブリオテーケー）が挙
げられるだろう。

　最高神ゼウスをはじめとしたオリンポス12神や半神の英雄ヘラクレスな
どが著名な存在で、星座の起源神話もよく知られている。

本書で主に使用した邦訳書：

ホメロス『イリアス』上下。岩波文庫。松平千秋訳。岩波書店：1992。
ホメロス『オデュッセイア』西洋古典叢書。中務哲郎訳。京都大学学術出
　　　　版会：2022。
ヘシオドス『全作品』西洋古典叢書。中務哲郎訳。京都大学学術出版会：
　　　　2013。
アポロドーロス『ギリシア神話』岩波文庫。改版。高津春繁訳。岩波書店：
　　　　1978年。

北欧神話

　北欧神話が描かれた書として『エッダ』がある。『王の写本』（1270年ご
ろに書写されたもの）が17世紀アイスランドで発見、そこに含まれている。
これが、古代ゲルマンの神々の唯一まとまった資料である。また、キリスト
教徒の詩人スノリが書いた作詞のガイドブックである『エッダ』は『スノリ
のエッダ』、あるいは『散文のエッダ』と呼ばれ、1220年に書かれた。『王
の写本』での『エッダ』という名前は、このスノリの書いた『エッダ』に倣っ
て名付けられた。オーディン、トール、フレイアなどが有名な神で他にもエ
ルフやドワーフなどが神話の中で出現する。

本書で使用した邦訳：
　『エッダ：古代北欧歌謡集』谷口幸男訳。新潮社：1985。

日本神話

　日本神話と呼ばれるものは奈良時代に編纂された『日本書紀』『古事記』
に書かれている。他にも神話が書かれた文献は様々にあり、主に奈良時代と
平安時代の文献のものが神話として扱われる。また、中世・近世にも神学的
営みの中で様々な神話が書かれた。
　奈良時代には『古事記』『日本書紀』『風土記』『万葉集』があり、平安時
代の『古語拾遺』『住吉大社神代記』『延喜式』『高橋氏文』『新撰亀相記』な
どが神話の書かれたものとして代表的なものである。
　元々あった神の名前に漢字を当てはめた関係上、日本の神々の多くは記述
によって漢字が異なる。本書では再話と一部の例外を除いて『古事記』の神
名表記を使っている。天照大御神、須佐之男命、大国主神という神々が有名
な神々として挙げられる。

本書で使った『日本書紀』『古事記』
　『日本書紀』1。新編日本古典文学全集2。小島憲之、直木孝次郎、西宮一民、
　　　蔵中進、毛利正守校注訳。小学館：1994。
　『古事記』新編日本古典文学全集1。山口佳紀、神野志隆光校注訳。小学館：

1997。

インド神話

　インドの神話が語られる時期は大きく二つ、ヴェーダの宗教とヒンドゥー教の時期にわけられる。ヴェーダの宗教は前 1500- 前 900 年頃に書かれたヴェーダと呼ばれる文献群を基礎にしており、中心の神はインドラとなっている。紀元前 200 年代からは一般的にヒンドゥー教と呼ばれる。仏教化の後に復興したものをヒンドゥー教と呼ぶ。ヴェーダ文献群に叙事詩やプラーナが重要な文献として付け加わる。この二つに絶対的な境界があるわけではなく、仏教やジャイナ教に対抗して名付けられたもので、日本における神道[59]と同様の言葉にすぎない。

本書で主に使用した邦訳書：
　『マハーバーラタ：原典訳』1-8。筑摩学芸文庫。上村勝彦訳。筑摩書房：
　　　2002-2005。
　『マハーバーラタの哲学：解脱法品原典解明』上下。中村了昭訳注。平楽
　　　寺書店：1998-2000。

仏教

　仏教を創始した釈迦の教えは当初、口頭伝承で伝わっていた。時代が下り、教えを残すために結集と呼ばれる仏典編纂事業によって教えを書き残した。以降、仏典が形成されていった。宗派ごとに採用している仏典が異なり、成立時期やその経緯も様々で、『金剛頂経』のように釈迦ではない仏の説いた仏典も存在する。

本書で主に用いた邦訳：
　『倶舎論』仏典講座 18。桜部建訳注。大蔵出版：1981。

　　59　J. ルヌー、J. フィリオザ『インド学大事典』第二巻、山本智教訳（金花舎：1979）、100-101。

漢民族

　中国の歴代王朝は神話を編纂する事業を行わなかった。そして体系的な神話も他の神話に比べて残されているとはいいがたい。しかし、様々な形で書籍の中で中国の神話の姿を窺うことが出来る。本書でも伏犠、女媧、盤古といった神々が著名で本書でも洪水神話などでその姿を取り上げる。

本書で用いた主な邦訳：
　　司馬遷『史記』一（本紀下）。新釈漢文大系 38。吉田賢抗訳注。明治書院：
　　　　1973。
　　―――.『史記』二（本紀下）。新釈漢文大系 39。吉田賢抗訳注。明治書院：
　　　　1973。
　　『淮南子』上。新釈漢文大系 54。楠山春樹訳注。明治書院：1979。

エヴェンキ

　ユーラシア北東部に居住するエヴェンキの神話は様々な神話を持っており、弟の善神の治める天、兄の悪神が治める地下、人間のいる地上の三層構造の世界観を持っている。[60] 本書では天地創造の話を取り上げた。

本書で使った邦訳
　　荻原真子著「エヴェンキ族の創世神話」『ユリイカ』1985 年 1 月号 (17-1 号)。
　　　116-29。

メントラ

　マレーシアのメントラの神話は、ハーヴェイが 1882 年に記録した「メントラの伝統」によって知られている。本書では天地創造と死のはじまりにかんして第四章で取り上げるが、竹取物語の類話である英雄譚や終末論まで含まれた体系的な神話となっている。

60　荻原真子「エヴェンキ族の創世神話」『ユリイカ』（1985.1）：118-19。

本書で用いた文献

Hervey, D. F. A. "The Mêntra Traditions," *Journal of the Straits Branch of the Royal Asiatic Society 10* (December 1882), 189-194.

ナバホ

北米大陸南西部に居住するナバホ族の神話はワシントン・マシューズが19世紀終わりに調査した膨大な記録をもとに、ポール・ゾルブロッドが不足などを補いながら再話したものがある。「現存するすべての土着アメリカ人の長編説話のなかで、最も包括的な英語版」[61]とされる。

本書で使った邦訳

ポール・G・ゾルブロッド『アメリカ・インディアンの神話：ナバホの創世物語』金関寿夫、迫村裕子訳。大修館書店：1989。

ゾロアスター教

ゾロアスター教は紀元前1000年頃の人物[62]、ザラシュストラによって開かれた宗教で、聖典である『アヴェスタ』はササン朝(3-7世紀)に造られたアヴェスタ文字で書かれている[63]。善の神アフラ・マズダーと悪の存在であるアンラ・マニユが争いを繰り広げながら最終的に善が勝利する。

本書で用いた邦訳

『原典完訳　アヴェスタ：ゾロアスター教の聖典』野田恵剛訳注、国書刊行会、2020年。

「ブンダヒシュン」I-III、野田恵剛訳注『貿易風：中部大学国際関係学部論集』4-6。I(2009):149-186、II(2010): 120-171、III(2011): 165-232。

61　ポール・G・ゾルブロッド『アメリカ・インディアンの神話：ナバホの創世物語』金関寿夫、迫村裕子訳（大修館書店：1989）、ix。

62　野田恵剛「訳者解説」『原典完訳　アヴェスタ：ゾロアスター教の聖典』野田恵剛訳注（国書刊行会：2020）、631。

63　野田「訳者解説」634。

ローマ

　ローマ神話はギリシアの神々と集合・導入されたことは著名で、例えば最高神のユピテルはゼウスに対応する。『変身物語』の記述にあるように多くの神話はギリシアと同じものになっている。しかし、独自の神話の姿を多く伺うことができる。本書では建国神話を取り上げた。

本書で使用した邦訳

　プルタルコス『英雄伝』1。西洋古典叢書。柳沼重剛訳。京都大学学術出版会：2007。

ベトナム

　本書ではベトナムの建国神話を民話から取り上げた。『大越史書全書』（1479）でも記載されているラク・ロク・クァンの神話である。

本書で利用した邦訳

　グェン・カオ・ダム編訳『原語訳　ベトナムの昔話』チャン・ベト・フォン、稲田浩二、谷本尚史訳。同朋舎：1990。

エスキモー

　本書ではエスキモーの神話伝承を神婚譚の観点から、第七章で取り上げた。セドナが様々な種族の太祖となる話で、グリーンランドからアラスカのシューアド半島に至るまでの東エスキモー居住範囲のほとんどで伝承される話である。[64]

本書で利用した文献

　Franz Boss, "The Eskimo of Baffin Land and Hudson Bay," *Bulletin of the American Museum of Natural History* 15, Part 1(1901).[65]

64　宮岡伯人『エスキモー　極北の文化誌』岩波新書（黄版）364（岩波書店：1987）、91。
65　ほぼ全文が宮崎伯人『エスキモー』に訳されている。

モンゴル

　本書ではモンゴルの神話を、王権神話・神婚譚の観点から取り上げた。これは『元朝秘史』と呼ばれる歴史書に記されているもので、13世紀/14世紀に成立した。

本書で利用した邦訳

　『元朝秘史』上。岩波文庫。小澤重男訳。岩波書店：1997。

朝鮮半島

　本書では朝鮮半島の神話を、王権神話・神婚譚の観点から取り上げた。これは『三国史記』(1145)と呼ばれる高麗王朝が編纂した史書に書かれており、高麗以前の王朝である新羅・百済・高句麗の歴史も含まれている。

本書で利用した邦訳

　金富軾『完訳　三国史記』上。金思燁訳。六興出版：1980。

沖縄

　沖縄には7万話をこえる口承文芸が残されており、その中には神話も含まれる。また、琉球王朝の史書『中山世鑑』(1650)などをはじめ様々な文字資料も存在する。

本書で利用した主な文献

　『宮古島旧記』明有文長良撰。『宮古島旧記並史歌集解』所載。稲村賢敷編。
　　　琉球文教図書：1962。
　読谷村教育委員会歴史民俗資料館編『伊良皆の民話』読谷村教育委員歴史
　　　民俗資料館：1979。

アイルランド

アイルランド神話はアイルランドの四つの文学群のなかの神話物語群（神話サイクル[66]）を指す。『赤牛の書』(11世紀後半/12世紀前半) や、『レンスターの書』(12世紀前半) に様々な文献がまとめられている。

神々の王ダグザやガイボルガを持つ英雄、クーフリンが有名な存在だろう。

本書で利用した邦訳

ケルト神話翻訳マン［太田明］「マグ・トゥレドの戦い」https://note.com/p_pakira/m/mf413463da04c

ウガリト

ウガリト神話は現在のシリアの都市、ウガリトから見つかった粘土板に掲載されていた物を指す。1929年の発掘によって発見された。ウガリト自体は紀元前1200年ごろに破壊された。

最高神エルとその妻アシラを中心とした世界が形成されており、神々の王バールも著名である。『聖書』の神の名前にエルという言葉が宛てられていたり、バールが異教の神として『聖書』に登場することからも注目されてきた。

本書で使った翻訳

谷川政美『バアルの物語：ウガリトの神話：音写資料からの翻訳と解説並びに旧約聖書の影響とその歴史的背景』新風社：1998。

66　サイクルとは、特定の話題に関する文字作品の集合を指すもので、シャンソン・ド・ジュストやギリシア叙事詩などで使われる術語である。

神話創造文学の動機と背景

本書で紹介した神話創造文学は現実における形而上学的真理を直接表現するものではない。ロマン主義を背景に神話を語ったポオやブレイクは本人が確信する真理を語った（⇒コラム「神話と詩と真理 II」）。他方で、神話創造文学者たちは、自分たちの問題意識を、作品を通して表現した。これは、それまでの神話を作った作家たちとは大きく異なる点だと思われる。神話創造文学は疑似神話を文学作品の形で作り上げることによって、戦間期に顕在化した様々な危機に対処しようとした文学運動といえるだろう。

本書で言及した著者たちの思想的背景は異なっているが、共通する問題意識を持っていた。ダンセイニはイギリス帝国主義に賛意を表すアイルランド貴族であったし、ステープルドンは平和主義者であった[2]。ラヴクラフトは無神論者であった一方で、トールキンはカトリックの信徒であり、ルイスは信徒伝道者でもあった。それぞれの立場から彼らは共通する問題、つまり同時代の危機に向き合い、そして神話を創造していった。

彼らが生きた時代、戦間期は第一次大戦の惨劇、技術の発展に伴う兵器、産業、官僚機構の肥大化などを原因とした、人間性の喪失をはじめとした様々な問題に直面した。この問題意識はヴァレリー『精神の危機』やフッサール『ヨーロッパ諸学の危機と超越論的現象学』、エルンスト・ユンガー『労働者』、フリードリヒ・ゲオルク・ユンガー『技術の完成』などに代表され、神話創造文学者たちのなかでも本書で紹介した人物たちの問題意識もそこに存在する。

ダンセイニの特徴として、産業資本主義の産んだ、自然とその美の破壊、所有への衝動[3]、そして機械文明が生んだ第一次大戦の死と荒廃[4]に対する抵抗としての観点から書かれたことをトゥポンス[5]は取り上げる。産業資本主義と自然の問題を『妖精族のむすめ』や『都市の王』で取り上げ、機械文明にかんしては『最後の革命』などで直接的に取り上げる。そして、自然の美しさ、自然との和解[6]

---

1   William F. Touponce, *Lord Dunsany. H. P. Lovecraft, and Ray Bradbury: Spectral Journeys* (Maryland: The scarecrow Press, 2013), 10.

2   Patrick A. McCarthy, *Olaf Stapledon*, Twayne's English Authors Series (Boston: Twayne Publishers, 1982), 21-28.

3   Touponce, Lord Dunsany, *H. P. Lovecraft, and Ray Bradbury*, 3-4.

4   Touponce, *Lord Dunsany, H. P. Lovecraft, and Ray Bradbury*, 3.

5   Touponce, *Lord Dunsany, H. P. Lovecraft, and Ray Bradbury*, 50.

6   Touponce, *Lord Dunsany, H. P. Lovecraft, and Ray Bradbury*, 8.

をファンタジー、そして神話という形式において叙述したのである。

ステープルドンは「科学的物質主義に基づいた世界観」[7]とその帰結としての絶望、人間の動物性を肯定、弁証法的な人間の進歩を語る[8]。彼は「我々が達成せねばならないのは、単なる歴史でもなく、単なるフィクションでもなく、神話なのである。」[9]と『最後にして最初の人類』の序文で宣言する。

ラヴクラフトは、技術化と物質主義によってもたらされた現実に対抗しようとする。彼は標準化、客観的現実のなかで、人は自己を養うことができず、現実の苦痛に対処するために、作品を作ると証言する[10]。それは、宗教ではなく現実と適合する形で、「神統記者と神話創造者の特権を18世紀のダンセイニ男爵のように意識的に操作することによって」[11]作り出された神話なのである。

トールキンは、技術の発展とその醜さ

を論じ、そこからの回復・逃避・慰めをファンタジーの機能とした[12]。その慰めは、ユーカタストロフィによってもたらされる。これは彼の信仰による観点、つまり新約聖書において現実化した神話を、ファンタジーという物語の中に描くことによって、キリスト教信仰を豊かにし、人を慰めるものとして、彼は神話を創造したのである[13]。

ルイスは道徳にかんする主観主義を否定する。『人間の廃絶』において、道徳が主観に過ぎないとすれば、価値の真実性や感情の合理性を否定することに繋がり、善や美しさに反応する能力を奪うこと、道徳は客観的である可能性を追求した。そして、小説においても『サルカンドラ:かの忌まわしき砦』のなかで直接的に取り上げる。ステープルドンを賞賛し、時には否定したルイスは、トールキンの神話創造を否定する。しかし、彼もまた、トールキンと同様に、想像上の世界に存在するキリストの奇跡をナルニア国物語シリーズで書いたのである[14]。

7 McCarthy, *Olaf Stapledon*, 38.

8 McCarthy, *Olaf Stapledon*, 38-39.

9 Olaf Stapledon, Preface to *Last and First man: A story of the Near and Far Future*, 2nd. ed. (London: Methuen, 1931), v-vi.

10 H. P. ラヴクラフトからジェームズ・フェルディナンド・モートン宛、1930年4月1日付けの手紙。*H. P. Lovecraft, Selected Letters: 1929-1931*, ed. August Derleth and Donald Wandrei, (Sauk City, Wisconsin, Arkham House, 1971), 140-41.

11 H. P. ラヴクラフトからジェームズ・フェルディナンド・モートン宛、1930年4月1日付けの手紙。*H. P. Lovecraft, Selected Letters: 1929-1931*, ed. August Derleth and Donald Wandrei (Sauk City, Wisconsin, Arkham House, 1971), 140.

12 トールキン「妖精物語について」101-23。

13 トールキン「妖精物語について」124-29。

14 1963年4月26日付けのダニエル・ストーンへの手紙。C. S. Lewis, *The Collected Letters of C. S. Lewis: Narnia, Cambridge, and Joy 1950-63* (1963; repr., Pymble: HarperCollisn, 2009), kindle.

第三章

創造神話

「風景の造形、それもその計画的な造形は、
その時代に疑問の余地のない明白な支配が存在したことを示す
有力な証拠である。」

エルンスト・ユンガー『労働者』

ルーカス・クラナッハ《創造》1545 年

神と世界

　創造神話は世界の成り立ちを教える。創造神話は極めて重要な神話であるので、様々な分析が過去なされてきた。ここでは四つの論点、（1）神が先か、世界が先か、（2）神々の特徴、（3）世界の成立、（4）世界の形、これら四つの論点を中心に本章では分析をしていく。それぞれを分析、比較することで、神話世界において、神と世界がどのような関係を持っていと考えられているのかを我々は知ることが出来る。

神が先か、世界が先か

　神が世界より先に存在するのか、世界が神より先に存在するのか、つまり神は世界に対して優越しているのかどうかという問題は、神話全体の性格を決定する重要な問題である。この場合の世界というのは、宇宙全体の時間的・空間的枠組みを指すもので、どちらが先行しているのかは、神話の記述から、あるいは神学的に必然的に導かれる。

　例えば『聖書』、日本神話、ヴェーダの神話の一部が神先行型神話に当てはまる。また、ギリシア神話や沖縄神話をはじめ、世界中の多くの神話は、世界そのものの成立は語られず、あるいは神の出現も語られない神話もあり、これらは世界先行型だといえる。世界抜きで神が存在し得るのかどうかは、それぞれの神話における神を理解する上で重要な問題となる。

神々の特徴

　ひとくちに神といっても神話によって様々に違う。それでも、人の能力を超えた人格的存在として、各神話世界の中で神はその役割を果たす。

　永遠不滅の霊的存在であるキリスト教の神、魂が本質である日本の神、肉体を持つ不死のギリシアの神、肉体を持ち死ぬ北欧の神など様々な性格があり、その性格に応じて神話の中で行動する。

世界の成立

　世界は神々やそれに準ずる存在、あるいはなんらかの力などで出来るわけだが、この問題は、話型とモチーフにかかわる。創造神話は一つの話型だが、それは様々なモチーフから出来ている。

　『聖書』の世界は無から神が世界を作った時に、原初の水があらわれる。ギリシアは原初の裂目型に分類できるし、北欧では原初の裂目型と死体化成型の両方で創造神話が語られる。シュメールでは原初の水型と死体化成型、シベリアのエヴェンキ族は動物創造型と潜水型からなっているし、仏教の『倶舎論』は自然法則型といってもよいだろう。

モチーフ

話型：創世神話　　➡

原初の裂目型	潜水型
原初の水型	神々の戦い型
天地分離型	動物創造型
死体化成型	自然法則型
原初の卵型	等々

世界の形

　神話を理解する上では、それぞれの神話が主張する世界の形にも注目する必要がある。天や地などのそれぞれの場所の繋がりや、地上の地理的な配置なども神話の記述に重要や役割を果たしている。

　北欧神話ではユグドラシルという木が様々な世界を繋げているし、ギリシアや日本、ヘブライなどは重層世界観である。その日本神話では大八島と呼ばれる地理的範囲が主に人の活動範囲として想定されており、他にもギリシア神話の範囲はギリシアだけではなく、アフリカ大陸の北部なども含まれる。

I. 『聖書』の天地創造

　最初に取り上げるのは『聖書』の神話となる。『聖書』の中のいわゆる『旧約聖書』はキリスト教から見た立場の言葉で、ユダヤ教では『タナハ』といい聖典となっている。

　この冒頭に描かれる天地創造は、『聖書』のなかでは二つの種類の記述がある。

論点

　神が先か世界が先か

　　神先行型

　神の特徴

　　全知全能の霊的存在

　世界（枠組み）の成立

　　神の力が無から作った

　どのような世界か

　　重層的世界

ジョバンニ・ディ・パオロ《世界の創造と楽園追放》
1445 年

『聖書』天地創造の二つの伝承

　『聖書』研究の歴史は長く、特に最初の五つの書には、文書仮説といって様々な文書によってひとつの記述が成立したという説がある。本章でとりあげる天地創造は祭司伝承とヤーウェ伝承の二つからなりたっているとされ、二つの天地創造が記述されている。[1]

　1　創世記 1 への注（1）；創世記 2 への注 (3)、『聖書：原文校訂による口語訳』フランシスコ会聖書研究所訳注（サンパウロ：2011）、（旧）5、（旧）9。

要約：『聖書』の天地創造（創世記 1-2）[2]

祭司伝承

「初めに、神は天と地を創造された。地はむなしく何もなかった。闇が深淵
の上にあり、神の霊が水の上を覆うように舞っていた。」[3]

一日目は昼と夜を分けた。

二日目は水から天と水を分けた

三日目は地上の水を一か所に集め、水と陸を分けた。そして植物を作った。

四日目は太陽と月を作った。

五日目は海の怪物と水生動物を作った。

六日目は動物と人間をつくった。

七日目に神は休んだ。

ヤーウェ伝承

神が天地を作った時地には何もなく、ただ土から水が出ているだけであった。
土から人を作った。その後、他の物を作った。

分析

『聖書』では世界のはじまりには何もなく、神がそこから作ったと書かれ
ている。人は土から作られたが、この説明は第四章に譲る。ここでは、四つ
の論点を中心に分析をすすめる。

世界に先行する神

『聖書』の世界に先立って存在し、そこから世界とその中の存在を作り上
げた。この無からの創造という考え方は『聖書』の神を考えてゆく上で非常
に重要で、この「無からの創造」をラテン語ではクレアチオ・エクス・ニヒ
ロ (Creatio ex nihilo) と呼びエクス・ニヒロと略されることもある。

2　『聖書』「創世記」1.1, 邦訳：『聖書：原文校訂による口語訳』フランシスコ会聖書研究所
訳注（サンパウロ：2011）、（旧）5-（旧）8。

3　創世記 1.1, 邦訳：（旧）5。

原初の水

　祭司伝承では天地が出来たとき、神は水の上を漂っていたと書かれている。世界の最初に水だけがあったというモチーフは原初の水型と呼ばれる。このモチーフは、様々な神話に出現する。『聖書』の近隣の神話ではエジプトやメソポタミアの神話にも見られる。

『聖書』の神の特徴

　『聖書』の神は無から創造する神であるが、その性格にかんしては『聖書』の様々な所で描かれている。ワトソンによれば、神の名前をヤーウェという。『聖書』では他にも、神を指す言葉としてエル、エロヒムがあるが、これは単なる「神」を指すといわれている[4]。

　その神の特徴は人格を持つ霊的存在で唯一の神、慈愛と怒りの神、聖なる神、正義の神、創造主、天の神というような特徴を持つ。またこの神は天上に宮廷を持ち天使（マラーク）を従える。この天使はヤーウェの使者で人間より上位の存在で神に代って行動する[5]。

　また、『聖書』のそれぞれの書が記述された時期によって異なるけれども、天上の宮廷にサタンもいる。地上の人々を試みる任務を持ち、人間の誘惑者としての性格を持つ[6]。

『聖書』の世界

　『聖書』の世界は大きく分けて天・地・陰府の三つに分かれている。天には神が居り、空や海を含む地上には人が住み、地下には死者がいると『聖書』では考えられている。階層に分かれている世界は多く、日本神話やシュメール、ギリシアなど多くの神話に見られる。

『聖書』の創造神話との比較

　これまでも度々言及してきたように、『聖書』の創世神話の考え方は他の

　4　W. ワトソン「旧約聖書の神学」浜寛五郎訳、レジナルド．C. フラー、レオナルド・ジョンストン、コンレス・カーンズ編『カトリック聖書新注解書』所載、A. ジンマーマン、浜寛五郎日本語編、1976 年、§109。

　5　ワトソン「旧約聖書の神学」『新注解』§§109a-122c。

　6　ワトソン「旧約聖書の神学」『新注解』§122b。

神話にも多く見られる。例えば、天の宮殿に神がいるという神話は世界中の様々な場所で見られる。天地を創造した時、水で出来た深淵があったというのはメソポタミアの神話に見られる。海の怪物が世界の最初の物語にいるというものもメソポタミア神話にある。

　しかし重要なことは、神話のストーリーあるいはモチーフが同じであっても、それぞれの神話の主題・目的・意味は違うという点である。これは本書の主要なテーマでもあるので様々なところで言及したい。

　『聖書』世界創造は「計画」と「愛（仁愛・慈悲・チャリティー）」によってなされたといわれてきた。[7]他方で、似ている他の神話、例えばメソポタミア神話の創造神話の場合、次節で検討するように主神のマルドゥークがなぜ偉大なのかを説明するものになっている。それぞれの神話の主題ということにかんしても、今後の神話の説明のなかで記述していきたい。

『聖書』と世界

　『聖書』の創造神話は二つの伝承が書かれている。唯一の神は永遠の存在で、何もない所から世界や人を作った。様々な神話と似ているものがあり、ストーリーの意味は違っても、話が一方から他方に伝わったことは容易に想像できる。

II. バビロニアの創造神話

　メソポタミア地方を支配したバビロニア王国の人びとも創造神話を持っていた。この神話は基本的にシュメール人のものを受け継いでいるが、ここでは明瞭な形で残っているバビロニア神話の天地創造を紹介する。

　7　例えば以下を参照せよ。B. ヴォーター「創世記」『新注解』§147a。Robert Sokolowski, *God of Faith and Reason: Foundations of Christian Theology with a new preface* (Notre Dame: University of Notre Dame University, 1982), Washington DC.: The Catholic University of America Press, 1995, ch. 1.

論点

　神が先か世界が先か

　　世界が先にある

　神の特徴

　　様々な特徴を持つ神々がいる

　世界の成立

　　死体化成型

　どのような世界か

　　重層的世界

　注目すべきところは原初の水型と死体化成型が合わさっているという点である。ひとつの神話の中にも様々なモチーフが合わさって一つのストーリーを形成している。

『エヌマ・エリシュ』の創造神話

　この神話では、最初、世界には最古の水の二神が存在し、その後様々な神が生まれたこと、神々が増えうるさくなり、古い神々が若い神々を殺そうとして、逆襲され、殺され、閉じこめられたこと、生き残った古い神であるティアマトも若い神々を殺そうとするが、マルドゥークに殺され、ティアマトの死体を使って様々な世界の中の事物を作ったことなどが語られる。

要約：バビロニアの創造神話（『エヌマ・エリシュ』[8]）

　　アプスーとティアマトが最初におり、アプスーとティアマトの間から神々が生まれた。

　　彼らの曾孫にアヌ（天の神）が生まれ、その子に創造者と呼ばれたエアが生まれた。

　　若い神の数が増えてくるとうるさくなり、アプスーとムンムは若い神々の殺害をティアマトに訴えたが我慢を求められた。若い神たちはアプスーの事をエア

　　8　『エヌマ・エリシュ　バビロニア創世叙事詩』月本昭男訳注（ぷねうま社：2022）。

に相談したところ、呪文で神々を守り、アプスーを眠らせ彼の衣服、冠を取り上げて殺し、ムンムを閉じ込めた。

　エアに息子のマルドゥークが生まれ、他の神の二倍の力を持っていた。彼はアヌから四つの風をもらい、ティアマトに吹きつけた。それを不愉快に思った古い神々はアプスーの敵討ちをティアマトにけしかけた。ティアマトは怪物を造り、息子のキングを神々の王として「運命の書版」を与えた。

　マルドゥークは神々を集め宴会をして神々に自分が神の王であることを認めさせた。

　マルドゥークはティアマトを殺し、書版を取り上げ、その体から世界の中身を作った。また、天体を作った。

　その後人類を労働力として創造した。

　マルドゥークは地上に天上のものと同じ神殿を作ることを決め、バビロンと名づけた。

分析

　アプスーは淡水、ティアマトは海水を象徴し、最初の存在として水が想定されていたことがわかる[9]。そして、神々もまた死ぬこと、神々が争うこと、神の死体から様々なものが生まれたこと、中心となる神が地上に天上と同じものを作ったことなどがこの神話を分析する上で重要な点である。

世界先行型・原初の水型

　『聖書』の神話とは違い、『エヌマ・エリシュ』では、世界そのものはすでに存在したものとして時間・空間の中に神が組み込まれている。この点で世界先行型といえる。他方で世界のはじまりに水が存在したという点で『聖書』と類似の神話的思惟（しい）を見出すことが出来る。

9　月本昭男、『エヌマ・エリシュ』第一書版§1への注釈2：4、『エヌマ・エリシュ　バビロニア創世叙事詩』月本昭男訳注（ぷねうま社：2022）、9。

神々の戦いと神の死

　世界のはじまりに神々が戦うという点では、ギリシア神話と同じモチーフがここに見出される。他方で神が死ぬという点はギリシア神話とは全く異なる点である。本章で後で検討するようにギリシア神話の神々は不死だが、バビロニアの神々は死ぬ。ティアマトの死体から様々なものをマルドゥークは作り出す。『エヌマ・エリシュ』の記述をまとめると次のようになる。

要約：『エヌマ・エリシュ』の神の死（『エヌマ・エリシュ』4.129-40）[10]

> 　二つに割いた体の一つを天に巡らせ、水分から雲、雨、霧を作り、頭から山を作った。両目からチグリス川、ユーフラテス川を作った。尻尾を天の結び目につなぎ、下半身で地を作った。

　マルドゥークは死体以外から星など様々なものを作るが、ここでは死体の話に限定したい。このように、死体から世界の様々なものを創るのを死体化成型神話という。北欧神話のユミールやインド神話のプルシャ、漢民族の盤古などはそれにあたる。

メソポタミアの世界観

　『聖書』では大きく三つにわかれていたが、シュメールやバビロニアの世界は大きく二つにわかれている。前田徹によれば、この二分法的な理解がメソポタミアの特徴になっている[11]。

　さらに前田によれば、バビロニアより古いシュメール人の神話では、天はアンの領域、地はエンリルの領域で、大地の下には水が流れる深淵とエレシュキガルの領域である冥界があったと考えていた。バビロニアの時代では、天と地はそれぞれ三層に分かれ、天は天の上（アヌの場所）、天の中（天の神々

　　10　『エヌマ・エリシュ』4. 129-40、邦訳：75-76。
　　11　前田徹『メソポタミアの王・神・世界観　シュメール人の王権観』（山川出版社：2003）、105-109。

の場所)、天の下（星の場所）に分かれ、地上は上から人間・深淵・冥界と分かれていた[12]。

神々の特徴

『聖書』の神は唯一の永遠の霊的存在だが、メソポタミアでは神は多数存在し、死を迎えることもある。『エヌマ・エリシュ』と同時期の『ギルガメシュ叙事詩』では、神の寿命は永遠だとされているが、『エヌマ・エリシュ』では神は他の神に殺されるので、1. 人から見れば永遠の命である、あるいは、2. 神だけは神に死を与えることが出来る、のいずれかが神の永遠性にかんして捉えられていたのだと思われる。

また、ギリシアと同様に、メソポタミアの神々も自然の力を司り、そして都市の神としても存在している。先ほどの『エヌマ・エリシュ』ではマルドゥークはバビロンの神であり、他にもエンリルは風を司る神であると同時にニップルという都市の神でもあった。アテナイの都市神はアテナであるのが最も著名な類例だろう。

まとめ

バビロニアの創造神話は『エヌマ・エリシュ』という作品に描かれていて、世界という枠はすでに存在し、その中で、神々は死を迎えることもある。自然や都市を司るという点ではギリシアと同じであり、多層の世界観を持っている。そして、叙述の目的は、マルドゥーク神の偉大さを語るものとなっているのである。

III. ギリシア神話

ギリシア神話は最も古いところではホメロスの『イリアス』の中に海の神であるオケアノスが最も古い神であるという記述がある[13]。しかし、この神

12　前田『メソポタミアの王・神・世界観』105-109。
13　ホメロス『イリアス』200-03, 邦訳：『イリアス』下、岩波文庫、松平千秋訳（岩波書店：

話は体系だった記述ではない。ここでは体系だった記述の中で最も古いヘシオドス（前700年頃）の『神統記』の創造神話を取り上げたい。

論点

　神が先か世界が先か

　　世界先行型

　神の特徴

　　不死・必然性のあらわれ

　世界の成立

　　神が世界の必然性

　どのような世界か

　　重層的世界

ルカ・ジョルダーノ
《オリンポス山の雲におけるメディチ家の勝利》(1684-86)

ヘシオドス『神統記』の創造神話

　ヘシオドスの『神統記』では、原初の四神が生まれた後、神々の王の地位の交替が描かれ、最終的にゼウスが神々の王となることなどが描かれる。

要約：ギリシアの創造神話（『神統記』[14]）

> 　最初にカオス（裂目）があらわれた。カオスからガイア（大地）、タルタロス、エロスがあらわれた。
>
> 　ウラノス（天）とガイアが子供を儲ける。子供を大地の中に閉じ込める。クロノスが天を傷つけクロノスが神の王になった。
>
> 　クロノスとレイアが六人の子供を儲ける。子供が自分の権力を奪うといわれたので、クロノスは子供を飲み込み、レイアは悲しむ。末の子のゼウスが呑み込まれることになった時、代わりに石を飲み込ませる。そしてゼウスが他の子

1992)、60。

　　14　ヘシオドス『神統記』、邦訳：『神統記』、『ヘシオドス全作品』所載、西洋古典叢書、中務哲郎訳（京都大学学術出版会：2013）91-156。

供を吐き出させた。

　クロノスとその兄弟のティタンの神々がゼウスたちの勢力（オリュンポスの神々）と戦う。タルタロスに幽閉されていたヘカトンケイル（天と地の子供たち）の助力でティタンたちを倒しタルタロスに幽閉した。

　ゼウスの勢力は大地と天の子供である巨人とも戦い勝利する。また、大地とタルタロスとの子のテュポエウスともゼウスは戦い、勝つ。テュポエウスもタルタロスに幽閉する。このことで大地もゼウスを認めた。ゼウスは神々の王となり、部下・息子たちに権力・特権・能力を分け与えた。

分析

裂目型

　ギリシアの創造神話はモチーフとしては裂目型に分類できるように思われる。『神統記』の著者であるヘシオドスは、カオスを最初にあらわれた存在だとしているが、その語源は割れ目、裂け目だと考えられている[15]。ヘシオドスがその語源に意識的であれば、まさに原初の裂け目型の神話であったと考えられるだろう。これは後程検討する北欧神話のものとよく似ている。

　他方、ギリシア神話を受容したローマにおいて、オウィディウスは『変身物語』のなかで原初は全ての要素がつまった未分化のカオスがあり、様々な対立する要素が争っていたが、神々がその争いを終わらせ、万物を創造したことを描いた[16]。これは原初の水型あるいは後述のオルペウス教の原初の卵型にも近いともいえる。古代ギリシアのアナクサゴラスも原初には全てが混じった混合物があったと論じている[17]。それぞれ、似ているところはあっても、直接神が争うメソポタミアや、水から出現するエジプト、水に様々なものを創造し加えてゆく『聖書』などそれぞれに違いがある。

　15　中務哲郎『神統記』116 への注 (1)、『ヘシオドス全作品』中務哲郎訳、西洋古典草書 (京都大学学術出版会：2013)99。

　16　オウィディウス『変身物語』1.15-115, 邦訳：『変身物語』1、西洋古典叢書、高橋宏幸訳（京都大学学術出版会：2019)、5-11。

　17　アナクサゴラス断片 B1, 邦訳：『ソクラテス以前哲学者断片集』3、内山勝利編（岩波書店：1997)。278-79。

神々の特色

　ギリシアの神々はティアマトとは違い、死ぬことはない。神々の戦いのなかで敗れたティタン神族たちは地下のタルタロスに封印される。そのような特徴のなかで、ギリシアの神々は様々な役割を演じる。プロトゴノイと呼ばれる最初にあらわれた神々、自然現象にかんする神々、生や死、愛や憎しみにかんする神々など様々な神々がいる。しかし、ひとつの特徴としていえるのは、運命・必然性と神々が強く関連しているということであろう。

　ギリシアの神は人間の行為能力と強くかかわる。『イリアス』などに記述されているように、人間の行為を統制する神々であった。雷、洪水などの自然現象だけではなく、戦争をはじめとする社会的行為、さらには生や死、愛や憎しみに至るまで、神々は統制する。さらに、神々もまた彼らに課せられた運命からは逃れることはできない。この行為能力の限定、必然性こそが、ギリシア神話を貫くひとつの特徴であるといえるだろう。[18]

　この全てを統制する必然性の原理、運命観がギリシアの神話や文学における悲劇の美しさや、独特の人間観を生み出したのだといえる。

多層構造の世界

　ギリシアの世界は多層構造の世界である。天と地と地下の三層構造のなかで、全ての出来事が起こる。ヘシオドス『神統記』によれば、世界は次のような形になっている。

要約：『神統記』の宇宙（『神統記』721-819）[19]

> 　世界は上から順に天・地・カオス・タルタロスで成り立っている。
>
> 　天から地まで青銅の金敷を落とせば 10 日目に、地に着く。地は大洋に囲まれている。その地上から金敷を落とせば、タルタロスまで、同じく 10 日目に着く。
>
> 　天・地・海には根があり、下に伸びてカオスに至る。そのカオスからは下

18　Sokolowski, *The God of Faith and Reason*, ch. 2.
19　『神統記』721-819、邦訳：137-143。

方にタルタロスの根が伸びている。

　根に支えられたタルタロスの周囲には青銅の垣が並べられ、ドーム状になっている。窄まった所、カオスの場所には天を支えるアトラス、昼と夜が入れ違いになる青銅の大きな敷居、タルタロスの入口である青銅の扉、三層の夜がある。

　地下にはハデスの館と、オケアノスの長女ステュクスの館がある。このような場所にティタンたちは封印されている。

まとめ

　ここで紹介したギリシアの創造神話はヘシオドスの『神統記』に記されたもので、原初の裂目型だと語源から推測することができる。そこで描かれた世界は天・地・地下の三層構造になっている。神々は数度の戦いを経て現在の秩序に至っている。その神々は不死の存在であり、自然現象や人びとの運命・感情などを操り、その運命観に根差した文学が現在の我々に残されているのである。

IV. 北欧神話

　北欧神話は『エッダ』に書かれているとよく言われる。この『エッダ』は、二つの『エッダ』に対して使われている言葉である。詩人スノリが1220年に書いた詩の教本『エッダ』がある。そして、彼が参照したものも含まれる『韻文のエッダ』と呼ばれるものがある。後者は17世紀に「発見」されたもので、スノリの『エッダ』に倣って『エッダ』『韻文のエッダ』などと呼ばれるようになり、スノリの『エッダ』も『散文のエッダ』と呼ばれるものになった。

論点

　神が先か世界が先か

　　世界先行型

　神の特徴

　　死ぬ、種族で司っているものが違う

　世界の成立

　　既に存在していた

　　原初の裂目・死体化成型

　どのような世界か

　　世界樹と多くの世界が接続されている

18世紀の《エッダ》写本における
オーディン

『ギュルヴィたぶらかし』の創造神話

　原初の裂目が最初に存在し、自然現象から巨人ユミルが生まれた。巨人の体から生まれた巨人族と石から生まれた人が結婚し、最初のアース神族たちが生まれた。その後、アース神族はヴァン神族と戦い講和した。

要約：北欧の創造神話（『ギュルヴィたぶらかし』4-8）[20]

> 　　奈落があった。北にはニブルヘイムがあった。その真ん中に泉があって川が流れ出た。南にはムスペルがあった。その境には炎の剣を持つスルトがいた。
> 　　北から来る冷気と南から来る熱気で奈落の口は穏やかで雫が落ちた。それがユミルとなった。霧の巨人族の祖先である。
> 　　ユミルの左腋から男女が生まれた。一方の足が他方の足と息子を作った。これが巨人族である。
> 　　牛がいて、ユミルはそのミルクで暮らしていた。牛は石をなめていた。石からブールという人が出て来た。その息子ボルは巨人族と結婚し、オーディン、ヴィリ、ヴェーが生まれた。

　　20　『ギュルヴィたぶらかし』4-8, 邦訳：V.G. ネッケル、H. クーン、A. ホルツマルク、J. ヘルガソン編『エッダ古代北欧歌謡集』所載、谷口幸男訳（新潮社：1972）、224-31。

三兄弟はユミルを殺して天地を作った。体は大地に、血は海と湖に、骨
は岩に、歯と顎と砕けた骨は石と小石に、頭蓋骨は天に、そして世界の四
隅は侏儒が支える）

分析

北欧の神話世界とユグドラシル

　北欧神話には様々な世界がある。神話における世界あるいは異世界という
言葉は、第二世界のようなものではなく、ギリシア神話の天・地・地下ある
いは、我々が考える大陸や島のように、違う場所という感覚の方が近いだろう。

まとめ：北欧神話の世界[21]

　ユグドラシルという梣（とねりこ）の大樹が全世界に拡がっている。ユ
グドラシルには三つの根があり、一つは天にある世界の中心
アースガルズ、二つ目は、霧の巨人のいるヨッツンヘイム。
三つ目はニヴルヘイム。ニブルヘイムの南側にはムスペルが
ある。

　ミズガルズ（人の国）は円形で海に囲まれている。その
海岸には巨人が住んでいる。巨人の攻撃に備えて、ユミル
のまつ毛で作った砦がある。

　天とは虹の橋（ビフレスト）でつながっている。ミズガルズ
と川を隔てて、東に巨人の住むウトガルトがある。そこから北
へ行くとヨッツンヘイムがある。

　天には光の妖精（リョースアールヴァル）の住むアールヴヘ
イム。闇の妖精（デックアールヴァル）は地下に住んでいる。
侏儒（ドヴェルグ／ドワーフ）はスヴァルタールヴァヘイムに住んでいる。

17世紀の写本に
おけるユグドラ
シル

　21　『ギュルヴィたぶらかし』13-17, 邦訳：233-240。

エルフとドワーフ

　北欧神話はエルフとドワーフという、現代のエンターテインメントにも強い影響力を持つ存在が記述されている。この両者はゲルマン世界、北欧世界に広く行きわたった存在である。

　英語ではエルフ、エッダの言葉（古西ノルド語）ではアールヴと呼ばれる存在は、クロード・ルクトゥによれば、速くから侏儒と同一視され、ドイツやイギリスの民間伝承にもその姿がある。実際に信仰もされており、9世紀には祭祀の記録がある[22]。

　また、ドワーフ（英語）、ドヴァリン（古西ノルド語）は、ユミルの死体から二人の侏儒が生まれ、その二人が他の侏儒を作った。世界の四隅を支える侏儒たちがいる[23]。

北欧神話の神々：ギリシア神話との比較

　北欧神話の神々の特徴は、他の神話エピソードと共に、ギリシア神話と比較すればわかりやすい。共通点は多いが詳細が異なるという場合が多い。

　世界のはじまりに神々は戦いを行い、現在の秩序に至る。この点はギリシアも北欧も同じである。しかし、北欧では神々は和解し、ギリシアは敵を封印する。

　不可避の運命が存在するのも北欧とギリシアでは同じだが、北欧では終末も預言されている。

　天を支える存在がいるのもギリシアと北欧では同じである。ギリシアではタイタンが天を支え、北欧ではドワーフが支える。

　また、原初の裂目が世界のはじまりであるところも共通している。しかし、ギリシアでは原初の裂目や、自然現象・時・争いなどは神であるが、北欧ではそうではない。

　他方で、ギリシアの神々が不死であるが、北欧神話の神々は死ぬ。世界の終わりに起こる神々の戦いであるラグナロクでは神々は死ぬ。

　このように、共通点があっても、それぞれの細かい点において違いがある

　22　クロード・ルクトゥ『北欧とゲルマンの神話事典　伝承・民話・魔術』篠田知和基監訳、広野和美、木村高子訳（原書房：2019）86-87。

　23　『ギュルヴィたぶらかし』8, 邦訳：230。

場合が多い。この細かな違いはそれぞれの民族の宗教観・文化などと相互関係にあるだろう。

まとめ ──────────────────────

　北欧神話では原初の裂目から全てがはじまり、世界の中心にはユグドラシルという木が存在している。ギリシア神話と共通点が多いが、細かな点を見てゆくと違いが細かく存在している。この大きく同じであるという点と細かな所での違いを知って、文化・文芸あるいは神話・宗教観の違いを考えることは神話を研究する上での大きな醍醐味のひとつだといえるだろう。

V. 日本神話

　日本神話は7世紀はじめに成立した『古事記』『日本書紀』に書かれているものが、残されているものの中では最も古い。これらは、存在した様々な書物をもとに編纂されたものであり、両者とも冒頭に天地創造が描かれている。『古事記』には一つの神話だけが、『日本書紀』には一書として、様々な書物に書かれていた創造神話が記録されている。日本神話の創造は三段階で行われているのが特徴的であるといえる。ここでは、『古事記』の創造神話を紹介する。

本書の日本の神々の名前の表記にかんして
　神名は引用・要約文の中では、元の文章の神名を使い、解説などでは『古事記』のものを基本的に使う。

論点
神が先か世界が先か
　神先行型
神の特徴

肉体を持つが魂が主

世界の成立

　三段階の創造が行われる

どのような世界か

　主に三層構造の世界

『古事記』の中の創造神話

　最初に世界を成立・維持させる神々、生成の力を
持つ七柱の神々が出現する。そして、五組の男女の
神々があらわれる。最後に夫婦の神が出現する。こ
の伊邪那岐命・伊邪那美命という夫婦の神が大地を
作り上げた後、時代が経って、大国主神という神が
様々な子孫を儲けて、天地の創造が完結する。

要約：日本神話の天地創造（『古事記』上）[24]

小林永濯《天之瓊矛を以て滄海を
探るの図》1880 年代

　　高天原に最初に天之御中主神が出現した。次に高御産巣日神が出
現した。次に、神産巣日神が出現した。宇摩志阿斯訶備比古遅神と
天之常立神が出現した。続いて、国之常立神と豊雲野神が生まれた。

　　さらに五組の男女の神々が生まれた。最後の神々は伊邪那岐命と
伊邪那美命であった。

　　伊邪那岐命と伊邪那美命は天の神々の命を受けて、様々な国々や金
属や山の神々などを子供として儲けた。伊邪那美命は火の神を産んだ時に
死んでしまった。伊邪那岐命は地下の世界に伊邪那美命を呼び戻しに行っ
たが失敗した。

　　地上に帰って来た時に、伊邪那岐命は天照大御神、月読命、
須佐之男命の三柱の子供を儲けた。天照大御神に天を、月読命に月を、
須佐之男命に海原を治めさせた。

　　須佐之男命の子孫に大国主神という神がいた。彼は少名毘古那神など

　　24　『古事記』上、校注訳：『古事記』新編日本古典文学全集１、山口佳紀、神野志隆光校注
訳（小学館：1997）。

の神々と国造りを行う。彼の子孫には、季節の神や歳の神、土地の神など様々な神々がいる。

分析

三段階の創造

　日本神話の創造は三段階で行われる。天之御中主神（あめのみなかぬしのかみ）から伊邪那岐命（いざなぎのみこと）・伊邪那美命（いざなみのみこと）までを天地初発、伊邪那岐命（いざなぎのみこと）・伊邪那美命（いざなみのみこと）が神々を産んだ神話を国生み、大国主神（おおくにぬしのかみ）によるものを国造りと伝統的に呼ばれている。大きな枠組みから、細かな部分まで徐々に作り上げられていく。この三段階を順番に説明していく。

天地初発：神先行型[25]

　天地初発において重要なことは神々の種類が示されていることである。現れる神と生まれる神の二種類の区別があり、その神々の名前は、その特徴を示している。

　天之御中主神（あめのみなかぬしのかみ）は世界の中心、高御産巣日神（たかみむすひのかみ）は天にまつわる生成の神、神産巣日神（かみむすひのかみ）は地にまつわる生成の神である。高御産巣日神や神産巣日神にかんしてはその子孫がそれぞれ天と地に関係する神々であることからもそれがわかる。宇摩志阿斯訶備比古遅神（うましあしかびひこじのかみ）は生成の力を、天之常立神（あめのとこたちのかみ）は天を恒常的に維持する力を持つ神だといえる。

　つまり、神話の最初に「あらわれた」神々がいること、その神々は高天原を作り上げた。現れる神は、世界の外部・世界の存在以前から存在したと考えられる。この現れる神々は、世界全体の大きな枠組みを成立・維持させる神々であり、また生成の力を司る神々であり、枠組みとして最も大きなものが作られる。その後、様々な神々が生まれ、最後に伊邪那岐命（いざなぎのみこと）と伊邪那美命（いざなみのみこと）が生まれる。

25　この箇所は、丸山顕誠「世界を超越している神：日本神話における神 - 世界 - 自己間弁別とその比較研究」『神話と風土』篠田知和基編 (GRMC: 2019)、68-79、をまとめたもの。

国生み

　伊邪那岐命と伊邪那美命は天の神の命令を受けて、雲からクラゲのように漂う地面を鉾によって固めて島を造る。そして、固まった島に降り立ち、子供を儲ける。そこで生まれた神々は、国（大地）、島、山、海、霧などの神々であり、大きな枠組みの中で細部を司る神々がそこでは生まれる。そして、最後に火の神を出産するときに、伊邪那美命は死ぬ。伊邪那岐命は伊邪那美命を取り戻そうとして、地下の黄泉に行くが失敗する（⇒第四章）。伊邪那岐命は三人の子どもに世界の統治を委ねた後、死去する。

原初の水型

　地上は最初はクラゲのように漂っている状態であり、鉾でかき回し、固めることによって島となった。そして、大地も神々として誕生した。これは原初の水型といえるだろう。

肉体と魂

　伊邪那岐命と伊邪那美命は死亡記事が存在する神々である。さらに、天照大御神も天岩戸の伝承の一つでは死亡する記事がある。しかし、肉体が死ぬだけで、存在が消え去るわけではない。その記事でもそのまま天岩屋に天照大御神は籠る。平安時代末期の辞書『類聚名義抄』には、神の訓として「かみ、おに、たましい」などが挙げられているように、[26] そして、現在もなお地上で肉体を持たない神が信仰の対象となっているように、死は地上で見える姿で活動できないということに過ぎないと考えられる。

国造り

　国生みの後、様々な神話が展開されて、大国主神の国造りが行われる。最初は少名毘古那神という神と国造りを行う。須佐之男命や大国主神の子孫には春夏秋冬の神や蔵の神、水の神などがおり、天地初発や国生みよりも更に細かい部分の創造が行われたことがわかる（⇒第四章）。

　26　『観智院本　類聚名義抄』法下、『類聚名義抄』10 巻、法下 (貴重図書複製会：1937)、4 コマ目、10.11501/3439552。

多層構造の世界

　このように出来上がった世界は多層構造で出来上がっている。『古事記』『日本書紀』および、同時期には成立していたと考えられる祝詞、「六月晦大祓」の記述を参考にすれば次のようになる。

　一番上部には高天原があり、そこでは天の神々が暮らしていて農耕なども行われている。その下の虚空（虚天）を挟んで[27]、大地があり人間も暮らしている。その周りと下には海があり、海の向こうには常世などの異界がある。大地と海の下には息吹戸と呼ばれる風（あるいは大気）の層がある。さらにその下には、根の国（黄泉の国）がある。天はドーム状になって地上と接続されている[28]。これは、ギリシア神話、『聖書』などの世界観と、そしておそらく北欧神話とも共通である。

まとめ

　日本神話は神先行型であり、原初の水型による神話によって、多層構造の世界が成立する。死は肉体の消滅に過ぎず、魂が重要な位置を占めている。三段階の創造を経て、世界が出来上がった。

VI. 創造神話と数

　ここまでは『聖書』、ギリシア、北欧、日本の創造神話を総合的に分析してきた。続いては、創造神話にかんする重要なトピックを三つ紹介したい。インドの宗教における時間と世界、漢民族における神話的思考、そしてこれまでの神話の紹介になかった他の話型の三つのトピックである。まず、インドの宗教、ヒンドゥー教と仏教における創造神話を紹介しながら、この二つの神話体系における遠大な時間の概念と世界観を見てゆく。

　27　『日本書紀』第九段一書第二への頭注、『日本書紀』1、新編日本古典文学全集2、小島憲之、直木孝次郎、西宮一民、蔵中進、毛利正守校注訳（小学館：1994)139。他に、江戸時代の国学者、谷川士清も同様の指摘をしている。谷川士清『和訓栞2』（成美堂：1898-99)197。を参照せよ。

　28　勝俣隆「日本神話の星と宇宙観(1)」天文月報、88(11)、1995年11月：472-477。

ヒンドゥー教の創造神話

インドの創造神話は、最古の『リグ・ヴェーダ』に既に断片的に記述されている。これはヴェーダの宗教（バラモン教）と呼ばれる。時代を経てヒンドゥー教と呼ばれる形態になったが、そこでは様々な叙事詩やプラーナと呼ばれる文献群が加わり、より体系的な神話が描かれている。

『マハーバーラタ』

ここで紹介するのは『マハーバーラタ』に書かれた創造神話である。『マハーバーラタ』は世界で最長の叙事詩である。紀元前4世紀から紀元後4世紀にかけて形成されてきたものだと考えられている。バーラタ族のクル王家とパーンドゥ王家の王位継承をめぐる戦争を描いた物語であり、そのサンスクリット語のバーラタという単語は現在のインドの国名、ヒンディー語のバーラトの由来となっている。

創造神話も様々な箇所に記述されているが、ここでは第十二巻寂静篇の最後にある解脱法品を取り上げる。これは非常に長く、哲学的な内容が全編を占めており、中村了昭は「哲学篇」とも呼んでいる。第207章には、ヴィシュヌによる万物創造の神話が語られている。

『マハーバーラタ』解脱法品における
ヴィシュヌの創造と時間

第200章は、クル王家の王子であるユディシュティラが、クル王家の長老であるビーシュマに万物創造の経緯を尋ねた所、ビーシュマは、ヴィシュヌの化身であるラーマ、聖仙ナーラダ、『マハーバーラタ』の作者とされるクリシュナ・ドヴァイパーヤナ（ヴィヤーサ）の談話を教えるものとなっている。

最初の存在であるビシュヌが元素やブラフマー、人、神々を創造し、ブラフマーの子孫からも神々や動物などが生み出されるという神話である。ここでは、全体の2/3程度を要約して紹介する。

ヴィシュヌは五大元素（風・火・水・空・地）を創造した。大地を創造し、水を住処とした。そして、住処に横たわり、万物の最初に自我意識と意を創造した。

次に、ヴィシュヌの臍から太陽のように輝く水蓮が生じ、そこから光輝くブラフマーが生まれた。

そして闇黒からマドゥというアスラが出現した。ヴィシュヌはブラフマーの繁栄を願ってアスラを殺した。

ブラフマーは、マリーチ、アトリ、アンギラス、プラスティア、プラハ、クラツを創造した。

マリーチ以前に、ブラフマーは足の親指からダクシャを創造していた。マリーチはダクシャの13人の娘（長女はディティ）と結婚した。

法の神はダクシャの10人の娘と結婚した。彼らからはヴァス神群、ルドラ神群、ヴィシュヴァ群、サーディア群、マルト神群が生まれた。

マリーチとダクシャの13人の娘。彼らからはカンダルヴァ群、馬、鳥、牛、小人、魚、植物、樹木を生んだ。ソーマはダクシャの27人の娘と結婚した。

アディティはアーディティア神群を生んだ。ダクシャの娘ダヌはダーナヴァたちを生んだ。ディティはアスラたちを生んだ。

ヴィシュヌは日と夜、季節に応じた正しい時、朝と夕方を創造した。雲、動くものと動かないもの、地とそれに住む一切を創造した。

口からバラモンを創造した。両腕よりクシャトリアを創造した。太腿からヴァイシャを創造した。両足からシュードラを創造した。

創造者を一切存在の監視者として創造した。

異形の眼を持つ神（シヴァのこと）を怪物と神母群の監視者として創造した。

公正を行う神（ヤマのこと）を悪人と父祖霊の支配者として創造した。

29　『マハーバーラタ』20.207, 邦訳：『マハーバーラタの哲学：解脱法品原典解明』上、中村了昭訳注（平楽寺書店：1998）、153-59。以下本書では中村訳に従う場合、章番号は中村本のもの、つまりキンジャワデカル本と同じものである。

このように出来上がった世界は、遠大なサイクルによって循環している。『マハーバーラタ』解脱法品231章（224章）に掲載されている時間にかんする物語を要約する。

要約：『マハーバーラタ』における時間（『マハーバーラタ』20.231）[30]

人と神の時間について

　15回のカーシュター（瞬き）を1カーシュターとする。30カーシュターは1カラー、30カラー +0.1カラーは1ムフールタ。30ムフールタは1昼夜、30昼夜を1月とする。12月は1年である。

　人間の1年は神の一昼夜ある。神の昼は春分から秋分まで。神の夜は秋分から春分までである。

梵天の時間について

　一つのユガにはクリタ、トレーター、ドヴァーパラ、カリの四期がある。クリタ期の（神の）4000年であり、曙と夕暮れが400年ずつある。残りの三期は一期毎に1/4ずつ減る。正義なども1/4ずつ減る。人間の寿命も400年から1/4ずつ減る。

　ユガとはこれらの1万2000年である。ユガを1000回繰り返すのが梵天の昼であり、ユガを1000回繰り返すのが梵天の夜である。世界が滅びる時、梵天は眠り、目覚めると創造を行う。

　一つのユガは神の1万2000年、つまり人の432万年である。梵天の昼と夜はこれを1000回ずつ。つまり、梵天の一日は人の43億2000万年に相当する。

　このインドにおける数の問題はインドの数学や天文学とも密接にかかわっており、また、現在のユガ、つまりカリ・ユガのはじまりは天文学者は一致して、ユリウス紀元前3102年2月18日であるとしている。

30　『マハーバーラタ』20.231, 邦訳：280-84。

このインドの数の問題は、八章の大洪水および人の寿命を論じる箇所で、ここで取り上げなかった世界の崩壊の問題とともに取り上げる。

仏教の創造神話と距離・時間

　仏教にも創造神話が存在する。ここで紹介するのは紀元後4-5世紀に世親（ヴァスバンドゥ）と呼ばれる僧侶が書いた『阿毘達磨倶舎論』（アビダルマ・コーシャ）という論書と呼ばれる種類の書物のなかのものである。

　『阿毘達磨』とは仏陀の教えを文章化した最古の経典の集成である『阿含経』（アーガマ）の注釈を指すもので、世界・業・煩悩・輪廻などを説明している。仏教の世界観を記した書は様々あるが、この『倶舎論』は唯識三年倶舎八年と呼ばれるように影響力をもった書である。

　世界のはじまりにかんしては、むなしい空間に他の世界のサットヴァ・カルマン（有情の業：生物の行為の結果）によって様々なものが作られることが描かれている。

要約：『倶舎論』の世界のはじまり（『倶舎論』分別世間品第三[31]）

　　サットヴァ・カルマン（有情の業）によって風が吹き大気の層が生まれる（1280万km）。その上に、雲が集まり雨が降り、水の層になる（896万km）。その7分の2は黄金の層となり、その表面は大地となる。

　　大地の中央にはスメール山（須弥山）があり、輪の山が七重に囲みその外には四つの大陸がある。さらに山脈が世界を囲っている。スメール山から世界の外縁まで248万5100kmある。

　　月や太陽もサットヴァ・カルマンの風で保たれ、スメール山の半分の高さで回る。

　　台形の南の大陸（ジャンブー州）の地下32万キロの地点に地獄の底がある。

　　宇宙は成・住・壊・空の四段階を一周期として生成と崩壊が繰り返され

31　『倶舎論』分別世間品第三、邦訳：『倶舎論』仏典講座18、訳注櫻部建（厚徳社：1981）、119-134。櫻部建、上山春平『存在の分析＜アビダルマ＞』仏教の思想2、角川ソフィア文庫（角川書店：1969；1998）、25-37。

る。第一段階は1中劫（アンタラ・カルパ・3億2千万年）＝20劫（カルパ）であり、宇宙のはじまりから再度のはじまりまで80中劫＝1大劫（マハー・カルパ）がかかる。

　上記の自然と生命が20中劫かかって出来上がる（成劫）。神や人間などもサットヴァ・カルマンによって生まれる。

　次の20中劫世界は続くが（住劫）、最後に武器と病と飢饉の禍が、起こる。その後19中劫かけて衰退してゆき、1劫かけて消滅する（壊）。

　壊劫では、七つの太陽、大雨、暴風の三つの禍が起こる。火災が七回起こり、水災が一度起こる。これを七回繰り返す。その後、火災が七回起こり、風災が一度起こり、世界は消滅する。

　そして20中劫は静寂のままの空間で、また創造がはじまる。

　生命の世界は三つにわけられ、地下・地表・天界の下層は欲界（動物的本能の世界）、天界の上層は色界、無色界は天界の最上層にある。

　宇宙にはこの一つの須弥山世界が10億ある。

まとめ：インドの数の世界

　他の神話的思惟には見られない数にかんする強い探求の力がインドの宗教には見られる。他の神話世界において数の問題はこれほど長大にはならない。オリンポスの12神などの少ない桁に留まる。人間の寿命にかんしては『聖書』やメソポタミアの神話において長大なものが見られるが、それ以外のもの、大地や時代にかんしてこれほどまでに言及されることはない。その理由を含めて本書では考察することは出来ないが、科学的な思考への傾斜と結びついていると思われる。そして、このような傾向は漢民族のものにも見ることができる。

VII. 神話と観測

　古代から科学的な営みは行われてきた。特に農耕、測量、徴税などは数学の発展と密接にかかわる。本章の課題である創造神話は世界の形の表現と強くかかわっている。ここでは漢民族の創造神話を俯瞰した後、観測に基づいて彼らが議論した世界の姿を見てゆきたいと思う。

　『論語』に「子は怪・力・乱・神を語らず」[32]とあるように、漢民族において支配的な宗教体系である儒教は神秘的なことがらを語る事を好まなかった。であるので、神話にかんして大系的な資料が公的なものとして編纂されなかった。それでも僅かにその断片を窺うことは出来る。

　本書では紀元前2世紀に編纂された『淮南子』から二つと、三国時代の呉でまとめられた『三五暦紀』『五運歴年紀』のものを紹介する。

　『淮南子』は前漢の淮南王劉安（前179-122）が編纂した、神話・伝説から兵略まで様々なものが集められた書であり、『三五暦紀』、『五運歴年紀』は三国時代呉の人物、徐盛（後2世紀後半から3世紀前半）が神話などをまとめたもので、抜粋が残されている。

漢民族の創造神話と天地 ―――――――――――――――――――――――――

要約：『淮南子』の創造神話（『淮南子』「精神訓」「天文訓」）

> 精神訓[33]
>
> 　混沌から二柱の陰陽の神が自然に出てきて天地を作った。陰気と陽気が分離し、八極が成立し、固いものと柔かいものが発生し万物が作られた。

　32　『論語』述而第七、邦訳：『論語』新釈漢文大系1、吉田賢抗訳注（明治書院：1960）、167。

　33　『淮南子』巻七、精神訓一、邦訳：『淮南子』上、新釈漢文大系54、楠山春樹訳注（明治書院：1979）321-22。

[34]

> 太始から望洋とした拡がりが出現し、それが宇宙（時間・空間）を産み、宇宙は気を産む。気の中で清らかなものは天になり、濁れるものは地となった。

　このように様々な話が記載されているが、漢民族あるいは中国少数民族にも伝わる創造神話で最も有名なものは、盤古という巨人のものだろう。これは様々な書に記載されているが、古いものはこの『三五暦紀』『五運歴年紀』のもので他にも、『述異記』や『括地志』などにあるものも古い。

要約：盤古の創造神話（『五運歴年紀』)[35]

> 盤古が死んだ後、息は風雲に、声は雷鳴に、左目は太陽、右目は月、胴体手足は東西南北と五つの山に、血液は川に、筋と脈が地理に、肉は耕地に、と様々なものになった。

　『淮南子』の精神訓や天文編はどちらかといえば、仏教のような自然法則型のものの一つだといえ、『三五暦紀』の神話は天地分離型、『五運歴年紀』のものは死体化成型だといえよう。このように形成された世界にかんして、漢民族は様々な説を持っていた。

漢民族の天地：蓋天説

　古代中国の天地の形にかんしては様々な説が『晋書』天文志に残されている。古代中国では星辰の観測が行われており、その観測結果が議論に反映されている。中国の天文説において最も有名であろう蓋天説によれば、天は円で傘のようであり、地は方形で碁盤のようである。そして、天地はそれぞれ中心が高くなっていると考えられている。[36]

34　『淮南子』巻三、天文訓一、邦訳：『淮南子』上、130-33。

35　『五運歴年紀』、『繹史』馬驌撰（金匱浦氏重修本：1889）、3.2 オ。10.11501/2600454.

36　「天文志上」『晋書』、邦訳：薮内清編『中国の科学』中公バックス世界の名著 12、所載（中

探求の力

　以上のように、漢民族は様々な世界の起源にかんする神話を持っていた。しかし、神話を王朝の記録からは退け、その他の書物から我々はそれを窺う事しかできない。しかし、朱子の理気説のように、起源に対する探求が失われたわけではない。他方で、天地の形は、天体観測によって様々な説が検証され、現代科学に接続してゆく営みが行われていた。これは、中国に限らずヨーロッパでも同じである。

VIII. 神によらざる創造

　ここでは、自然に出来上がったわけでも、既にあったわけでも、神が作ったものでもない世界を見てゆく。動物創造型と潜水型が組み合わさったエヴェンキの神話、宇宙卵が創造するオルフェウス教の神話である。

エヴェンキの創造神話：動物創造型＋潜水型

　エニセイ川、レナ川、アムール川周辺に居住する民族であるエヴェンキは、善神の弟が統治する天、悪神の兄の統治する地下、人間のいる地上の三層構造の世界観を持ち、カラスの手助けを得て弟の創造する世界を兄が邪魔をするという創造神話を持っている[37]。その中で、動物創造型と潜水型が合わさった創世神話を紹介する。荻原真子によれば、マンモスとヘビの神話は他のシベリアの民族にも多く分布している[38]。

央公論社：1979）、228-30。

37　荻原真子「エヴェンキ族の創世神話」『ユリイカ』（1985.1）：118-19。

38　荻原「エヴェンキ族の創世神話」127。

要約：エヴェンキの世界のはじまり（「エヴェンキ族の創世神話」[39]）

> 大地は小さく、人は暮らしを営めなかった。マンモスはそれを助けることにした。マンモスは牙で海底から土を投げた。大地は大きくぼこぼこになった。マンモスは、トナカイの角と足を備えたヘビを這わせた。それは川。マンモスが寝た所は湖になり、土を放り投げた所は山となった。

　エヴェンキの他の神話には神は出現する。しかし、この創造神話は神ではなく、動物によって行われたこと。そして、水の底の土を使って大地を広げたことの二つが特徴的な神話となっている。

宇宙卵

　最後に紹介するモチーフは宇宙卵の神話である。ここでは、オルペウスの創造神話をまず紹介する。

要約：オルペウスの創造神話 (オルペウス断片 B13)[40]

> 　水から泥が形成され、そこから蛇が生まれた。蛇はヘラクレス、クロノス（時）とも呼ばれる。
> 　ヘラクレスは大きな卵を生んだ。
> 　卵は摩擦によって割れた。一番高い部分が、ウゥラノス（天）となり、下の部分がゲー（大地）となった。
> 　卵から、双胴の神が出て来た。
> 　ウゥラノスとゲーは、三人の娘、クロト、ラケシス、アトロポス、そして、ヘカトンケイル族、キュクロプス族という息子たちを儲けた。
> 　ウゥラノスは息子たちから権力の座を追われることを恐れ、息子たちを縛り上げ、タルタロスに落とした。また、ウゥラノスとゲーはティタン族を儲けた。ティ

　　39　荻原「エヴェンキ族の創世神話」126-27。
　　40　オルペウス断片 B13、邦訳：『ソクラテス以前哲学者断片集』I、内山勝利編（岩波書店：1996）、25-26。

　ヘシオドスの『神統記』での、プロトゴノイ、最初に生まれた神々の神話にかんするバリエーションであるといえる。この卵から世界が生まれたという考え方は、インドでも『リグ・ヴェーダ』あるいは、『マハーバーラタ』の冒頭にも記されている。

　前述の『三五暦紀』の宇宙の初めは卵のようであったと書かれている。しかし、「卵のようであった」と「卵であった」は大きく違うと思われる。「全てを生成する卵のようなもの、ドロドロしたもの」であれば、水・泥などもすべてを生む卵となってしまう。そして、オルペウスの神話でも、卵は、泥から生まれた時が卵を生んでいる。

　原初のドロドロした「泥」あるいは「卵のようなもの」と、「卵」は全く別のものとして構想されていたのではないかと思われるのである。

IX. まとめ

　創造神話以外の神話と同じく、世界中の創造神話においても、似ている部分と似ていない部分がある。

　この創造神話を理解する上で重要なことは、神と世界との関係を考えることだと思われる。『聖書』や日本のように、神が世界以前から存在していたと考えられる神話と、北欧神話のように、物理的な世界・枠組みが、神の誕生以前から存在していたと捉えられる神話の二種類である。ギリシア神話も仏教も物理的な世界が誕生した後に神々が出現するという点では同じであるといえる。これは、神の位置づけにかかわる。世界先行型の神話においては、神は世界なしでは存在しえないのである。[41]

　そして、具体的な事物が創造されてゆく。『聖書』の神は原初の水を作り

41　Robert Sokolowski, *Eucharistic Presence: A Study in the Theology of Disclosure* (Washington, D. C.: The Catholic University Press, 1993), 18.

上げ、ギリシア神話ではカオスからすべてが生み出され、『エヌマ・エリシュ』では神々の戦いの後に、神の死体から大地や空が形作られてゆく。

　このように、神と世界との関係の上にモチーフが成り立つ。モチーフにかんしては、創造の時に何が想定されていたのかをまず把握してから考えてゆく必要があると思われる。北欧神話では、世界の最初に裂目がある。これは最初に神しか存在しなかった『聖書』の神話とは、順序が異なる。それぞれの神話世界の神と世界の位置づけの上に、モチーフが肉付けされて創造神話が成立したという枠組みで解釈してゆくべきだと思われる。

　神話は独立して生まれることもあれば、様々な神話が人的交流のなかで伝播することもあるだろう。しかし、伝播してきた神話が受容されるには、それぞれの神話世界が受容可能な内容こそが伝播されるのだろうと思われる。

神話が書店に並ぶまで

いわゆる神話がどのように現在の我々が買いに行く書店に並ぶまでの過程を見てゆきたい。神話は書籍化され書店に並んでいるが、もともとの姿は様々であった。それが様々な過程を経て書店に並び、我々が購入することになる。

元々の神話

いわゆる神話の元々の姿は様々である。口頭伝承、神に教えられた内容を文字に書き起こしたもの、古代の宗教者や学者が書いたもの、研究者や旅行者の報告書、祭祀で神に読み上げられたもの、墓に書かれた文章、などなど様々なものが神話の元々の姿である。古代の神話は様々な段階を経て現代の書店に行きつくが、現代に集められた口頭伝承などをもとにした神話は、この段階のものを文字に起こし、書店に並べられる。

校訂・再現・注

古代に書籍として成立したものでも、歴史の経過、写本の連続の中で内容が変わったり、虫食いなどで文章が欠けてしまったりする。また、歴史の経過の中で意味が分からなくなった単語も出てくる。それらを元来の姿に近づけるという学者の作業が行われる。

例えば、ヘシオドスの『神統記』は作者の名前が宣言されており、本として古代から成立していた。しかし、『神統記』の完全な写本は 13 世紀のもので、14 世紀・15 世紀の写本を基準にして正しい単語・読み・写本の関係などの研究が行われてきた[1]。その結果、ギリシア語で元の姿が再現される。この作業を校訂といい、校訂された本、つまり原本に近いと考えられる本が校訂本あるいは批判版と呼ばれる。しかし、そのままでは専門家以外にはわからない言葉などが放置されたままである。その場合、注釈という作業を行う。また、欠けた文章を補う作業なども行い、これを文の再現という。

翻訳

古代ギリシア語が読めない人々が『神統記』を読もうとすれば、古代ギリシア語を勉強するしかない。あるいは『古事記』『日本書紀』のような日本の文献であっても原文のままであれば読むコストが非常に高い。であるので翻訳が行われる。例えば古典文学全集『古事記』など

---

1 例えば以下の論文を参照せよ。M. L. West "The Medieval and Renaissance Manuscripts of Hesiod's Theogony," The Classical Quarterly 14, no. 2 (1964): 165–89. http://www.jstor.org/stable/637722.

は、校訂・注釈・原文・翻訳が全て含まれている。また、研究者でなくても、翻訳家や小説化が翻訳することもある。

再話

しかし、翻訳された古代の文献の表現では読みにくかったり、話として面白くなかったりする部分がある。そこで行われるのが再話である。再話の範囲は広く、過不足なく要約する場合もあれば、ストーリー展開を現代人にもわかりやすくするために、想像で補ったり、読みやすくしたり、話を膨らませたりする場合もある。研究者・作家などがこの作業を行う。例えば大林太良他編『世界神話事典』は研究者による再話であるといえる。また、マンガ化も再話の一つだといえる。例とすれば石森章太郎『古事記』などが挙げられるだろう。

再話の翻訳・翻訳の翻訳

海外で分かりやすく再話された本が日本語に翻訳される場合がある。トマス・ブルフィンチの『ギリシア・ローマ神話』はその典型的な例である。

外国語が更に他の言葉に翻訳されたものが日本語になる場合がある。『トーイン：クアルンゲの牛捕り』や『マヤ神話　ポポル・ヴフ』がその代表例だろう。前者は中世アイルランド語が英語に翻訳されたものを日本語に、後者はキチェ語からスペイン語に翻訳されたものが日本語に翻訳されている。

現在の書店へ

このような過程を経て我々は書店で様々な神話の本を買う事ができる。神話本来の姿を求めようとすれば、校訂本が最も優れており、翻訳、再話の順番に元々の姿から離れてゆく。勿論専門家であれば、原語で校訂本を作る力量が求められる。しかし、神ならぬ人の身では、全ての言語に精通することは出来ず、全ての神話に精通することも不可能であろう。本書も多くの優れた翻訳と研究の偉業の下で出来上がっているのである。

神話が現代の書店に並ぶ大まかな流れ

校訂本、再話、翻訳が書店におかれることが多い。
また、この経路が全てではない。

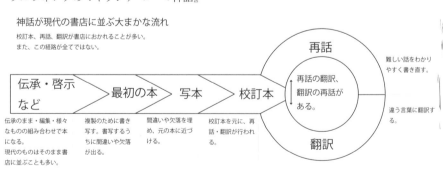

伝承・啓示など → 最初の本 → 写本 → 校訂本 → 再話・翻訳

伝承のまま・編集・様々なものの組み合わせで本になる。
現代のものはそのまま書店に並ぶことも多い。

複製のために書き写す。書写するうちに間違いや欠落が出る。

間違いや欠落を埋め、元の本に近づける。

校訂本を元に、再話・翻訳が行われる。

再話の翻訳、翻訳の再話がある。

難しい話をわかりやすく書き直す。

違う言葉に翻訳する。

第四章

人と死の始原

ジョン・マーティン《失楽園》1846 年

われわれはどこから来たのか

　人類の起源と死のはじまり。これが、本章のテーマである。神話もまたこの問題に取り組んできた。様々に注目すべき内容があり、それぞれの神話にあわせて5つの論点のなかのいくつかを見ていきたいと思う。

人類の起源

　人類の起源について大きな枠組みと小さな枠組みがある。大きな枠組みとして、神に造られたか、神の子孫かという区別がある。そして、人が神に作られた場合、単に作られたとされる神話もあるが、理由を持つ場合もある。他に、植物始祖、動物始祖などの様々な神話がある。

労働の起源

　人はなぜ、苦しい労働をする必要があるのか。その答えを持っている神話がある。ギリシア、『聖書』、シュメール、マヤにおける労働の起源の神話を本書では取り上げる。

死後の世界

　人は死後にどこへ行くのか。この死後の世界の様子は冥府訪問譚の形を取ることが多く、日本やギリシア、メソポタミアやマヤなどにある。場所も概ね、地下にあり、ギリシアやメソポタミア、中国や日本では川が現世と死後の世界を隔てている。

死後の裁判

　死後、単に人は死後の世界に移動するだけではない。死後の行先を決めるものとして、死後に裁判が行われる。

死の理由

ほとんどの神話において、人は最初から死すべき存在として考えられてい

るように思われる。しかし、人は最初、寿命を持たず、あることがきっかけとして、人が寿命を持つことになるという神話もある。

人生の回数

　輪廻転生という考え方が仏教などにはある。他方で、人生が一度きりというキリスト教のような考え方もある。この点も人類の起源や冥界神話を考えてゆく上でも重要になる。

霊魂の特徴

　霊魂の問題も、人類の起源や冥界神話を理解してゆく上で重要な問題となる。霊魂は単に魂と肉体にわかれていると考えられているだけではない。人間のもつ肉体とは別の精神的原理を司るものを魂と呼んだ時、魂には様々な種類を想定している神話体系も存在する。体とは別に魂魄の二種類を認める漢民族などはその代表的な例である。

　本章ではＩのギリシア神話から、ⅧのインドのⅡ神話までは具体的な神話と共に紹介し、以降の審判、三途の川、漢民族の魂魄、霊魂観にかんしては個別の神話の紹介を省いて、具体的な比較されるべきものを提示し比較してゆきたいと思う。

Ｉ. ギリシア神話：分析の起点

　ギリシア神話の人の起源と死後の世界にかんして五つの神話を取り上げる。最初に取り上げるのは、ヘシオドスの『仕事と日』で、人類の五種類の時代・起源について、次のアポロドーロスの『ギリシア神話』では最後の現在の人類の起源となったデウカリオンの神話を取り上げ、『仕事と日』のヘシオドスから再び、人間の労苦の起源を取り上げる。冥界の様子については、同じくアポロドーロスの『ギリシア神話』のオルペウスの神話とヘラクレスの最後の試練を紹介する。

論点

　人類の起源

　　木、石、神の子孫

　死後の世界

　　一般人は地下、英雄は楽園（時

　　代で変わる）

　労働の起源

　　辛苦にまみれた種族として作ら

　　れた

　審判

　　死後に裁判がある

　霊魂

　　空しい存在

デウカリオンとピュラが大地に再び人を住まわせる。ユペール゠フランソワ・グラヴロによるオウィディウス『変身物語』挿画、1767 年

ギリシアにおける人間の誕生・労苦のはじまり

　第三章のギリシア神話で取り上げた『神統記』の作者であるヘシオドスには『仕事と日』という作品もある。そこでは、五種類の人間の誕生と四種類の人間の滅亡について語られている箇所がある。

『仕事と日』における人間の誕生

　『神統記』を記したヘシオドスは『仕事と日』という作品も遺している。この中には、人間の種類、世界の変遷を描いた箇所があり、そこには今生きている人の種類が最も辛い境遇にあることが書かれている。

要約：人間の誕生（ヘシオドス『仕事と日』106-201）[1]

　　クロノスの時代にオリンポスの神々は黄金の種族を作った。彼らは労苦

　　1　ヘシオドス『仕事と日』106-201, 邦訳：『仕事と日』、『ヘシオドス全著作』所載、中務哲郎訳（京都大学学術出版会：2013）、164-70。

も老いもなく神々のように暮らし、死んでいった。死後彼らは神霊となって
人々を見守っている。

　ゼウスの時代になり、オリュンポスの神々は銀の種族を作った。子供と
して百年間遊び、青年になると苦しみ、暴慢を抑えられず、神々も祭ら
ない。ゼウスは彼らを隠してしまい、地下に住んでいる。至福なる人間と
いわれる。

　ゼウスはトネリコから青銅の種族を作った。彼らは強い種族で戦いと暴
慢に満ちていた。お互い殺し合い、冥界に行くことになった。

　その後、ゼウスは英雄の種族を作った。青銅の種族より正しく優秀で
半神と呼ばれた。トロイア戦争などの英雄たちのことである。彼らは戦争
などで滅ぼされたが、ゼウスが至福者の島（マカロン・ネソイ）に住まわせた。そこでは年三
度も稔る蜜の甘さの作物がある。

　五番目の鉄の種族は生まれてくるべきではなかった。悲哀と辛苦にま
みれており、災厄にまみれている。いずれこの種族もゼウスに滅ぼされる
だろう。

　この神話では、五種類の人間がいること、そして全てが神によってつくら
れてはいるが、何から作られているのかが語られているのは、トネリコから
生まれた青銅の種族だけである。木から生まれるという神話は北欧にもあり、
植物から生まれるという括りでいえば、ナバホやマヤの神話などにもある。
　中務は金銀青銅鉄という四種類の区分は、ゾロアスター教の時代区分、『旧
約聖書』ダニエル書の四種類の金属で出来た巨像の夢、インド神話などに現
れていると論じる。そして、時代が下るに従って人間が堕落してゆくのは、
このようなオリエントに共通する区分の考え方があり、その考え方に英雄の
時代が挿入されたのだとウェストは論じている[2]。

アポロドーロス『ギリシア神話』での人間の誕生
　さて、上記の青銅の時代の人間はアポロドーロスによれば洪水によって滅

<hr>

2　M. L. West, Commentary to 106-201, in *Works and Days*, ed. M. L. West (Oxford: Oxford Uni-
versity Press, 1987), 172-77. 他の研究なども含めて、中務哲郎「ヘシオドスの五時代説話について」、
同著者『饗宴の始まり：西洋古典の世界から』所載、（岩波書店：2003）、41-52、に紹介されている。

ぼされたという。アポロドーロスは、ヘシオドスから大きく下って紀元後1-
2世紀の人物だと考えられており、彼の『ギリシア神話』（ビブリオテーケー）
は、ヘシオドスよりもさらに体系的・包括的な記述である。

要約：デウカリオンの大洪水（アポロドーロス『ギリシア神話』1.7.2-3）[3]

> ゼウスは青銅の時代の人間を滅ぼすために洪水を起こすことにした。プ
> ロメテウスの子、デウカリオンとピュラーはプロメテウスから助言を受け、箱
> 船を作り、九日九夜生き延びた。
> 生き残った二人はゼウスに祭祀を行い、ゼウスか彼らの望みを叶えるこ
> とにした。彼らは人間を望んだ。この二人が投げた石が男女になった。
> また二人の子供がヘレーンで、子孫はギリシア中を支配した。ギリシア
> 人は自分のことをヘレーンとよぶ。

　洪水や津波から生き延びた者が現在の人類の祖先であるという神話は、メ
ソポタミアや『聖書』から、韓国、沖縄、東南アジア、ポリネシアに至るま
で幅広く分布している。アステカやマヤも今の時代が洪水からはじまるとい
う点ではギリシアと同じだが、始祖神話ではない。洪水と今の文明の関係と
いう点では『聖書』やインド神話、マヤ、アステカと同じであるといえる。
（⇒第八章）

人間の労苦のはじまり

　なぜ人間は辛酸を舐めた人生を送らねばならないのか。それはヘシオドス
が『仕事と日』の先ほど紹介した五時代の記事に先立つ場所で語っている。

3　アポロドーロス『ギリシア神話』1.7.2-3, 邦訳：『ギリシア神話』岩波文庫、改版、高津
春繁訳（岩波書店：1978）、41-42。

要約：労苦のはじまり（『仕事と日』42-105）[4]

> 人が労苦して命の糧を生産するのは、それをゼウスが隠したからである。プロメテウスに騙され怒ったゼウスが命の糧を隠し、労苦を与えるために火を隠したのだった。
>
> プロメテウスは火を持ち去り、人間に与えた。それに怒ったゼウスは土と水からパンドラという女を作り、神々は彼女を飾り立て、人間の禍いとすべくプロメテウスの兄、エピメテウスに送った。弟からゼウスから何も受け取るなといわれていたにもかかわらず。
>
> そして、全知のゼウスは予めこのことを全て知っていた。
>
> 人は災いも労働も死も病気も知らなかった。しかし、パンドラが壺を開けたために、労苦に満ちた中身が撒き散らされ、災厄が、病が、人に襲い掛かるのである。

　この神話は労働と火の起源神話となっている。また、『神統記』で語られる同じ神話は女性・犠牲祭の起源神話でもある。（⇒コラム「神話と祭祀　古代ギリシアの犠牲祭と秘儀」）

ギリシアの冥府の様相

　人は死ねばどこへ行くのか。ギリシアでは地下の世界にあるハデスの館に行き、選ばれた者はエリュシオンへ行く。このことは古くは『オデュッセイア』にその詳細が記されている。『オデュッセイア』の記述を『イリアス』で補いながら、死後の世界の場所、そして死後の人間について見てゆく。

まとめ：ホメロスの死後世界

> 死者のうち選ばれた者は、エリュシオンへ行く。そこは、世界の涯にある。

4　ヘシオドス『仕事と日』42-105. 邦訳：160-64。

ラダマンテュスが住み、安楽な生活を送る所、雪はなく、激しい嵐も、雨もなく、オケアノスは西風を送り、涼しく人は暮らす。[5]

　人が死ねば、その魂（プシケー）は地下の領域ハデスの館へ行く。[6] プシケーは死んだところから地下へ、あるいは西へ向かってゆく。[7] 西へ向かえばハデスの世界にたどり着くことになる。ハデスの世界の更に地下にはタルタロスがある。[8]

　レウカスの岩の向こう、オケアノスの大河を越え、レウカスの岩を過ぎ、太陽の神の門の向こう、夢の住む国の向こうに、霊魂の住む場所がある。[9]

　生者が行けば、大地を囲むオケアノスの大河を超えた岸辺、霧と雲の立ち込める太陽のない国、キンメリオイ族の国を越え、オケアノス河に沿って歩くと、そこにハデスの館（冥府）がある。そこは、火焔の河ピュリプレゲトン、憎しみの河ステュクスの支流である嘆きの河コキュトスが苦しみの河アケロンに注いでいる場所である。[11][12]

　埋葬され、葬儀が行われた人物は、川を渡ることができ、ハデスの門をくぐることができる。[13] 魂はハデスの館でミノス王の裁判を受ける。[14] 冥府で人は一切の記憶を持たず、影のようにひらひら飛び交っているだけの存在である。[15]

　また、ヘラクレスのように神となった者は、その幻影（エイドロン）が冥

　5　ホメロス『オデュッセイア』4.561-70, 邦訳：『オデュッセイア』西洋古典叢書、中務哲郎訳（京都大学学術出版会：2022）、116-17。

　6　ホメロス『イリアス』8.13-16, 邦訳：『イリアス』上、岩波文庫、松平千秋（岩波書店：1992）、235。

　7　ホメロス『イリアス』23.99-101, 邦訳：『イリアス』下、岩波文庫、松平千秋訳（岩波書店 1992）339。

　8　『オデュッセイア』24.9-14, 邦訳：685。

　9　『イリアス』8.13-16, 邦訳：235。

　10　『オデュッセイア』24.9-14, 邦訳：685。

　11　『オデュッセイア』11.11-19, 邦訳：305。

　12　『オデュッセイア』10.505-15, 邦訳：300。

　13　『イリアス』23.69-75, 邦訳：下、338。

　14　『オデュッセイア』1.567-71, 邦訳：337-38。

　15　『オデュッセイア』10.495, 邦訳：299。

　古い時代の記述、例えばヘシオドスでは、ギリシアでは英雄はマカロン・ネソイへ、人間はハデスの館へ行くことになる。同じく英雄の行くエリュシオンはホメロス『オデュッセイア』[17]では世界の西の涯にあるといわれ、ヘシオドス『仕事と日』[18]でも大洋の岸辺にあるとされている。ヴェルギリウス『アエネーイス』[19]では、英雄の土地エリュシウムは地下にあるとされるが、いずれも楽園として描かれている。

　他方、英雄ではない人々は地下に行くことになる。地下の暗い世界で、ハデスに支配された場所で生活を送ることになる。このような場所へ英雄のヘラクレスやオデュッセウス、詩人オルペウスが向かうことになるのである。『イリアス』ではハデスの世界の更に下にタルタロスがあったが、前章で紹介したヘシオドス『神統記』では、ハデスの館はタルタロスにある。

　次に紹介するのは詩人オルフェウスが妻を取り戻す話である。本章で同じく紹介する伊邪那岐命(いざなぎのみこと)の冥府行と同様の話になっている。また、ヘラクレスの冥府行は第六章、およびコラム「神話と祭祀　古代ギリシア」で取り上げる。

要約：オルペウスの冥府行（アポロドーロス『ギリシア神話』1.3.2）[20]

　　美声の女神カリオペとトラキアの王オイアグロスから吟遊詩人オルペウスが生まれた。

　　オルペウスの妻エウリュディケーがヘビに噛まれ亡くなった。彼女を連れ返すために冥府に下ってプルートーンに頼んだ。オルペウスが家に帰るまで振り向かない条件でプルートーンは許可をした。しかし、彼は約束を破り振り向いたために、妻は帰ってしまった。

16　『オデュッセイア』11. 600-29, 邦訳：339-41。

17　『オデュッセイア』4.561-69, 邦訳：116-17。

18　ウェルギリウス『アエネーイス』539-43, 邦訳：『アエネーイス』西洋古典叢書、岡道雄、高橋宏幸訳（京都大学学術出版会：2001）、273-74。

19　『仕事と日』166-71, 邦訳：168。

20　アポロドーロス『ギリシア神話』1.3.2, 邦訳：32-33。

コロー
《エウリディケを冥府から導く
オルフェウス》1861 年

　死んだ妻を取返しに行くという話は次の節で取り上げる日本神話の
伊邪那岐命と伊邪那美命と同様の神話になっている。他にも、後ろを振り返
らない、あるいは見てはならないという問題にかんしては『聖書』や他の神
話・伝説にも多い。特に日本神話・神道において見る・見ないという問題は
清浄化の問題と密接にかかわっている。(⇒第七章)

冥府の河

　ギリシアの冥府には河がある。『オデュッセイア』では、ピュリプレゲト
ンとステュクスの支流であるコキュートスがアケロンに合流していることが
描かれている。アリストファネスは『蛙』で、ルキアノスは『メニッポスま
たは死霊の教え』で湖だといっているが、アルカイオスやパウサニアスは[21]
河といっており、判然としない。しかし、時代が下るに従って河と確定し[22]
ていったと思われる。他にもローマではレーテーが忘却の河として明確に描
かれるようになる。[23]

　21　アリストファネス『蛙』193, 邦訳：『ギリシア喜劇全集』3、所載、丹下和彦、荒井直、
内田次信訳（岩波書店：2009）、217。ルキアノス『メニッポスまたは死霊の教え』10, 邦訳：『偽
預言者アレクサンドロス：全集 4』所載、西洋古典叢書、内田次信、戸高和弘、渡辺浩司訳（京都
大学学術出版会：2013）、102-103。

　22　アルカイオス断片 38A, in David A. Campbell, *Greek Lyric*. Cambridge (MA: Harvard
University Press, 1982), 520-521. パウサニアス『ギリシア案内記』10.28.1, 邦訳：『ギリシア記』飯
尾都人訳（龍渓書舎：1991）、716。

　23　『アエネーイス』6.705, 邦訳：283。オウィディウス『変身物語』11.601-03, 邦訳：『変身物語』
2、西洋古典叢書、高橋宏幸訳（京都大学学術出版会：2020）、138。

死者はアケロンを渡らねばならない。[24] そこには渡守がいる。この渡守の存在は、ホメロスから時代が下って、古典期の詩人、エウリピデスの悲劇『アルケスティス』などに見える。[25] ルキアノス、エウリピデスやアリストファネスは前述の作品の中で、その名前をカロンとしており、死者の口には渡し賃としてオボロスのコインが入れられていた。[26]

また忘却の河レーテーを越えるとき、人は全ての記憶を失う。アポロニウスやウェルギリウスがその存在に言及している。[27][28]

死後の審判・死後の行先の変遷

ギリシアにおいて、死後に審判が行われると考えられていた。諸書に依れば三人いて、ミノス王、ラダマンテュス、アイアコスである。

ミノス王が冥府の裁判官であるということは、前述の『オデュッセイア』にある。[29] プラトンやオウィディウスは彼に加えて、クレタ王であったラダマンテュスとアイギナの王であったアイアコスの存在も加えている。[30]

分析

人の誕生と労苦：『聖書』との類似

ギリシアでは様々な原因で人が誕生する。金と銀の種族は神々に造られたとしか記されていないが、青銅の種族はトネリコの木から作られ、鉄の種族の一部は神々の子孫であり、一部は石から生まれ、また、アポロドーロスの

---

24 例えば『テーバイを攻める七人の将軍』851-60, 邦訳：『テーバイを攻める七人の将軍』池田黎太郎訳、『ギリシア悲劇全集』2、所載、伊藤照夫、西村太良、池田黎太郎、岡道雄訳（岩波書店：1991）、196。

25 エウリピデス『アルケスティス』435-44, 邦訳：『アルケスティス』丹下和彦訳、エウリピデス『悲劇全集』1、所載、西洋古典叢書（京都大学学術出版会：2012）、40。

26 ストラボン『ギリシア・ローマ世界地誌』8.6.12, 邦訳：『ギリシア・ローマ世界地誌』飯尾都人訳（龍渓書舎：1994）、692。

27 アポロニウス『アルゴナウティカ』1.642, 邦訳：アポロニオス・ロディオス『アルゴナウティカ』西洋古典叢書、堀川宏訳（京都大学学術出版会：2019）、43。

28 『アエネーイス』6.713-15, 邦訳：284。

29 『オデュッセイア』11.568-70, 邦訳：337。

30 プラトン『ゴルギアス』524a, 邦訳：『ゴルギアス』加来彰俊訳、『プラトン全集』9、所載、加来彰俊、藤沢令夫訳（岩波書店：1974）、233-34。

記述からは、種族の生き残りもいたと想定されている。（⇒第八章）

　神々の子孫は様々な王家の祖となり、七章で見てゆくように、神々と子孫が人間と子供を儲け、その子供が王家の祖あるいは英雄になる例も見られる。

　鉄の時代においても、様々な人間の祖先・誕生の在り方が示されているのは、ギリシアの社会構造の在り方と無縁ではないと思われる。

　そして、五時代の人間の誕生を説いたヘシオドスは労苦の誕生も説いている。人間に文明をもたらしたプロメテウスは、ゼウスの怒りを招く事によって、パンドラを通して人間に苦しみを与える要因にもなる。

　この文明をもたらした要因と苦難、女との関係は『聖書』創世記の楽園喪失と類似の理念の中で記述されているといえる。

審判と死後の観念の変化

　英雄や神化した存在を除いた全ての人間はヘシオドスの頃ではハデスに行くと考えられていたと思われる。しかし、時代が下ると、善人と悪人で行先が変わり、転生の観念が窺われるものとなっていく。

　転生の観念は秘儀であるところのオルペウス教に見えるものであるが、古典期のピンダロスやプラトンは転生にかんして様々に述べており、人口に膾炙したものだと考えられる。ピンダロスは『オリンピア讃歌』のなかで次のように述べている。

要約：ピンダロスによる死後（『オリュンピア第二歌』55-74）[31]

> 　人が死ねば、暴慢の人物は、地下の裁判官によって破滅の言葉が宣告される。
>
> 　善人は、労苦の少ない生活を送り、神々から尊敬され、涙から解放される。
>
> 　善良なまま、あらゆる悪を犯さず、三度人生を過ごした者は、ゼウスの道を通り、クロノスの塔へ行く。マカロン・ネソイで至福の日々を送る。

　ピンダロスは他にも、償いを地下で行った者は、ペルセポネによって、地

　31　ピンダロス『オリュンピア第二歌』55-74,邦訳：ピンダロス『オリュンピア第二歌』内田次信訳、『祝勝歌集／断片選』所載、内田次信訳（京都大学学術出版会：2001）、21-22。

上に送り上げられるとも語っている。また、ウェルギリウスも『アエネーイス』の中で輪廻転生を詳しく描写している。

転生の観念と同じように、霊魂観にかんしても議論が深められていく。ギリシアの霊魂観は、その後様々な姿をとる。例えば、プラトンでは、不滅の霊魂（ピュシケー）は頭に宿る理知（ロゴス）、胸の近くにある気概（トモス）、胃にある欲求（エロス）の三つから構成されており、それが輪廻転生を繰り返すと議論している。

アルカイック期において、人の記憶や集団との関係において考えられていた死は紀元前5世紀の社会的な変化によって、善悪と死後の、特に幸福な死後との関係で語られることになり、カロンの存在や輪廻転生思想の広まりはその現れであると考えられている。

様々な比較の起点としてのギリシア神話 ─────────────

ギリシアの人類の誕生と死は様々な神話との比較が可能であり、それぞれを比較し深く考察するための起点となりえる。

洪水の生き残りが現代人の始祖であるという神話は、『聖書』にその代表例が見られ、第八章で詳しく取り扱う。他にも、韓国、沖縄、東南アジア、ポリネシアなど様々な神話に洪水始祖とよばれるモチーフの神話が見られる。また、何度も世界あるいは人類をやり直すという観点からは、『聖書』の洪水神話やナバホ、アステカなどに同様の神話を見ることができる。

植物始祖神話という観点からも、北欧やナバホ、マヤに類似の例が見られる。他にも、人類が神の子孫であるという神話は、日本神話やマレーシアのメントラ族の神話などに見える。また、人が石から出来たという話はアステカにも見える。

32　ピンダロス断片133, 邦訳：『祝勝歌集／断片選』内田次信、京都大学学術出版会、2001年、422-23。

33　『ティマイオス』69b-77c, 邦訳：『ティマイオス』種山恭子訳、『プラトン全集』12所載、種山恭子、田之頭安彦訳（岩波書店、1975）、128-44。

34　『国家』10.614a-621d, 邦訳：『国家』下、岩波文庫、藤沢令夫訳（岩波書店：1979）、354-73。

35　Christiane Sourvinou-Inwood, *'Reading Greek Death' to the End of the Classical Period*, (Oxford: Clarendon, 1996), ch. 3-5.

人生の辛苦・労働の原因を教える神話もある。『聖書』、シュメール、マヤなどの人類創造神話には労働あるいは人生の辛苦の理由についての起源神話がある。

　冥界に人が行って帰ってくるという話は、メソポタミアの「イナンナの冥界下り」、日本の「イザナギの黄泉下り」等に見え、地下の冥界は世界中に見える。これらに加えて、死後の審判について、冥府と現世との間の川について、あるいは輪廻転生についても本章でさらに他の例を紹介する。

　このように人と死にかんする多様な神話を見る起点としても、ギリシア神話の人の誕生と死の物語は注目すべきものとなっている。

II. シュメール：人と労働

　メソポタミアの創造神話は、シュメールより後代の『エヌマ・エリシュ』に依らざるを得なかったが、人間の創造と冥界についての神話は、シュメール人の時代のものが残っている。そこでは、人類は神々の仕事を肩代わりさせる存在として作られる。また、冥府については、女神イナンナが冥界へ行く話が伝わっている。

論点
　人類の起源
　　神の血液から作られる
　死後の世界
　　地下
　労働の起源
　　人は神の労働を肩代わりする為に造られた

労働のための人類

　シュメールにおいて人類のはじまりを教える神話はまとまった形で残って

いる。もっとも注目すべき点は、神々の労働を肩代わりさせる存在であるという点である。

人間と労働のはじまり

要約：人間の創造（『シュメール神話集成』[36]）

> 天地が構成された後、二人の神がエンリルに人間を創造することを提案した。
>
> それは、二人のラムガ神を殺し、その血で人間を造り、神々の仕事を肩代わりさせるというものであった。
>
> 灌漑、農耕、牧畜などを行わせるために、人間を作ることにした。

この神話が記述しているのは、あくまでその計画が立てられた時のことであると思われる。人間が生まれた当時から、現在の姿に至るまでの事柄は違う神話に記述されている。

要約：農牧のはじまり（『シュメール神話集成』[37]）

> 最初人間は水鳥のように水に潜って暮らしていた。着物も知らず、パンもビールも知らなかった。
>
> 家畜や穀物は存在しなかった。
>
> 人びとは沼沢地に居所を移し、織物をはじめた。
>
> 神は穀物と家畜を人に与えた。神は人に家を与えた。
>
> そして、万物は増えていったのである。

他にも、天地が結ばれていた紐をシュメールの主神であるエンリルが切断

36　「人間の創造」『シュメール神話集成』所載、杉勇、尾崎亨訳、ちくま学芸文庫 (筑摩書房：1978;2015)、9-13。

37　「人間の創造」『シュメール神話集成』、14-17。

した時に大地に傷がつき、そこから肉が盛り上がり人間が生まれたという神話もある[38]。

また、『エヌマ・エリシュ』では、天地創造時に殺された神のティアマトの子供キングーの血から作られたと書かれている[39]。

人間は神によって創造された存在ではあっても、完全に断絶されている訳ではない。第五章で詳しく取り上げるギルガメシュのように、神は人間と婚姻し、その子孫が英雄となる。この点もギリシア神話と同様であるといえる。

しかし、最も特徴的なのは、人間は神の労働を肩代わりする為に生まれたというものであろう。

労働の起源の探求

ギリシア、ヘブライ、そしてマヤの神話とも共通した原因への探求がこの神話には見られる。神によって造られた人はなぜ苦しんで労働せねばならないのか。辛苦に満ちた人生を歩む理由はなにか。その理由を教える神話になっている。これらは、現在に至るまで様々な時代が存在したという思惟あるいは、過去が素晴らしい時代だったという思惟と関連しているように思われる（⇒第八章）。

シュメールの冥界「イナンナの冥界下り」————————

シュメールにもギリシアや日本と同様に、冥界へ行く話が残されている。女神イナンナが冥界へ行き、帰ってくるという物語である。また、附随する神話として、イナンナの代わりに死んだ夫のドゥムジ（タンムーズ）が冥界から一年の半分は抜け出せるという神話もある。

要約：イナンナの冥界行（『シュメール神話集成』[40]）

38　『シュメール神話集成』ちくま学芸文庫、杉勇、尾崎亨訳、（筑摩書房：1978）（筑摩書房：2015）、194-95。

39　『エヌマ・エリシュ』6.1-38, 邦訳：『バビロニア創世叙事詩　エヌマ・エリシュ』月村昭男訳注（ぷねうま社：2022）、99-103。

40　「イナンナの冥界下り」『シュメール神話集成』所載、43-75。

女神イナンナは冥界に行く。

門番はイナンナの姉、冥府の女王エレシュキガルに許可を求めにいき、女王エレシュキガルは嫌いな妹であるけれども、しぶしぶそれを許可した。

イナンナは七つの門をくぐる度に装飾品や服が奪われた。これは地下界の掟で裸で冥界に行かねばならない。

冥界に来たという罪で、裁判に掛けられ有罪となった。その瞬間イナンナは死んだ。

イナンナの使者はイナンナを助けてほしいと大神の元へ行った。

エンリル、ナンナルは断ったが、エンキは手助けをした。二人の人物を作り出し、命の食べ物と命の水を渡した。

病気で苦しんでいるエレシュキガルを助け、その礼として死体を受け取るように命じて、そのようにした。食べ物と水を振りかけて、イナンナは復活した。

地下から地上に戻るためには、代わりの者を置いていけといわれ、約束して、代わりの者を連れ帰る役目の精霊とともに、地上に戻った。訪ねた人々は皆喪服を着て悲しそうにしていた。

夫のドゥムジは良い服を着て、楽しそうにしていた。イナンナはドゥムジを連れて行かせた。彼は太陽神に助けを求め、太陽神は蛇の姿にして逃がしたが、つかまって地下に連れ去られた。

　女神がなぜ冥界に行ったのかという点については、史料には残されていないようだ。しかし、冥界に行き、裁判が行われて死んでしまう。そして、イナンナを死んだことを悲しんでいなかった夫のドゥムジと引き換えに地上に戻って来たというものである。この神話の断片Bでは、末尾にエレキシュガルを讃美する文句が記述されていることから、死の女神を讃える話でもあると指摘されている。[41]

　さて、ドゥムジは牧畜の神であるが、ダムという神がドゥムジと同一視された。[42]その祭祀集団の文献には妹のゲシュティナンナが冥府から彼を連れ戻すという神話がある。

---

41 「イナンナの冥界下り」『シュメール神話集成』75。

42 Thorkild Jacobsen, *The Treasures of Darkness: A history of Mesopotamian Religion* (New Haven: Yale University Press, 1976), 25-27.

要約：捜索と帰還（『闇の宝』[43]）

> タンムーズの母のシルトゥール、彼の姉妹のゲシュティナンナ、心変わり
> したイナンナの三人の女神が彼の彼の死を悲しみ、ハエについていくと彼
> と再会することに成功する。
> そして、一年の半分は冥界で彼の姉妹のエレシュキガルと、もう半分は
> イナンナと天国で暮らすことになった。

　この神話はコラム「神話と祭祀　古代ギリシアの犠牲祭と秘儀」で紹介す
るギリシア神話の春の女神であるペルセポネーの話と極めてよく似ている。
ペルセポネーの神話は農耕であるが、ドゥムジは牧畜の神である。年の半分
という期間と牧畜は何らかの関係があるのだと思われる。

III. 日本神話：穢と祓

　人の誕生や死後についてギリシア神話は非常にわかりやすく、様々な神話
を見る上の起点ともなっている。他方で、日本神話において、人の誕生や死
後については非常に分かりにくくなっている。これは、現在の我々が分かり
たいことが、文章の塊となって記述されていないことに由来する。しかし、
様々な資料を使うことによって、日本神話においてそれらの姿がどのように
描かれているのかを理解することができる。

論点
　人の起源

43　Thorkild Jacobsen, *The Treasures of Darkness*, 63-73.

神々の子孫
死後の世界
　　　地下あるいは天上世界
霊魂の特徴
　　　神と同じ（第三章で既に論じた）

日本神話における人の起源 ─────────────

　日本神話には人の起源が描かれていない。しかし、『古事記』や『日本書紀』の至る所で、神の名前が挙げられた後に、「この神は〇〇氏の祖先である。」という記述が見つかる。つまり、人は神の子孫であるということが前提となっているため描かれていないにすぎない。
　例えば、『古事記』で天之菩比命たち五兄弟の神が生まれる記事がある。そこには次のような記事が後続する。

引用：氏族の祖先の記述（『古事記』上[44]）

> 　　この後に生まれた五柱の子供の中の天菩比命の子は建比良鳥命、この神は出雲国造、無耶志国造、上菟上国造、下菟上国造、伊自牟国造、津島県直、遠江国造等の祖である。

　このように様々な氏族の祖先の神が誰々であるという記述が『古事記』『日本書紀』には溢れている。また、この氏族の出自にかんして独立した本を編纂しようという動きもあり、奈良時代には『氏族志』という書の編纂が持ちあがったが完成しなかった。しかし、平安時代に『新撰姓氏録』という書が出来上がり、現在まで要約が伝わっている。『新撰姓氏録』の記述を見てもわかるように、海外出身の氏族も含めて身分の上下なく幅広く記録されてお

　　44　『古事記』上、校注訳：『古事記』新編日本古典文学全集1、山口佳紀、神野志隆光校注訳（小学館：1997）、61。

り、日本神話に起源を持つ人々は神の子孫であると考えられていたといえる。

日本神話における黄泉と穢(けがれ)

　日本神話において黄泉（根の国・底の国）は、『古事記』、『日本書紀』における伊弉諾神(いざなぎのかみ)の黄泉下りの記事、大国主神(おおくにぬしのかみ)の根の堅洲(かたす)の国下りの記事に描かれている。ここでは『古事記』における伊邪那岐命(いざなぎのみこと)の黄泉下りの記事を見てゆく。

要約：伊邪那岐命(いざなぎのみこと)の冥界行（『古事記』上）[45]

　　神生みの最後に火の神を産んで伊邪那美命(いざなみのみこと)は死んでしまう。夫の伊邪那岐命(いざなぎのみこと)は妻を取り戻そうと地下の黄泉国(よみ)へ赴いた。

　　黄泉に着くと伊邪那美命はいたが、彼女は黄泉の食事をしてしまったので、帰れなくなってしまったという。黄泉の神に相談に行くのでその様子を見るなと伊邪那美命が夫の伊邪那岐命に告げた。

　　しかし、その時の場面を伊邪那岐命は見てしまう。伊邪那美命の体にはウジがわいており、その醜い様子に驚いた伊邪那岐命は逃げだした。

　　その様子を見られた伊邪那美命は怒って追いかけた。

　　伊邪那岐命は黄泉比良坂(よもつひらさか)を通って地上まで逃げてきて、黄泉への坂に大きな石を置いて塞いでしまった。

　　伊邪那美命は伊邪那岐命の国の人間を1000人毎日殺すという。それに応えて、伊邪那岐命(いざなぎのみこと)は1500人子供を毎日儲けると返事をした。

　この神話は直接的には死が存在するにもかかわらず、なぜ人が増えるのかという疑問に応える神話になっている。しかし、この神話に含まれる問題はこれには留まらない。穢(けがれ)と祓(はらえ)の問題がこれには関係しているのである。

45　『古事記』上、校注訳：41-49。

穢と祓
けがれ はらえ

穢を除去する祓は神道のなかで非常に重要視されている。穢は天災、病気をもたらし、短命をもたらす。神話上の時間において最も古い箇所に描かれているのが伊邪那岐命の冥府から帰って来た時の神話である。
いざなぎのみこと

要約：禊祓と沐浴（『古事記』上）[46]

> 黄泉の国は穢れていた。
>
> 黄泉の穢を落とすために川の側まできて、服を川に流し、体を川に沈めて体も洗う。その時に川の神など様々な神々が生まれた。
>
> 最後に生まれたのが天照大御神・月読命・須佐之男命の三柱の神である。
> あまてらすおおみかみ　つくよみのみこと　すさのおのみこと
>
> 伊邪那岐命は天照大御神に天を、月読命に夜の世界を、須佐之男命に海原を治めさせた。
> いざなぎのみこと　　　　　　　　　　　つくよみのみこと
> すさのおのみこと
>
> その後、伊邪那岐命も死に、神社に祭られた。

神社に参拝する時に水で手を洗うのも、賽銭を行うのも、神職が幣を振るのも全て祓であるし、祭祀や祈禱の後にお下がりを食べるのも祓の一種である。[47]この穢と祓の関係を大まかに示すと次のようになる。

穢とは体に付着するもので、罪を起こすと発生する。また、穢れた場所へ行くと付着する。この、何をすれば穢が発生・付着するかは『延喜式』などの法令文書や「六月晦大祓」（『延喜式』に掲載されている）などの祝詞に規定されている。

その穢を処理するのが祓となる。禊は川の側でする祓である。[48]そして、穢は神が嫌うもので、病や災などをもたらし、また寿命を減らす。

穢は黄泉の国で処理される。「六月晦大祓」には穢が「根の国底の国」で

46　『古事記』上、校注訳：49-55。

47　丸山顕誠『祓の神事　神話・理念・祭祀』（三弥井書店：2015）、第一部第二章；第七部第三章。

48　丸山顕誠『祓の神事』、第二部第二章。

最終的に処理されることが書かれている。

　また、上の『古事記』の引用に見たように川に物を流したり、体を浸けたりすると穢が落ちる。「六月晦大祓」祝詞にも、人の穢を移した物を川に流すことが書かれている。また、死者は穢れではないが、死体は穢である。これは例えば、死んだ後も伊邪那岐命・伊邪那美命は神として信仰されていることなどからもわかる。

日本神話における死後

　日本神話には死後の行方は具体的に描かれていない。ただ、黄泉の国があると描かれているだけである。『古事記』『日本書紀』では、伊邪那美命は死後、その黄泉に行ったと書かれている。つまり、地下の冥府は死者と穢の世界だと捉えられていたのだと考えられる。

　他方で、死者は高天原に行くという観念も見られる。『日本書紀』の日本武尊や柿本人麻呂の妻の死に際して歌う歌、挽歌などでは天上に行くといわれる。

要約：日本武尊の死（『日本書紀』巻第七、景行天皇四十年[49]）

> 　日本武尊が亡くなった時、熊襲野に陵（墓）を造った。白い鳥の姿になって天を翔け、大和の琴弾原に留まった。であるので、そこに陵を作った。また、飛び去り、河内の古市に留まった。であるので、そこに陵を作った。更に飛び去り天に翔け昇って行った。

　この伝説では、白い鳥になって天に昇って行った。日本各地に伝わる白鳥と日本武尊の伝説はここに由来する。死者は天地を往復する存在だと考えられており、例えば義俊の『光源院贈左府追善三十一字和歌序』にある足利義輝の辞世「五月雨は露か涙かほとゝぎすわか名をあけよ雲のうへまで」[50]と

　　　49　『日本書紀』巻第七、景行天皇四十年、校注訳：『日本書紀』1、新編日本古典文学全集2、小島憲之、直木孝次郎、西宮一民、蔵中進、毛利正守校注訳（小学館：1994）、386-87。

　　　50　義俊『光源院贈左府追善三十一文字』『扶桑拾遺集巻第三』所載、源光圀編（石塚猪男蔵：

いう歌に典型的に見える。

　さて、死者が昇ってゆく時の姿は鳥だけではない。柿本人麻呂の妻が亡くなった時の歌に次のようなものがある。

引用：土形娘子（ひじかたのおとめ）を初瀬山に火葬（やきほうむり）する時、柿本朝臣人麻呂が作る歌一首（『万葉集』3巻428番歌）

> こもりくの　泊瀬の山の　山の際に　いさよふ雲は　妹にかもあらむ[51]

　これは、山に囲まれた泊瀬の山の際に留まっている雲は私の妻なのだろうか、という意味の歌だが、死者が空あるいは天に存在するという観念があったことを示している。

　この様々な死後の理解のいずれかが正しいという訳ではなく、おそらく両者は矛盾なく古代の日本人に受け止められていたのだと考えられる。「大祓」にあるように、穢は根の国底の国で処理される。そして、その魂は天に昇って暮らしていたと考えられたのではないかと思われる。

日本人はどこへ行くのか

　日本神話では人の起源、死後の行方は現代の我々にとって分かりやすく描かれてはいない。しかし、人の起源は古代人にとって自明であったことがわかる。また、死について、信仰上極めて重要な穢と祓に密接に関連していたことが分かる。しかし、死後の観念は自明であったのか、発達過程にあったのかそれは分からない。時代によって移り変わる死後の観念は、『聖書』におけるそれは、より明白に分かるものになっている。

1898）166-69。
　　51　『万葉集』3.428, 校注訳：『万葉集注釈』巻第三、澤瀉久孝訳注（中央公論：1958）、531-532。

IV. 『聖書』：死後の観念の変化

ユダヤ教とキリスト教は『聖書』を聖典としている。「創世記」によれば、人は神に造られた。最初にアダムが、そしてエバがアダムの肋骨から作られた。しかし、その死後の観念は、ユダヤ教内部においても歴史的に統一的な姿ではなかった。

論点

人の起源

　人間は塵（土）から作られる

死後

　時代によって変化する

労働の起源

　神の課した禁忌を破ったため

死後の裁判

　時代によって変化する

死の理由

　神の課した禁忌を破ったため

霊魂の特徴

　時代・教義によって異なる

ユエ《楽園の状況》1700 年

『聖書』の人間創造

第三章で述べたように、『聖書』「創世記」には、様々な伝承があわさって成立している。『聖書』の人間創造の箇所は司祭伝承と、ヤーウェ伝承が合わさって成立している。

要約：司祭伝承による人間創造（創世記 1:26-31[52]）

> 　　神は自分にかたどって人を造ること、そして、魚、鳥、家畜、獣、地を這う全てのものを統治させることにした。
>
> 　　そして、男女を造り、動物の統治を命じ、動植物を与えた。
>
> 　　天地創造の六日目が過ぎた。

要約：ヤーウェ伝承による人間創造（創世記 2:5-3:24[53]）

> 　　神はエデンの東に園を設けて人をそこに置いた。その中心に命の木と善悪を知る木を生えさせ、善悪を知る木の実を食べることを禁じた。
>
> 　　神は獣と鳥を土から造り、人に名付けさせた。それから、人の肋骨から助け手として女を造った。
>
> 　　動物の中で最も狡猾であった蛇は女を誘惑し、善悪を知る木の実を食べさせた。女は夫にも食べさせた。知恵を知る事によって、裸であることを知り、恥ずかしくなり、イチジクの葉の腰巻を造った。
>
> 　　神は禁忌が破られたことを知り、蛇に腹這いし、塵を食べるなどの呪いを与えた。そして、女にも産みの苦しみなどの呪いを与えた。人に土が人が原因で呪われたことを知らせ、土からの糧を得ることに労苦を伴うことを知らせた。人は、妻をエバと名付けた。
>
> 　　神は皮の衣を人と妻に着せた。命の木を食べ、永遠の命を得ないように、人をエデンの園から追い出した。
>
> 　　命の木の実への道を守るために、エデンの東にケルビムと炎の剣を置いた。

　　さて、この記述からいくつかの事がわかる。まず、人は塵から作られたこと、命の息を鼻に吹き入れたこと、エデンの園があったということ、そして、

52　創世記 1.26-31, 邦訳：『聖書：原文校訂による口語訳』フランシスコ会聖書研究所訳注（サンパウロ：2011）、（旧）6。

53　創世記 2.5-3.24, 邦訳：（旧）8-11。

カラヴァッジョ、アルベルティ《アダムの創造》1510 年

神の想定では、人は永遠の命を獲得する予定であったということがわかる。

『聖書』「イザヤ書」14.13、「詩篇」48 におけるツァフォンという言葉は北を意味し、ウガリット神話の神の住む場所と同様に、エデンは北方にあるとヴォーターは論じている。[54]

『聖書』とユダヤ思想：何がどこへ行くのか

ユダヤ人における死後の観念は時代において変化する。しかし、変わらない存在として陰府（シェオル）がある。最初に陰府に全ての使者が行くという観念から、死後の裁きを想定するように変化していった。

ユダヤ教において魂にかんして統一的な見解はなく、伝統的にはより実践的な信仰に向けられていた。[55]死後についても同様で、以下に見る様々な概念が併存している。

『タナハ』（キリスト教でいう『旧約聖書』）が書かれた時代では、肉体と

54　B. ヴォーター「創世記」、レジナルド . C. フラー、レオナルド・ジョンストン、コンレス・カーンズ編、『カトリック聖書新注解書』所載、A. ジンマーマン、浜寛五郎日本語編、（エンデルレ書店：1976）、§151e8。また、「イザヤ書 14 への注 (4)」、『聖書：原文校訂による口語訳』フランシスコ会聖書研究所訳注、(旧) 1185、を参照せよ。

55　Alfred L. Ivry, "Body and Soul," *Encyclopaedia Judaica*, vol. 3, ed. Fred Skolnik and Michael Berenbaum, 2nd ed. (Detroit: Macmillan Reference USA in association with the Keter Pub. House, 2007), 30-31.

魂は体から鋭く区別されず、人格は全体として捉えられていた[56]。そして、死後、死者はシェオルにおいて影のような存在になっていたと考えられる[57]。

　ユダヤ人がバビロン捕囚から帰還した後の第二神殿の時代には、死者の復活、天上での不死という考え方が現れる[58]。

　ユダヤの口伝律法である『タルムード』などのラビが書いた文書群においては、人の魂は、死後12か月は肉体と関係をある程度維持し、肉体の崩壊後、正しい人の魂はエデンの園の特別な場所に、悪い人の魂は罰を受ける場所であるゲヒンノムに行く。他にも、天の栄光の座の宝庫に集められるなど様々な考え方が併存している[59]。

引用：「ハギガー」（12b.12）での天[60]

　アラヴォート、すなわち空とは、正しさと正義、正しさとは例えば、慈愛、生命の宝庫、平和の宝庫、祝福の宝庫、そして正しい者の魂、創造された者たちの霊魂、そして、聖なる方祝福あれ、彼が死者を蘇らせる露を含む大空である。

陰府（シェオル）の姿

　さて、ケスターは、この陰府（シェオル）の姿を、『聖書』のバビロン捕囚以降に書かれた記述をもとにまとめている。

56　Alfred L. Ivry, "Soul," *Encyclopaedia Judaica*, vol. 19, 33.

57　"Afterlife," *Encyclopaedia Judaica*, vol. 1, 441.

58　"Afterlife," *Encyclopaedia Judaica*, vol. 1, 441.

59　Yehoshua M. Grintz, "Soul, Immortal," *Encyclopaedia Judaica*, vol. 19. 35.

60　*Chagigah*12b:12, https://www.sefaria.org/Chagigah.12b?lang=bi. Sefaria.com の William davidson(Koren-Steinsaltz) 版からの重訳。

引用：ケスターのまとめた『聖書』の陰府[61]

> この死の領域は広間と部屋[62]と門[63]のある永遠の家、格子、閂と綱[64]のある牢獄[65]、忘却[66]の地、誰も戻り得ぬ地[67]と描かれる。シェオルは「もやない[68]」、滅びの[69]、塵の[70]、と呼ばれる[71]。それは恐怖の場所、完全な暗闇[72]、ヤハウェから遠く離れた場所。仮令サタンが死の住処に力を持たざれども、ヤハウェ、彼の力によりて陰府を支配す[73]。

また、シェオルを地上から見た景色について『エノク書』に記述がある。エノク書は預言者エノクに仮託された前170～後1世紀の間に書かれた様々な文献で成立した文書で、預言者エノクはアダムの孫あるいは7代目だとされている。聖典には選択されず、旧約聖書外典として扱われている[74]。

61　H. KÖSTER, "Afterlife," *New Catholic Encyclopedia*, 2nd ed. (Detroit: Thomson Gale in association with the Catholic University of America), 2003, 164. なお引用文中の『聖書』の箇所の指定は脚注に落とし、邦訳の指定は省いた。

62　箴言 7.27.

63　詩篇 9a.14; 107(106).18; ヨブ 38.17; シラ 51.9; 知恵 16.13; イザヤ 38.10; マタイ 16.18; 黙示録 1.18.

64　コヘレト 12.5.

65　ヨナ 2.7.

66　詩篇 116(115).3.

67　コヘレト 9.10.

68　詩篇 88(87).13; 115(114).17.

69　ヨブ 7.9-10; 10.21; 箴言 2.19; シラ 38.21.

70　イザヤ 38.11.

71　詩篇 88(87).12.

72　詩篇 22(21).30; 30(29).10; 146(145).4, イザヤ 26.19; ヨブ 17.16; 申命記 12.2.

73　詩篇 116(115).3.

74　ヨブ 10.21-22; 17.13; 18.18; 38.17; 詩篇 88(87).12; 143(142).3.

75　詩篇 139(138).8; ヨブ 26.6; 箴言 15.11; イザヤ 7.11; アモス 9.2.

76　新見宏「「エノク書」解説」『旧約聖書外典』下所載、講談社文芸文庫、関根正雄編、関根正雄、新見宏訳（講談社：1999）、305-08。

引用：『エノク書』(22.1-3) のシェオル[77]

> 彼［ウリエル］は西方にもう一つの巨大な高い山と堅い岩を見せてくれた。
>
> そこには四つの空洞が口をあけ、その穴は深く広く、非常に滑らかであった。なんと滑らかで深く暗い光景であろうか。
>
> わたしにつきそっていた聖天使のひとり、ラファエルがいった。「これらの空洞は死人の霊魂をあつめて入れるために、正にその目的をもってつくられたのだ。人間の子らの霊魂はここにあつめられる。これは彼らが審かれる日、大いなる審判にさだめられた日まで彼らをおさめておくためにつくられたのだ。」

　古くは全ての人が陰府に囚われ、後には善人は救いと復活がもたらされると『聖書』では考えられていた。他にも、「申命記」18.9 をはじめ、様々な所で霊媒（ネクロマンシー）が禁止されていることから、死者との交流が霊媒を通じて行われていたこともわかる。

カトリックの死後

　さて、カトリックの死後は、人が死んだ時に行われる私審判と最後の審判の時に行われる公審判の二つに分かれる。

　私審判では、天国、煉獄、地獄（ゲヘナ）の三つのどれかに人は行くことになる[78]。

　天国は、自由意志をもって神を選び、神の恵み、神との親しい交わりがあれば行くことができる[79]。煉獄は、天国への条件を充たしていても、完全に浄められなかった人が行く。救いは保障されているが、天国へ行くための苦

　　77　「エノク書」22.1-3, 邦訳：『旧約聖書外典』下所載、講談社文芸文庫、関根正雄編訳（講談社：1999）、222。

　　78　『カトリック教会のカテキズム』1021-22, 邦訳：『カトリック教会のカテキズム』日本カトリック司教協議会教理委員会訳監修（2002：カトリック中央協議会）、307。

　　79　『カテキズム』1023, 邦訳：308。

しみを受ける[80]。地獄は罪を犯し、神を選ばなかった人が苦しみを受ける所である[81]。

そして、最後の審判の時、全ての人は復活し、最終的な審判、公審判を受けることになる。そして、神の国が完成する。

カトリックの霊魂観

カトリックでは、魂は一つであると論じる[82]。人間は霊魂・魂（アニマ）を持つ。そして、霊魂の人格的な面・神との関係を持つ面を霊（スピリトゥス）と呼ぶ[83]。

各国語を併せて一覧にすれば以下のようになる。

	霊魂・魂	霊
英語	ソウル soul[84]	スピリット spirit[85]
古代ギリシア語	プシケー psyche[86]	プネウマ pneuma[87]
ヘブライ語[88]	ネフシュ nephesh	ルアハ ruach
ラテン語	アニマ anima[89]	スピリトゥス spiritus[90]
ドイツ語	ゼーレ Seele[91]	ガイスト Geist[92]
フランス語	アーム âme[93]	エスプリ esprit[94]

80　『カテキズム』1030-31, 邦訳：309。

81　『カテキズム』1033, 邦訳：301。

82　『カテキズム』362-64, 邦訳：108。

83　『カテキズム』367, 邦訳：109。

84　*Oxford English Dictionary*, 2nd ed. (Oxford: Clarendon Press, 1989), s.v. "SOUL."

85　OED, 2nd ed., s.v. "Spirit."

86　Robert Beekes, *Etymological Dictionary of Greek*, assist. Lucien van Beek (Leiden: Brill, 2010), 1671.

英語の soul、ドイツ語の Seele、Geist を除いて、いずれも息が意味あるいは語源になっている。息と魂は密接な関係があると思われる。これはキリスト教文化圏に限る問題ではなく、より広範に拡がっており、章末に言及する。

V. 木と人

　ここでは人と植物に関連する神話を二つ取り上げる。神々が人を木から作り上げた北欧神話と、増えすぎた人を木に変えたメントラ族の神話である。

北欧神話『ギュルヴィたぶらかし』

要約：北欧神話の人間創造（『ギュルヴィたぶらかし』9）

> 　最初の神が、息と生命を、二番目の神が知恵と運動を、三番目の神が顔と言葉と耳と眼を与えた。彼らに服と衣を与えた。男はアスク、女はエムブラであった。[95]
>
> 　戦いで倒れたものは、オーディンの宮殿ヴァルハラに送られる。将来、

87　Beekes, *Etymological Dictionary of Greek,* 1213-14.

88　Alfred L. Ivry, "Soul," *Encyclopaedia Judaica*, vol. 19, 33.

89　Michiel de Vaan, *Etymological Dictionary of Latin and the other Italic Languages*, Leiden Indo-European Etymological Dictionary Series volume 7, (Leiden: Brill, 2008), 43.

90　Vaan, *Etymological Dictionary of Latin*, 581.

91　Friedrich Kluge, Max Bürgisser, Bernd Gregor, and Elmar Seebold, *Etymologisches Wörterbuch der deutschen Sprache*, 22 aufl.(Berlin: Walter de Gruyter, 1989), 663.

92　Kluge, *Etymologisches Wörterbuch*, 253.

93　A. Brachet, *Etymological Dictionary of the French Language*, trans. G. W. Kitchin, (London: Macmillan, 1882), 23.

94　Brachet, *Etymological Dicionary*, 138.

95　「ギュルヴィたぶらかし」9, 邦訳：V.G. ネッケル、H. クーン、A. ホルツマルク、J. ヘルガソン編『エッダ：古代北欧歌謡集』所載、谷口幸男訳（新潮社：1973）、231。

フェンリルと戦うことになる。彼らは毎日、楽しみとして戦い合っている。[96]

あらゆる嘘の張本人、神々と人間の恥といわれるロキ、彼はラグナロクの原因を作る神だが、彼と女巨人との子供にフェンリル、ヨルムンガンド、ヘルがいる。[97]

すべての神々が三人の子供ヘルによって禍が起こると考え、ヨルムンガンドを海に投げ込んだ。フェンリルは神々に飼われる。[98]

ヘルはニヴルヘイムに落とされ、九つの世界を支配する力を与え、彼女に病気で死んだ者と、寿命が尽きて死んだ者が彼女の元に送られ、それら死者を支配する力が与えられた。[99]

神々によって木から人間が生まれたこと、戦いに倒れた人間はヴァルハラへ、寿命と病気で死んだ者は地下のヘルの許に送られることが語られている。逆に人間の増加の対処として、人間を木に変える神話もある。

メントラ族の神話とバナナ型

メントラはマレーシアに居住している集団で、彼らの伝承を D.F.A. ハーヴェイが記録し、『メントラの伝承』[100]として発表した。天地創造から人間の系譜、移住、竹から出て来た姫、世界の終焉まで備わっている総合的な神話体系となっている。

96 「ギュルヴィ」38, 邦訳：254-55。

97 「ギュルヴィ」34, 邦訳：248。

98 「ギュルヴィ」34, 邦訳：248-49。

99 「ギュルヴィ」34, 邦訳：249。

100 D.F.A Hervey, "The Mêntra Traditions," *Journal of the Strais Branch of the Royal Asiatic Society*, No. 10(December 1882): 189-94.

要約：メントラの伝承（『マレー半島の異教種族』[101]）

神は地球を造り、地下の世界を造った。地球は鉄で支えられ、冥界の主がそれを支えている。その下には悪魔が住む世界がある。

魔術師メルタンは水と土の子供で天から降りて来た。弟が死んで生き返らせた。天は低かったが、メルタンの弟は手で持ち上げた。

メルタンの子孫が増えすぎたので、神の所へ行き、神は人間の半分を木に変えた。人は満月になると太り、月が欠けると痩せ、死ぬことはなかった。メルタンの息子はこれを冥界の主にいうと、神は死をもたらした。だから、人は子孫を残す。

昔、人は水を飲まなかった。ある時猿を食べた所、水を飲みたくなり、木の切り株の中へ入り、水を飲んだ。中からカワウソと大量の水が出てきて、それが海になった。

メントラの人々は様々な場所へ広がっていった。移住先で同胞同士で戦争をすることもあった。

最初のラジャの息子はある時、美しい姫を追った。失敗して、夜寝ていると、姫が出てきて一夜を過ごしたが朝には消えていた。彼女が自分がいるといった竹を苦労して切り落とした。二人は今も姿を見せぬまま暮らしており、助けを求めるとあらわれ、消える。

他にも、メントラの人々は二匹の白い猿の子孫だという伝承もある。

人類が滅亡する時には、大風、雨、洪水、雷、山崩れなどの天変地異がある。炎に包まれ、神は宇宙を焼き尽くそうとする。最大七度燃やして罪を浄め、罪を量り、清められた者は天国へ、悪人は地獄へ行く。最後に神は地上に火を放つ。

また、死後、メントラは死後、魂は肉体から離れ、夕日の領域にある場所（島）に運ばれ、楽しく暮らしていると考えられている。そこでは現世と同じように結婚し、子供を持つが、病苦はない。他方、血まみれで死んだものは、不毛の地へ行く[102]。

101　Walter William Skeat and Charles Otto Blagden, *Pagan Races of the Malay Peninsula*, Vol. II (London: Macmillan, 1906), 333-48.

102　Skeat and Blagden, *Pagan Races*, 321-22.

大地に支えがある点はギリシア神話、エジプト神話、『聖書』にも見える
モチーフで、天地が狭かったという記述は日本の『播磨国風土記』[103]、あるい
は、インドネシアなどにも見え[104]、くっ付いていた、あるいは近い距離にあっ
た天地が分離してゆくという神話である。また、最初人間は不死であったと
いう点は『聖書』と同様である。

　人間の寿命においてバナナの比喩が使われている点は、バナナ型の神話の
影響を想定することができる。バナナを選べば短命、石を選べば長くなり、
人はバナナを選んだというもので、インドネシアからニューギニアに広く分
布している。死とバナナが関連付けられているという点で影響があると考え
られる。また、二者択一が寿命を決定するという点で、日本神話における
邇邇藝命と木花之佐久夜毘売、石長比売の神話もこのバナナ型と同様の観念
の下に成立していると思われる[105]。

　他にも、死後の七度の浄化や最後に世界が焼き尽くされてしまうものは、
インドとも共通する。

VI. 植物と人

　北欧やメントラの神話は木と人が強く関連づけられていた。他に植物から
人が生まれたという神話もある。ナバホとマヤの神話はトウモロコシから人
間が作られたというものになっている。

ナバホの神話：トウモロコシから生まれた人間

　ナバホはアメリカ南西部の先住民族で、その神話は『アメリカ・インディ
アンの神話：ナバホの創世物語』に描かれている。これは19世紀にワシントン・

103　『播磨国風土記』託賀郡、校注訳：『風土記』所載、新編日本古典文学全集5、植垣節也
校注訳（小学館：1997）、101-02。

104　後藤明『南島の神話』中公文庫（中央公論新社：2002）、15-47。

105　福島秋穂『記紀の神話伝説研究』（同成社：2002）、第3部第1-2章。

マシューズの記録を下に、ポール・ゾルブロッドが不足を補い、再話したものである。

要約：人間のはじまり（『ナバホの創世神話[106]』）

> 第一世界に昆虫人やアオサギやカエルがいた。罪を犯した昆虫人たちは追放され、天の殻の穴が開いている所を抜けて第二世界に行った。
>
> 第二世界はツバメ人の世界だった。昆虫人達はまた罪を犯して、追放され天の殻の入り口を抜けてバッタ人の住む第三世界に行った。
>
> 第三世界でも罪を犯して第四世界に行った。第四世界では四人の聖なる人々がいた。神々の言葉を昆虫人は分からなかったが、一人は分かる言葉で語りかけて来た。
>
> 「我々のような人間を作るから汚いお前たちは体を清めておけ」といった。
>
> 聖なる鹿皮二つ、トウモロコシの穂を二本持ってきた。鹿皮を西に頭にして地面に敷き、トウモロコシ二本を先を東に置くようにし、上に鹿皮を東が頭になるようにしておいた。白いトウモロコシの下には白ワシの羽、黄色いトウモロコシの下には黄色い羽根を置いた。風が入ってくるように昆虫人を下がらせた。
>
> 風が鹿皮の間を通り抜け、その間、四人の神々はその周りを歩いて回った。そして、聖なる人々が皮を取ると一人の男と一人の女がいた。

要約：死のはじまり（『ナバホの創世神話[107]』）

> 第四世界で様々なことが起こり、最終的に大洪水がおこり皆、第五世界に逃げて来た。
>
> 最初の男女から生まれた双子の一人が死んだ。コヨーテが彼女を岩の間に寝かせようといい、寝かせた。すると死体が消えていた。その死

106　ポール.G.ゾルブロッド『アメリカ・インディアンの神話:ナバホの創世神話』金関寿夫、迫村裕子訳（大修館書店：1989）、3-29。

107　ゾルブロッド『アメリカ・インディアンの神話』62-84.

> 体を探すと、二人の男が第四世界から逃げて来た穴から第四世界を覗いた。すると彼女は第四世界にいた。
>
> それから四日して穴を覗いた二人の男たちも死んでしまった。

　ナバホの神話では、現在の人間が住んでいる世界がはじまるまでに、四つの世界を経由している。また、洪水が起こり、第四世界は死者の世界になってしまっている。

　様々な昆虫・鳥たちも人間と同様に知性をもって活動していること、現在の人間はトウモロコシから作られたことなどが語られている。

マヤ：『ポポル・ヴフ』

　マヤ文明はメキシコ南東部、グアテマラなどで栄えた文明である。その神話は、16世紀後半、グアテマラに居住するキチェ族の伝承がまとめられたものが残されている。

要約：人間のはじまり（『ポポル・ヴフ』1.1-3）

> 　羽毛の蛇のククマッツと天の心フラカンが神々に栄養を与えるために、人間と食料を作ることを決め、一声叫んで、山と植物のある大地を作った。
>
> 　鳥・鹿・ジャガー・蛇をつくったが、神を崇めなかったので食料になる運命を定めた。次に、泥で人をつくったが、もろく崩れた。
>
> 　予言者に教えてもらって、木で男を、イグサで女を造ったが、感情、魂、思慮がなかったので洪水で滅ぼした。この子孫が猿である。[108]
>
> 　予言者の双子の孫は冥界で死神に負けて、埋められた。双子の片方も双子の子供がいた。冥界に行って冥府の神と頭脳戦で勝利し、父と叔父の亡骸を見つけた。二人は太陽と月になった。[109]

　　108　『ポポル・ヴフ』1.1-3,邦訳：『マヤ神話：ポポル・ヴフ』中公文庫、A.レシーノス原訳、林屋永吉訳、(中央公論社：1961；中央公論新社：2001)、86-100。

　　109　『ポポル・ヴフ』2,邦訳：124-206.

> クグマッツとフラカンは黄色と白のトウモロコシから四人の男を作った。
> 賢く、神も祭った。なんでも見通す力があったので、視力を弱めた。四
> 人の女性もつくった。この八人からキチェ族の歴史がはじまった。[110]

　マヤの人間もナバホと同様にトウモロコシから作られた。他方、地下世界は存在しても、そこは人間が経由してきた過去の世界ではなく、あくまで死神の存在する場所に過ぎない。特徴として、メソポタミア神話における人間と同じく、神に奉仕するための存在として、人間が作られたものとなっている。

　さらに、ギリシア神話、アステカ神話と同じように、人間の作り直し、世界のやり直しが行われる。（⇒第八章）他にも、見通す力を弱めたという観点は、ギリシア神話のプロメテウスの神話に共通するモチーフとなっている。（⇒第五章）

VII. 輪廻転生

　人間の一生は生まれてから死ぬまでだけではない。これは多くの神話・宗教に見られる観念であるが、人間を含めて生まれてから死ぬまでのプロセスを何度も行うという考え方がある。

　そのような思想に支えられた神話として著名なものは、インドの宗教であろう。他にも、ギリシアではオルペウス教が死後の裁き、救済を伴う転生思想を有している代表的な教義である。エジプト神話でも、ヘロドトスはエジプトにも転生思想が存在していた事を証言している。[111]

110　『ポポル・ヴフ』3.1-3、邦訳：207-16。
111　『歴史』2.123、邦訳：ヘロドトス『歴史』上、岩波文庫、松平千秋訳（岩波書店：1971）、276-77。

ヴェーダの宗教における人の誕生と輪廻転生

　ヒンドゥー教はヴェーダの宗教の発展だと宗教学的に理解される。ヴェーダの宗教においてもヒンドゥー教においても重要視される聖典群のなかで最古のものが『リグ・ヴェーダ』と呼ばれる書である。その中には様々な天地創造の神話が含まれているが、「プルシャの歌」には人間の誕生にかんする箇所が含まれている。その箇所を次に紹介する。

人のはじまり

要約：人の誕生（『リグ・ヴェーダ』10.90.1-12)[112]

　　　プルシャ（原人）は千頭・千眼・千足を有する過去・未来にわたる一切であり、神々、生物、人間を支配する。
　　　プルシャから支配者は生まれ、支配者からプルシャが生まれる。
　　　プルシャが分割されるとき、口はブラーフマナ（バラモン）に、両腕はラージャニア（王族・武人）に、両腿はヴァイシア（庶民）に、両足よりシュードラ（奴婢）が生まれた。

　この様に描かれている人間の誕生は、後の『マヌ法典』ではブラフマンと呼ばれるプルシャの口・腕・足から[113]、そして『マハーバーラタ』ではヴィシュヌ神が人間を両腕、口・腕・腿・足から四種族を創造したと書かれている[114]。いずれも、原初の創造を行った神が口・腕・（腿）足から四種族を創造するという話になっている。

　この人間は死ぬべき存在としての人間は死後ヤマの国へ行く。ヤマは『リグ・ヴェーダ』の、「ヤマとヤミーの歌」では、ヤマと妹ヤミーはタブーを犯して人間の祖先となり、そしてヤマが最初に死の道を見出したものとされている。

　　112　『リグ・ヴェーダ』10.90.1-12, 邦訳：『リグ・ヴェーダ讃歌』岩波文庫、辻直四郎訳（岩波書店：1970）、319-20。
　　113　『マヌ法典』1.31, 邦訳：『マヌの法典』岩波文庫、田辺繁子訳（岩波書店：1953）、30。
　　114　『マハーバーラタ』12. 200. 31-32, 邦訳：『マハーバーラタの哲学　——解脱法品原典解明——』上、中村了昭訳注（平楽寺書店：1998）、156-57。

『リグ・ヴェーダ』の時代には、死後の観念は整備されていなかったと考えられるが、ウパニシャッド思想においては、輪廻説が整備され、解脱説もまた整備されていく。[115]

要約：ウパニシャット思想における輪廻転生（『チャーンドーギャ・ウパニシャッド』5.5.10）[116]

> 　教義を理解し、森林において信仰を苦行として信奉したものは、死後、太陽・月などに入り、梵に導かれる。
>
> 　村落において祭祀・浄行を布施として信奉したものは、煙等を経て最終的に月に行き、善行が尽きるまで月にいる。
>
> 　その後、月を離れ、最終的に雨として地上に降り、食物に変化し、人に食べられ、業に応じて転生する。浄行者はバラモン、王族、庶民、醜行者は犬・豚・賤民になる。
>
> 　この二つに入り得ない者は、微少の虫になる。

ヤマの裁判

　『リグ・ヴェーダ』では、ヤマは死の王であっても、死者への裁判を行っていたのかどうかは不明である。時代が下り、『バーガヴァタ・プラーナ』では、ヤマが冥府に住んで、死後の人々に裁きを与え、死後の行き先を決定することが描かれている。[117]

　115　辻直四郎「解説」『ウパニシャッド』所載、講談社学術文庫（講談社：1990）、91-111。

　116　『チャーンドーギャ・ウパニシャッド』5.5.10、邦訳：『ウパニシャッド』所載、辻直四郎訳、講談社学術文庫（講談社：1990）、206-09。

　117　『バーガヴァタ・プラーナ』5. 26. 6、英訳：*THE BHĀGAVATA PURĀNA*, part 2, trans. and annot. G.V. Tagare, ed. J.L. Shastri, (Deli: Motilal Banarsidass, 1950), 726.

仏教における死後

『倶舎論』

前章で取り上げた『倶舎論』においては宇宙には三つの分類がある。三界、五趣、四生の三つである。

三界は世界のあり方の分類で、無色界（精神だけの世界）、色界（物質・肉体の世界）、欲界（本能の世界）の三つに分けられる。五趣は生まれる世界の分類で、天、人間、畜生、餓鬼、地獄の五つにわけられる。四生は生まれ方で、胎生、卵生、湿生、化生の四つに分類される[118]。そして、解脱によってこの世界を越えた領域に行く[119]。

生命はこの世界を解脱するまで転生しつづけるわけだが、これを表にすると次の表のようになる。

三界	無色界	色界	欲界	欲界	欲界	欲界	欲界	欲界
五趣	天の最上層（空中）	天の上層（空中）	天の中層（空中）	天の下層（須弥山）	人間	畜生	餓鬼	地獄
四生	化生	化生	化生	化生	胎生（特殊：卵・湿・化もある）	胎生 卵生 湿生（特殊：化生）	胎生 化生	化生

『倶舎論』によれば、地獄は人間の住むジャンブー州の地下32万kmの所に底がある。無間地獄は高さ16km、広さ16万kmであり、その上に他の七つの地獄がある[120]。

　　　118　『倶舎論』3.1-9, 邦訳：『倶舎論』仏典講座18、櫻部建訳注（厚徳社：1981）、104-107。櫻部建、上山春平『存在の分析＜アビダルマ＞』仏教の思想2、角川ソフィア文庫（角川書店：1996）、38-42。

　　　119　櫻部「存在の分析」49-50。

　　　120　『倶舎論』3.5.59-60, 邦訳：34-35。

『天使経』と閻魔

インドで書かれた『天使経』では死後の審判は閻魔が登場し、死後の審判が行われることが描かれている。

要約：『天使経』での死後[121]

> 釈迦は天眼によって、生きるものが、行為によって天と地獄に行くことが見えることを弟子たちに告げた。
>
> 閻魔は五つの天使、幼児・老人・病人・受刑者・死者を見たかを聞く。
>
> 見なかったと答えた者には、この五つの天使を免れておらず、善を行うことを怠ったので、5種の刑罰を、その悪行が尽きるまで与える。

仏教では様々な宗派がそれぞれ正統とする仏書を採用しており、全ての宗派の考え方が一致している訳ではないことに注意されたい。

日本の仏教と十王の審判

日本において、仏教のものとして、一般的に知られている来世観、三途の川や十王の裁判はインドで生まれたものではない。

三途の川・十王の裁判は中国で生まれた考え方で、中国では三途の川は奈河と呼ばれる[122]。日本では古くは平安初期に成立した『日本霊異記』に既にみられる。

十王における裁判も、日本で書かれた『仏説地蔵菩薩発心因縁十王経』などにその具体的な姿が見え[123]、三途の川なども導入され、現在の姿が出来上がる。

このような三途の川や天界・地獄については、985年に書かれた源信『往

121　「第130経　神の使者：天使経」長尾佳代子訳、『原始仏典第七巻　中部経典IV』所載、松田慎也、勝本華蓮、長尾佳代子、出本充代訳（春秋社：2005）、335-47。

122　小野寺郷「奈河と三途の川」『南山宗教文化研究所報』5（1995）：25-30。

123　清水邦彦「『地蔵十王経』考」『インド学仏教学研究』51(1)、2002、184-94。

生要集』で具体的に描かれ、日本における仏教の典型的な死後の観念が形成
されていった。

VIII. 漢民族と魂魄

　漢民族は、特に儒教的な立場では、神秘・神話を語ることを好まなかった。
しかし、祖霊に対して、あるいは神々への祭祀を行ってきた。そこでは霊魂
観が重要な役割を果たしている。
　儒教において、四書五経の五経の一つとして重要視される書に『礼記』が
ある。この『礼記』に、魂魄について描かれている。

引用：魂魄の行方（『礼記』郊特牲第十一）

> 　魂気は天に帰り、形魄は地に帰る。だから祭は魂魄を陰（地）陽（天）
> に向かって求める。[124]

　儒教の祭祀では、形代に魂魄を合わせて故人を地上に呼び出す。地に酒を
撒いて魄を呼び出し、香を焚き、天から魂を呼び出し祭る。魂は精神の能力
を、魄は肉体の能力を司るのである。[125]

漢民族の冥府
　漢民族は古くから強力な官僚制を築き上げ、維持してきた。これは彼らの
冥府観にも大きく影響している。晋の干宝が書いた『捜神記』では、地府（冥
界）が官僚制で運営されていると考えられた。

　　124　『礼記』郊特牲第十一、邦訳：『礼記』中、新釈漢文大系第28巻、竹内照夫訳注（明治書院：
1987）、412-13.
　　125　『礼記』郊特牲第十一、邦訳：412.-14。

要約：『捜神記』の冥府（『捜神記』「蔣濟亡兒」[126]）

> 　　蔣濟という魏の将軍がいた。彼の死んだ子供が、母親の夢に出て来た。死後の世界で役人になっていて苦労をしている。孫阿という人が泰山の長官になるので、その人に頼んで楽な役目に転任させてほしいと父親に頼めというものであった。
>
> 　　孫阿はまだ生きている人であったが、泰山の長官になれることを喜んだ。そして蔣の息子が楽な役目につくことを約束し、死んだ。
>
> 　　その後、夢で楽な役目についていることを報告した。

魂魄と死体

　『捜神記』の時代をはるかに下った清代の『聊齋志異』に尸変といって、死体が勝手に動き出す話がある。この動く死体もまた、魂魄の観念に支えられている。清代に袁枚が書いた『子不語』には動く死体の話に魂魄の理論の解説が加えられて書かれている。

要約：『子不語』「魂と魄」[127]

> 　　友人が若者の所へある日訪ねてきた。「私は死んでしまったのだ。だが、親のことが心配で君に面倒を見てもらおうと訪ねてきたのだ。母と妻に米の援助をしてほしい。私の原稿も出版してほしい。」と頼んだ。それを若者は了承し、「それでは行くよ」といった。
>
> 　　しかし動かず顔が醜くなっていった。恐ろしくなって逃げだしたら友人の死体も追いかけてきた。垣根を飛び越えられず、首が引っ掛かった。
>
> 　　魂は善・霊妙、魄は悪・愚かだ。魂が体から消えたのに、魄が残っていたから起こったのだ。死体が動き出すのは魄の仕業だ、道を知っている人が魄をコントロールできると、物知りがいった。

126　『干宝　捜神記』先坊幸子、森野茂雄編（白帝社：2004）、533-37。
127　袁枚『子不語』1、東洋文庫、手代木公助訳（平凡社：2009）、27-29。

IX. 比較と分析

人の起源

	神の子孫	神の血	神の体	木	穀物	植物	石	土	泥	自然現象
ギリシア	○			○			○			
シュメール		○								
ユダヤ教								○		
キリスト教								○		
日本神話	○									
北欧神話				○						
メントラ	○									
ナバホ					○					
マヤ					○	○			○	
ヒンドゥー			○							
仏教										○

　人の起源はその神話共同体の人間観に大きくかかわると思われる。ここで紹介した神話を大きく分類すれば、人は大きく被造物としての人と、神の子孫としての人に分けられる。そして、被造物としての人であっても、神の一部から形作られたのか、物などから作られたのかの違いもまた、人は何かという思惟に強く影響するだろう。つまり、シュメールやヒンドゥーでは神の一部から作られたが、『聖書』では塵から作られた。この二つの枠組みの人間の捉え方は大きく異なると思われる。

　さらに、ヒンドゥーでは神と世界と人とが一体であるということが修行の果てに感得される。これは、あくまで神と人との区別が峻別される『聖書』の世界とは全く異なるだろう。

　神であるかどうかは判別しがたいが、メントラの土と水から生まれた人というのも、世界と人との関係を深く繋いでいると考えられ、神あるいは神に近い存在として人間の両親である土と水が捉えられているのではないかとも推測できる。材料の特権性という観点からはマヤのトウモロコシも同様であろう。泥などと比べて穀物の特権性が主張されていると考えられるのである。

労働・辛苦の起源

　人の誕生に関連して、人間の人生が辛苦・労働に満ちている起源もまた語られる神話もある。シュメール、『聖書』、ギリシア、マヤの神話では、人間の目的が語られる。シュメールやマヤでは人間は労働を行うために造られ、ギリシアや『聖書』では神話での出来事が人に労苦・労働を与える。

死後の世界

　ここで紹介した神話で、死後の世界が地下と関連付けられていなかった場所はなかった。暗く苦しみに満ちた場所が死後の世界である。これは、人の起源が多様であったのと対照的である。ギリシアや『エノク書』、エジプト、シュメールでは西の涯と関連付けられており、ヒンドゥーでは南と関連付けられていた。世界の涯と目されている方位と関連付けられていたのだろうと思われる。

　また、善悪の区別が死者に適用される所では、善人は特別な場所に行くことになる。メントラ、北欧、『聖書』、ギリシアでは特別な場所に行くことになる。仏教における浄土思想においてもそれは同様であろう。

　さらに、ギリシア、シュメール、中国、日本では死後の世界に川があり、そこを渡ってゆかねばならない。

死後の審判

　死後の審判が存在する神話も本章では多く紹介した。

　ギリシアでは、死後に裁判があり、行いに応じて様々な罰が存在する。輪廻転生思想の広まりは、その罪の浄化と転生に発展することになった。

　ウパニシャットや『倶舎論』では裁判の存在そのものは語られなかったが、転生は語られる。時代が下れば、ヤマの審判がその具体的な審判を行う存在になっていく。

人生の回数

　輪廻転生と単なる死後の世界への移動の最大の違いは、生まれてから形成されてきた人格が維持されているかどうかだといえる。生まれてから死ぬまでを一回の人生とすれば、死後の世界は第二の人生であるといえる。しかし、

そこでは人格が維持される。これは、人生の延長であり、輪廻転生とは異なる。

しかし、転生する場合、再度生まれる時に記憶を失う。『アエネーイス』では冥界で記憶を失い、インドの伝統的な考え方では出産の時に記憶を失う[128]。苦に満ちた輪廻転生から抜け出すために人は苦行や善行を行い、輪廻から逃れることを目指す。

霊魂の特徴

霊魂は息と関連付けられてきた。キリスト教の箇所で示したいずれのものも、そして、北欧でも、さらにはインドのアートマンという言葉も息との関連・語源[129]の関係を持つ[130]。

他にも、沖縄ではくしゃみで、魂（まぶい）が抜け出てしまうという観念がある[131]。日本でも、「くしゃみ」は元来くしゃみをした時に発する言葉で『徒然草』ではまじないをせねば死んでしまうという記述がある[132]。くしゃみによって魂が抜け出ることを防ぐものであったのかもしれない。

これらの具体的なイメージは息絶えるという日本語が典型的な姿であるといえるだろう。

X. 神話と神学との緊張関係

本章で述べて来た人間と神、世界との関係は、第三章で既に述べた神観念やコラムの中で述べる神と人を繋ぐ祭祀の在り方にも強くかかわっていく。

当初楽園に住んでおり、何らかの原因で人が労苦を背負う事になったという神話にかんして、例えば、歴史的な解釈として経済学者のオデッド・ガロー

128　小林信彦「兎が火に飛び込む話の日本版：他のヴァージョンにはない発想と筋運び」『国際文化論集』30（2004）、26。

129　「ギュルヴィたぶらかし」『エッダ古代北欧歌謡集』、226。

130　湯田豊「アートマンの言語的研究：序論」『共立薬科大学研究年報』19(1947): 42-43.

131　例えば「クスケー由来」話者：赤嶺松、採取日：1976年6月1日『那覇の民話資料』第一集、所載、那覇民話の会編（那覇市教育委員会：1979）、12。

132　鴨長明『徒然草』47,校注訳：『方丈記、徒然草、正法眼蔵随聞記 歎異抄』新編日本古典文学全集44、所載、神田秀夫、永積安明、安良岡康作校注訳（小学館：1995）、118。および同頁の頭注（二）参照。

は、狩猟採集の時代から、農耕に移行した時に生じたと考察している。[133]（⇒
第九章）

　死後の観念・審判の観念は神話と神学との緊張関係が強くあらわれている
といえる。

133　オデッド・ガロー『格差の起源　なぜ人類は繁栄し、不平等が生まれたのか』柴田裕之監訳、森内薫訳（NHK出版：2022）、第一部、第二章、なぜ農耕が始まったのか、kindle。

神話と祭祀
天岩戸神話と神道

　神社で行われている祭祀は神話にその範型がある。つまり、日本の神話の体系のなかでは、祭祀が神々の時代にさかのぼると考えられていたのである。それは、『古事記』『日本書紀』などで描かれる天岩戸神話である。

　日本神話では最古の祭祀は神話に登場する。『古事記』『日本書紀』に記述された天岩戸と呼ばれる神話では、天照大御神が岩屋の中に隠れてしまい、光が失われ、万の災が出現する。神々は天照大御神を岩戸の向こうから連れ出すために、祭祀を行うのである。

要約：天岩戸神話

　母のいる黄泉国に行くことを決めた須佐之男命は、そのことを姉の天照大御神に報告するため高天原に行く。

　しかし、天照大御神は須佐之男命が侵略しに来たと考えた。そのため、須佐之男命の本心を確かめるために、誓約を行い、須佐之男命の正しさが証明される。そのことに調子にのった須佐之男命は高天原で暴れまわる。

　それを汚い行いだとして嫌がった天照大御神は天岩屋という洞窟に蓋（天岩戸）をして籠ってしまう。すると世界中が暗闇に包まれ、あらゆる災いが発生した。神々は天照大御神を戻ってこさせるために、天岩戸の前で祭りを行う。忌部氏の祖先の神が玉串を持ち、中臣氏の祖先の神が祝詞を奏上し、猿女氏の祖先神の天宇受売命が神楽を行った。すると天照大御神は無事に岩屋から出てくる。

　須佐之男命は爪・髪を切られ、賠償させられ、笠・蓑を着せられて地上を放浪することになった。

　この神話からは、祭祀や祭祀の中で行う事柄は神々に由来すること、一つのところに閉じこもることが重要であることがわかる。

　天照大御神は岩屋の中に閉じこもる。これは穢れを浄化するためだと考えられる。一般的に、閉じた場所に籠る神話を禁室型神話と呼ぶ。ある部屋に閉じこもり、入室が禁止される形の話であり、第七章で言及するフランスのメリュジーヌ（水の精霊・蛇女）などが有名でメリュジーヌ型とも呼ばれる。日本の場合、一つの所に閉じこもり、心身を清浄化させる行為を斎戒・お籠り・物忌などと呼ぶ。それによって、一つの部屋に閉じこもり外出しないことで清浄化、穢を祓う意味を持つ。これは第七章で紹介する産屋も同じであり、出産の際に外の穢を中に入

れない目的で行われる。現在も神職は、祭に先立って一つの所に閉じこもって身を浄める。これは開けずの間ともいい、怪談に変化したりしたのだと思われる。

祭祀も大きく三段階に分けられる。1.祭祀の前に心身を清め（斎戒・祓）、2.神を祭り（神祭）、3.神の時空から世俗に戻るための神事（解斎・直会）を行う。この大枠は古代から変わっておらず、天岩戸神話では 2. が詳しく語られる。中臣氏の祖先神である天児屋命（あめのこやねのみこと）が祝詞を奏上し、忌部氏の祖先神である布刀玉命（ふとたまのみこと）が幣帛を捧げ持つ。そして、猿女氏の祖先神である天宇受売命（さるめ）が神楽を行う。中臣氏も忌部氏は祭祀を司る氏族として、猿女氏も神楽を司る氏族として著名であった。

第一章でも言及したように、祭祀の方法は神話（聖典）に記述されていて、その方法が効力を持つからこそ、聖典も聖典として認められる。これは日本神話においても同じなのである。

神話と祭祀
古代ギリシアの犠牲祭と秘儀

ゼウスを中心とした神々を信仰していた古代ギリシアでも様々な宗教行為が行われていた。神殿祭祀、秘儀祭祀、託宣、魔術、占星術、夢占い、治癒などが挙げられている。有名なオリンピュア競技祭もゼウスに対する神事であった。ここでは犠牲祭とエレウシス秘儀を紹介する。

犠牲祭

犠牲祭の古い記述は『イリアス』にすでにある。『イリアス』は、トロイア戦争がはじまって10年目のある50日ほどを書いたものであるが、その冒頭に犠牲祭の記述があらわれる。

要約：『イリアス』犠牲祭の経緯（ホメロス『イリアス』1.7-445)

ギリシアとトロイアとの戦いがはじまって10年目、小さな勝利をギリシア側があげた。その戦いでアポロンの神官の娘も獲得された。父は娘を返してもらおうとギリシアの陣を訪れたが、勝利に驕っていたギリシア軍は返さなかった。

父はアポロンにギリシア軍への報復を望み、アポロンは疫病を送り、ギリシア側の兵士が倒れはじまる。

ギリシア軍は100匹の雄牛を神官のもとへもっていく。神官は受け取り、ギリシア軍への報復を止めるようにアポロンに祈る。

この記事に続いて、以下の祭式の記述が続く。

要約：『イリアス』での犠牲祭（『イリアス』1.4466-74)

祭壇に贄を並べ、手を清め、麦を手に取る。
両手を上に差し延べて、祭司は神に災厄を止めることを祈る。
アポロンはそれを聞き入れる。
犠牲の獣に麦をふりかける。
獣を切り裂き、皮を剥ぐ。肉を脂で包み、生肉を置く。
祭司が肉を焼き、葡萄酒を振りかける。
腿が焼き上がり、一同が食べる。
残りの肉を串焼きにする。
一同が残りを全て食べ、酒を飲み、賛歌を唱え、神意を和らげる

ため舞い踊る。

大きく五段階で行われたことがわかる。1. 祈る、2. 獣に麦を振りかける、3. 獣を殺し皮を剝ぎ、葡萄酒をかける。そして 4. 内臓を食べ、残りを切って串に刺しさらに焼き、最後に 5. 食べるという段階で行われる。神々は犠牲獣を焼くことによって立ち昇る煙を食べると考えられていたのである。

エレウシス秘儀

第四章で取り上げたようにヘラクレスは冥界へ行き、ケルベロスを捕えて地上に帰ってきた。冥界へ行くためにヘラクレスはエレウシスの秘教に入会し、冥府へ行くことになる。なぜエレウシス秘儀に入会せねばならなかったのか、次にエレウシス秘儀についてみてゆこう。

要約:エレウシス秘儀とヘラクレス(アポロドーロス『ギリシア神話』2.5.12)

ヘラクレスは冥府からケルベロスを持ってくるために出発しようとして、秘教に入会させて貰う目的でエレウシスのエウモルポスの所に来た。当時、異邦人は入会禁止だったので、ピュリオスの養子になった。身を清めて入会し、冥府へ行った。

冥府に行くにはエレウシス秘儀の教団に入会が必要だった。その理由を知るに

はまず、冥府の神、豊穣神デメテルの神話を知ることが必要である。伝ホメロス作の「デメテル讃歌」(前 6c- 前 5c)には、デメテルの神話が描かれており、デメテルの秘儀と関わっている。

要約:「デメテル讃歌(讃歌第二番)」

神プルートーンは女神コレー(ペルセフォネ)に恋をし、彼女の父神であるゼウスの許可を得て、彼女を奪った。それを知らされなかった母のデメテルは娘を探し続け、人間に姿を変えてエレウシスの地に来て、老婆の姿となって王子の乳母となった。エレウシスを去るときに、正体を明かし、秘儀を教えた。娘を求めてやつれ果て、不作を地上にもたらした。

神々は困り果て、ゼウスはペルセフォネを返すように命じた。プルートーンはペルセフォネが長く地上にとどまれないように、ザクロを食べさせ、コレーは一年の 1/3 は冥府でプルートーンと過ごすことになった。

このエレウシス秘儀の詳細はわかっていない。しかし、入会式では、羊の毛におおわれた座に座り、布を頭で覆い、穀粒ともみ殻を別ける団扇で風が吹きかけられ、松明によって清められ、様々な教えを受け、豚の犠牲式があるなどのこと

がわかっている。そして、エレウシス秘儀の効果は古代の文献に残されており、それがヘラクレスが冥府へ行けた理由と繋がる。

引用：エレウシス秘儀の効能Ⅰ（『デメテル讃歌（讃歌第二番）』480-483）

幸いなるかな、地上にある人間の身にしてこれを見し者は。密儀を明かされず、祭儀に与ることなき者は、死して後　暗く湿った闇の世界で、これと同じ運命を享けることはかなわぬ。

引用：エレウシス秘儀の効能Ⅱ（「ソフォクレス断片」837）

人間のうちでも三倍も幸せ、エレウーシスの秘儀を見てから冥界へ行った人々は。冥界ではそういう人々だけ生きることを許され、他の人々はあらゆる不幸な目にもあうのだから。

エレウシスの秘儀を受けた者は、死後も人間らしい生き方ができると考えられていたことがわかる。死後の人々は第四章でみたように影のような存在になってしまう。しかし、エレウシス秘儀に参入したからこそ、ヘラクレスは冥府に行っても任務を果たして帰ってこれたのだと思われる。

第五章

英雄神話

ブエナベントゥーラ・ドゥルーティ・ドゥマンジェ「君たちは私とともにマドリードへ行きたいのか。
それとも行きたくないのか。」
アベル・パス『スペイン革命のなかのドゥルーティ』

ルジャンドル《アキレスによるヘクトルの殺害》1831、1893 年頃

葛藤の神話・葛藤の叙事詩

英雄は葛藤の存在である。何かと戦うことによって偉業を成し遂げ、共同体の規範を形成し、共同体に所属する人間の範型を示す。神々、古代の戦士や王、ナポレオンやチェ・ゲバラ、兵士や消防士、あるいはイエス・キリスト[1]に至るまで、英雄と呼ばれる存在は、何かと戦い、そして何かを獲得し、それによって共同体に恩恵を与え、共同体の規範や理想を提供する。

この英雄は神や人そして半神、つまり神と人との間に出来た人物であり、神がほとんど全ての登場人物であったこれまで紹介してきた神話とは異なる。そして活躍する舞台も、神話のようにこれから作られる世界ではなく、でき上がった後の世界であることがほとんどである。本章と次章では三つの論点を中心に様々な英雄譚を取り上げる。

神話的英雄譚か叙事詩的英雄譚か

本章・次章で使う分析枠組みの最初の一つは、神話的英雄譚か叙事詩的英雄譚か、というものである。これは、ミラーの「神話の英雄」と「叙事詩的英雄」の分類に依拠したものである。[2] 神話的英雄譚は、神々とその包括的な宇宙の歴史の領域に関係し、叙事詩的英雄譚は人間が自分の物語や歴史に立ち向かい、責任を負う領域となる。また、叙事詩的英雄譚は厳密に叙事詩として語られないものでも本書はその分類に含める。

本章では、神話的英雄譚としてプロメテウス、須佐之男命、大国主神を取り上げる。また、第七章で取り上げるラク・ロク・クァンなども神話的英雄といえるだろう。

1　古くはエウドキア皇后の『ホメロス的チェント』、近年では Leland Ryken, *Jesus the Hero: A Guided Literary Study of the Gospels*, Reading the Bible as Literature series (Bellingham, WA: Lexham Press, 2016). のようなから著作から子供向け絵本まで、枚挙に暇がない。

2　この二分類は、ディーン・ミラーの「神話の英雄」と「叙事詩の英雄」に依拠する。Dean A. Miller, *The Epic Hero* (Baltimore: The Johns Hopkins University Press, 2000), 31.

葛藤の相手は何か・誰か

英雄は何かと戦う。それは次章で取り扱うベーオウルフのように竜であったりプロメテウスのように神々であったり、アキレウスのように敵の英雄であったり、あるいはギルガメシュのように死への妄念であったりもする。そして、その英雄の性格を決定するのも、その葛藤を通して描かれることが多い。

何を獲得し、何をもたらすのか

英雄は闘争の果てに何かを獲得し、時には共同体に利益をもたらす。須佐之男命や大国主神は国土を作り上げ、プロメテウスは人間に文明を与える。ギルガメシュのように葛藤の果てに真理を覗き見る英雄もいる。様々なことが英雄の行為から自己へ、そして他者へもたらされるのである。

I. 『縛られたプロメテウス』

論点

神話的英雄か叙事詩的英雄か

　叙事詩的英雄

葛藤の相手は誰・何か

　ゼウス

何を獲得し、何をもたらすのか

　人に文明をもたらす

ルーベンス《縛られたプロメテウス》1611-12 年

『縛られたプロメテウス』

　この作品は紀元前 525 頃に生まれ、456 年頃まで生きた詩人のアイスキュロスによる作品である。神プロメテウスは人間に火や文明を与えたために岩に磔にされる詩である。

はりつけ

この神話をヘシオドスは、『神統記』ではゼウスを騙し、また人に火を与えた結果、怒りを招き縛り付けられ、ヘラクレスに救出されたことが記述されており[3]、第四章で取り上げたように『仕事と日』でも、人間の労苦のはじまりについてこの神話を取り上げている。アポロドーロス『ギリシア神話』では、人間を作り、火を与えた結果山にくぎ付けにされヘラクレスに救出されたことが書かれている[4]。

要約：「縛られたプロメテウス」[5]

　　プロメテウスは大地の涯の荒野でクラトス（権力）とビアー（暴力）によって岩に磔にされる。そこに、プロメテウスの従妹にあたるオケアノスの娘達がやってくる。

　　プロメテウスは彼女たちに、いずれゼウスも地位を失う可能性があること、かつてティタンとゼウス達との戦争で和解を勧めたが、拒否されたので、ゼウスの側に立ったこと、王位に立ったゼウスは人間を滅ぼそうとし、プロメテウスだけが反対したこと、なんとか絶滅だけは免れたことなどをオケアノスの娘に告げる。

　　また、人間から予知能力を奪い、盲目の希望を植え付け、火や様々な技術を教えたことで磔になったことを告げる。

　　プロメテウスの伯父、海の神のオケアノスがプロメテウスの所にやってくる。言動をゼウスの気に入られるように変えろとプロメテウスにいう。そうしたら、ゼウスに解放するように説得しようといった。プロメテウスは感謝しつつも、ゼウスを嘲笑し、断り、オケアノスは退場する。

　　大洋の娘達はプロメテウスの状況を人々が悲しんでいると告げた。プロメテウスも、農耕、酪農、造船、医療、占い、冶金（やきん）、文字など様々なことを人間に教えたことを告げる。娘達は人間への援助がやりすぎだっ

　　3　ヘシオドス『神統記』507-69、邦訳：66-74。

　　4　アポロドーロス『ギリシア神話』1.7.1、邦訳：アポロドーロス『ギリシア神話』岩波文庫、高津春繁訳（岩波書店：1978）、40。

　　5　『縛られたプロメテウス』邦訳：『縛られたプロメーテウス』岩波文庫、呉茂一訳（岩波書店：1974）。

たといい、苦境から逃れる方法を考えるようにいう。

　プロメテウスはゼウスすら従わねばならない運命の女神が自分を助けることになること、自分はゼウスの将来の苦境から逃れる方法を知っているという。

　牛の頭のアルゴスの王女、イオがやってくる。彼女はプロメテウスに、できるなら自分の苦しみが終わるかどうか教えてほしいと尋ねる。ゼウスはイオに恋慕し、神託や夢占いによって王の宮殿から、王も嫌がったが追い出されたこと、その瞬間、イオはヘラの妬みによって牛の頭に変えられたこと、虻が耳に入り、狂乱することになり、諸国を放浪していることを教える。

　プロメテウスは放浪の果てに、エジプトでゼウスと関係を持つこと、その13代目の子孫がプロメテウスを救い出すことになることを告げる。そして、虻がイオの耳に再び入り、狂乱して去っていく。

　プロメテウスが海洋の娘達にゼウスもまた王座から追われる危険があることを告げているとヘルメスがやってきてその秘密を聞こうとするが、知りたければ解放しろという。ヘルメスは捨て台詞を放って去っていく。

　岩山は崩れ、大洋の娘達とプロメテウスは冥府に落ちていった。

分析

文化英雄

　ここで描かれるプロメテウスは神話的英雄の典型であり、人に文化をもたらす文化英雄の典型である。自らを犠牲にして、人に恵みを与え、人の生活を向上させる。人間に文化をもたらす神・英雄を指す分析概念で、このプロメテウスはこの典型である。北欧神話のオーディンはルーン文字をもたらしたという点でこの類型であるし、次に紹介するスサノオは地上を形成し、和歌をもたらすなどをした点において文化英雄だといえる。

葛藤の相手

　プロメテウスの葛藤の相手は、神々の王ゼウスである。ティタン神族との戦いの際にゼウスに和解を勧めそこで対立が生まれたこと、人に火や様々な

技術を教えた事でゼウスの怒りを招き岩に磔にされてしまう。しかし、目的は既に達成され将来のことを本人は知っている。磔にされ苦悶することは、既に彼の葛藤の対象ではない。

必然性と神

　神が世界内の法則の表現であるとギリシア人が考えていたことは、この点についてソコロウスキの議論を紹介する。

　ギリシア神話における神々は人間が世界の中で逆らいえない必然性の表現であるとソコロウスキは論じ、「人が神々を認識する能力は、人が望む望まぬにかかわらず自分の中や周囲で起こる必然性を認識し、それに命名する能力である」[6]という。そして、その命名によって「人間のあり方を照らし出し、その説明は次第に発展し得る」[7]と論じる。そして、プロメテウスが人に与えた盲目の希望は、人に死を予見できなくさせること、そして彼が与えた火は、予見できない死に抗う技術の原動力となることを指摘する[8]。アイスキュロスはヘシオドスのプロメテウスを新たに語った。つまり、プロメテウスをより知ることは、死や技術についていかに人間が条件付けられているかを、先立つ神話に照らし合わせて、知ることである。人は人間存在の条件付けを神話によって知ることになるのである[9]。

II. 須佐之男命（すさのおのみこと）と大国主神（おおくにぬしのかみ）

　『古事記』『日本書紀』には須佐之男命の地上における英雄的な行為が、『古事記』には大国主神の英雄的な行為が様々に描かれている。これは日本神話において地上の創造の第三段階、いわゆる国造りにもかかわる重要な神話と

　　6　Robert Sokolowski, *God of Faith and Reason: Foundations of Christian Theology with a new preface*, (Notre Dame: University of Notre Dame University, 1982; Washington D. C.: The Catholic University of America Press, 1995), 13.

　　7　Sokolowski, *God of Faith and Reason*, 13.

　　8　Sokolowski, *God of Faith and Reason*, 14.

　　9　Sokolowski, *God of Faith and Reason*, 14.

なっている。

神話的英雄か叙事詩的英雄か
　　　須佐之男命

　　神話的英雄
　　大国主神

　　神話的英雄

葛藤の相手は何・誰か
　　　須佐之男命
　　　八俣遠呂智
　　大国主神

　　　兄、須佐之男命

何を獲得し、何をもたらすのか

　　大地の創造をもたらす

『日本国開闢由来紀』より
歌川国芳による須佐之男命と櫛稲田姫

須佐之男命と大国主神の神話 ─────────

須佐之男命

要約：須佐之男命と八俣遠呂智（『古事記』上）[10]

> 　天を追放され須佐之男命は地上を放浪し、出雲（島根県）にたどり
> 着く。そこでは、櫛名田比売が八俣遠呂智の生贄にされそうになっていた。
> 　須佐之男命は大蛇を酔わせて、寝ているときに倒して、娘と結婚する。
> 尻尾から出て来たのが天叢雲剣（草薙剣）である。
> 　大きな宮殿を立て、神話で最初に和歌を歌う。そして大年神、野の神、
> 水の神などを子供として儲ける。そして、最終的に黄泉へと行く。

10　『古事記』上、校注訳：『古事記』新編日本古典文学全集１、山口佳紀、神野志隆光校注
訳（小学館：1997）、68-75; 80-81。

要約：大国主神の神話（『古事記』上）[11]

因幡の白兎

　島から鰐をだまして渡ってきた兎が、鰐の怒りを受けて毛をむしられてしまう。大国主神の兄たちの八十神は兎にわざと間違った治し方を教え瀕死になってしまう。それを大国主神が助けた。

八十神との対決と黄泉への訪問

　八十神が八上比売に求婚したところ、大国主神と結婚するといったので、大国主神は八十神に殺されてしまう。神産巣日神が派遣した神々によって復活し、黄泉の須佐之男命の所に行けと告げる。須佐之男命の娘と恋仲になり、須佐之男命の試練を潜り抜け、武器・宝物を手に入れ、結婚し、地上に帰り、八十神を追い払い、中つ国の主となり、国家をつくり上げた。

国造りの完成

　大国主神は少名毘古那神とともに国造りを行う。少名毘古那神が去った後は三諸山の神と国造りを続ける。

分析

地上を完成させる神話的英雄

須佐之男命

　須佐之男命の話も大国主神の話も典型的な神話的英雄譚だといえるだろう。須佐之男命は地上（あるいは海の国）を支配することを任された神であった。地上の統治を放棄して母の国へ行こうと考えた後、高天原で暴れ、地上に追放された。地上を統治した後、冥界に向かう。そして、子孫に大国主神が現れる。

　11　『古事記』上、校注訳：74-98。

彼らの子供として様々な自然現象を司る神々が生まれる。これは、伊邪那岐命と伊邪那美命が大きい枠組みとして大地や島や山といった神々を作り出したことを継ぐもので、さらに細かな枠組みの神々が生み出され地上が成立していくことを示す。そして、これは続く大国主神と密接に関連している。

また、文化英雄としての立場も見逃せない。和歌は伝統的に日本で最も重要視された文学表現であるが、その祖が須佐之男命である。『古事記』や『日本書紀』に「八雲立つ　出雲八重垣　妻ごめに　八重垣作る　その八重垣を」という歌が残されている。

大蘇芳年《須佐之男命》

大国主神
<small>おおくにぬしのかみ</small>

　大国主神も神話的英雄である。白兎に示した慈悲と知恵、須佐之男命の試練を潜り抜けた勇気、残虐な兄たちを倒した武力、少名毘古那神との関係など様々な要素がそこには示されている。そして、その神話性を示すのは国造りにある。『古事記』では各地の女性と婚姻を結ぶことで多くの地域を支配し、子供として様々な神々が生まれてゆく。井戸の神、岬の神など様々な神々が子孫として生まれてゆく。また、その記事に付属して須佐之男命の子供である大年神の子孫も豊穣の神など様々な神々が生まれる。

　地上を支配することを命じられた須佐之男命の系譜を継いだ大国主神が地上を支配し、国家を作り、国を造る。また須佐之男命の子供の大年神も様々な自然などに関連する神々を子孫として儲けてゆく。

　天地初発、国産みについで、須佐之男命とその子孫によって地上が完成するのである。

葛藤の相手は何か、誰か

須佐之男命と八俣遠呂智

八俣遠呂智は出雲の斐伊川の川上に須佐之男命が来た時に倒した怪物で、櫛名田比売を生贄にされるところから救い、櫛名田比売を妻とした。一つの体に八つの頭、八つの尾があり、目は赤く、体に鬘・檜・杉が生え、長さは八つの谷、八つの山に及び、赤くただれた腹をしていると『古事記』に記述されている。八俣遠呂智は、揖斐川の洪水の表現だとする説がある[12]。他にも火山の溶岩流の表現だとする説や[13]、製鉄の際の溶鋼の表現とする説もある[14]。

ペルセウス・アンドロメダ型と呼ばれる、女性を助け怪物を倒す話に分類されるもので世界中に多く分布している。(⇒第六章)

大国主神と多くの試練

大国主神が逢着する葛藤の中心は残酷な兄の打倒である。兄達に殺された大国主神は須佐之男命のいる黄泉国に下る。須佐之男命は大国主神に様々な試練を与えるが、一目で惚れ合った須勢理毘売命の助けを得て試練を克服してゆく。そして、試練の間に手に入れた太刀と矢を持って須佐之男命が寝ている間に二人で地上に戻る。そして、須佐之男命はそれを認め、太刀と矢で兄たちを退治し、宮殿を作って住むことを命じる。須佐之男命に認められた大国主神は兄たちを追い払い、姫と結婚し、国造りをはじめる。

何を獲得し、何をもたらすのか

須佐之男命

須佐之男命は八俣遠呂智退治によって櫛名田比売を妻とする。また、大国主神が本格的に行う国造りの先鞭をつけたといえるだろう。他にも前述のように和歌をもたらした存在としても重要である。

12　『日本書紀』1，新編日本古典文学全集2，小島憲之、直木孝次郎、西宮一民、蔵中進、毛利正守校注訳（小学館：1994）、91頁頭注14。

13　寺田寅彦「神話と地球物理学」、同著者『寺田寅彦全集』6所載、（岩波書店：1997）、257。

14　窪田蔵朗『鉄から読む日本の歴史』講談社学術文庫（講談社：2003）、33-43。

大国主神
（おおくにぬしのかみ）

　大国主神は須佐之男命の試練によって妻を得、兄達を打ち倒す力を得た。兄達を追い払い地上を平定し国家を造り、様々な子孫を得ることで地上を作り上げた。

地上を造り上げる須佐之男命と大国主神

　このように、様々なものを獲得し、そして人々に様々なものをもたらし、天地創造のプロセスにかかわったという観点からも須佐之男命と大国主神は神話的英雄として位置づけることができる。

III. イリアス

　詩人ホメロスによって紀元前八世紀に作られたといわれる。ギリシアには口承叙事詩の伝統があり、その最後の段階で現れたのが、ホメロスの『イリアス』『オデュッセイア』だといわれる。[15]

神話的英雄か叙事詩的英雄か
　叙事詩的英雄
葛藤の相手は誰・何か
　敵側の英雄
何を獲得し、何をもたらすのか
　名誉と勝利

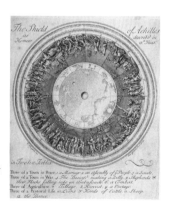

18 世紀の書籍『イリアス』におけるアキレウスの盾
Homer, *The Iliad of Homer*. Translated by Mr. Pope. 4th
edition. London: Barnard Lintot,1736

15　川島重成『『イーリアス』ギリシア英雄叙事詩の世界』岩波セミナーブックス 37（岩波書店：1991）、3-4。

ギリシア最古の叙事詩『イリアス』————————

背景

　『イリアス』はアキレウスの怒りを中心とした叙事詩である。アキレスが
なぜ怒り、その結末がどうなるのかが叙事詩として語られている。その背景
としてのトロイア戦争も重要であるので、まずトロイア戦争がなぜはじまっ
たのかを叙事詩『キュプリア』の断片の要約で示す。

要約：トロイア戦争の起源（『キュプリア』断片１；梗概１）

断片１[16]

　人が増えすぎたため、大地はその重さに耐えかねていた。しかもその人
間たちは敬神の念に欠けていた。ゲーはそのことをゼウスに相談した。ゼ
ウスとテミスはテーバイ戦争を起こさせた。

梗概 1-7[17]

　ゼウスとテミスはトロイア戦争のことを相談する。トロイア王子パリスはヘ
ラ、アテナ、アプロディテの内だれが美しいかを判定させられる。パリスは
アプロディテを選び褒美として、メネラオスの妻ヘレネが与えられ、パリスは
トロイアに帰り、遠征軍が組織される。

　このギリシアの諸王国の連合軍とトロイアとの間の戦争は 10 年間行われ
たといわれ、『イリアス』はその後半（最後ではない）の 50 日の様子を描い
たものである。

16　『キュプリア』断片 1、邦訳：中務哲郎編訳『ホメロス外典 叙事詩逸文集』西洋古典叢書（京
都大学学術出版会：2020）、159-60。

17　『キュプリア』梗概 1-7、邦訳：『ホメロス外典』中務訳、150-53。

『イリアス』の大きなあらすじ

　大きな流れとして、1. アキレウスが恥辱を受ける。2. その結果アキレウスの親友がヘクトルに殺される。そして、3. ヘクトルを殺せば自分もいずれ死ぬという運命を受け入れて、アキレウスはヘクトルを殺す。というものになっている。

要約：『イリアス』[18]

　　トロイア勢との小さな戦いに勝ったアキレウスはアポロンの神官の娘を含む様々なものを獲得する。アポロン神官は娘の返還を求めたが断られ、復讐をアポロンに願う。アポロンはギリシア勢に疫病を送り、アキレウスはその娘を返還するようにギリシア方総大将のアガメムノンに求める。アガメムノンはそれを拒否し娘を自分のものにしてしまう。娘を愛していたアキレウスは怒り、戦いから身を引く。また、アキレウスの母神テティスはアキレウスの恥辱を雪ぐため、ギリシア勢の敗北を神々の王ゼウスに願い受け入れられ、ゼウスは神々の関与を禁じる。

　　敗北が必至となったアガメムノンはアキレウスに財宝と娘を返還するが、アキレウスは謝罪を拒絶する。アキレウスの親友であったパトロクロスは、アキレウスの武具を身につけて戦い、トロイア勢最高の戦士であるヘクトルに殺されてしまう。

　　怒ったアキレウスは、ヘクトルを殺せば死んでしまう運命にあるにもかかわらず、ヘクトルと戦うことを決める。アガメムノンの謝罪をアキレウスは受け入れ、恥辱は雪がれる。そして、神々の戦争の介入も再開する。アキレウスはヘクトルと戦い、ヘクトルを殺す。アキレウスはヘクトルの死体を辱めたが、最終的にトロイアに返還され葬儀が行われ、戦闘が再開される。

18　ホメロス『イリアス』、邦訳：『イリアス』上下、岩波文庫、松平千秋訳（岩波書店：1992）。

神話的英雄か叙事詩的英雄か

『イリアス』は様々な英雄が戦いを繰り広げる話であり、その戦いに神々が様々な動機から介入する。叙事詩的英雄譚の代表であり、様々な英雄が登場し、ギリシアの神々もギリシア方、トロイア方、中立に分かれる。

表：トロイア戦争にかかわる代表的な英雄・神々

	ギリシア	トロイア	中立
人	アキレウス 　ギリシア側最強の英雄 アガメムノン 　ギリシア側のリーダー。ミケーネ王 メネラオス 　アガメムノンの弟、スパルタ王 オデュッセウス 　イサカ王、『オデュッセイア』の主人公	ヘクトル 　トロイア王子 　トロイア側最強の英雄 アエネアス 　トロイア王族 パリス 　トロイア王子 プリアモス 　トロイア王	
神	ポセイドン、ヘラ、アテナ、ヘパイストス、テティス、ヘルメス等	アルテミス、アポロン、アプロディテ、エリス、レト、アレス等	ゼウス、ハデス

葛藤の相手は何か、誰か

『イリアス』は、その冒頭にも記述されているようにアキレウスの怒りとその帰結を一つの叙事詩として一貫性を持たせて叙述したものとなっている。

このアキレウスの怒りを招いた葛藤こそがプロットを動かす力となっており、そこに焦点を合わせて話が進んでゆく。ここでは名誉と恥、死と運命という二つの論点に焦点を合わせて『イリアス』を見てゆきたい。

名誉と恥

　第6巻には、「ヘクトルとアンドロマケの別れ」と称される非常に有名なエピソードが語られる。非常に有名なシーンで様々な絵画や演劇などに取り上げられている。ここに名誉と恥の葛藤が表れており、それを見てゆきたい。

　ヘクトルが戦いに向かう時に妻のアンドロマケに別れを告げる。その時、アンドロマケは子供を孤児に、自分を寡婦にしないように頼む。

　ヘクトルは「わたしが臆病者よろしく、戦場から離れて尻込みするようなことになったら、トロイエの男たちにも、裳裾引く女たちにも顔向けができぬと、心から思っているのだ。第一とてもそのようなことをする気にはなれぬ、わたしは父上の輝かしい名誉のため、またわたし自身の名誉のためにも、常にトロイエ勢の先陣にあって勇敢に戦えと教えられてきた。」[19]と答える。

　そして、「ゼウスならびに他の神々よ、どうかこの倅もわたしのように、トロイエ人の間に頭角をあらわし、力においてもわたし同様に強く、武威によってイリオスを治めることができますように。」[20]と祈る。

　というのも、「わたしの寿命が尽きぬ限り、わたしを冥府に落とすことは誰にもできぬのだ、人間というものは、一たび生まれて来たからには、身分の上下を問わず、定まった運命を逃れることは出来ぬ」[21]という考え方から、その祈りの言葉は来ているからである。

　人は運命に逆らう事は出来ず、その中で名誉を獲得するために戦士は戦う。そこから尻込みをすることは名誉にもとるものだと考えられていたことが分かる。それでは、ギリシア人にとっての運命とは何なのだろうか。先のプロメテウスの所では神々は必然性の現れであったが、その神々自体も必然性自体を左右することはできないことがアキレウスとアエネイアスの運命に関する記述からわかる。

死と運命：アキレウス

　紀元後1世紀にスタティウスによって書かれた叙事詩『アキレイス』では

19　『イリアス』松平訳、204。
20　『イリアス』松平訳、205。
21　『イリアス』松平訳、206。

アキレウスが短命であることをポセイドンによって予言されていた[22]。その中で母である神テティスは、その運命から息子を逃すために苦闘する。『イリアス』では、アキレウスは、自分の運命が二つあることを母に教えられたと独白する。そして、戦争に参加すれば不朽の名誉と死が、帰国すれば名誉は得られないが長命が得られるという[23]。他方、ゼウスはヘクトルがアキレウスに討たれることが事前に確定していることを知っていることが『イリアス』で語られる[24]。また、運命は逃れることを許さないことが『オデュッセイア』では語られている[25]。つまり、アキレウスの死自体は確定していて、テティスの儚い行為は、その運命を変えるための母親の情によるものだったといえよう。

ティシュバイン《テティスとアキレウス》
1757 年

死と運命：アエネイアス

『イリアス』第 20 巻でアエネイアスはアキレウスに殺されかけるが、ポセイドンはギリシア側に立っているにもかかわらず、トロイアの王子アエネイアスを助ける。その動機として、ゼウスの人間の子供の中で最も寵愛していたダルダノスの一族（トロイア王家）の死は、ゼウスの怒りの原因となること、アエネイアスが生き残ることが運命であること、ダルダノスの血筋が耐えてしまっては困るからという[26]。この運命に従ってアエネイアスを助ける

22 *Achilleid*, 1.77-94, 英訳：Statius, P. Papinius (Publius Papinius), *Thebaid and Achilleid*, ed. M. J. Edwards, cllaboration with A. L. Ritchie and M. J. Edwards (Cambridge: Cambridge Scholars, 2007), 354.

23 『イリアス』9.410-16, 邦訳：上、284-85。

24 『イリアス』8.469-77, 邦訳：上、257。

25 『オデュッセイア』3.236-8; 24.24-29, 邦訳：『オデュッセイア』西洋古典叢書、中務哲郎訳（京都大学学術出版会：2022）、68; 686。

26 『イリアス』20.292-308, 邦訳：上、264。

のであるが、前述のアキレウスや、他にも『縛られたプロメテウス』の時と
同様に、運命は神々の力を超えた部分で働いており、その不可避の運命と自
分の意志を和解させてポセイドンが動いていることがわかる。

何を獲得し、何をもたらすのか

　名誉を獲得するために戦い、勝利したギリシア方は、ヘレネを取り戻し、『オ
デュッセイア』では元々の夫であったメネラオスとともにスパルタで暮らし
ており、トロイアでの話などを語っている。

　アキレウスも戦いの中で死んだが、その名誉は『イリアス』の中で不朽の
ものとなったのである。

IV. ギルガメシュ

神話的英雄か叙事詩的英雄か
　叙事詩的英雄
葛藤の相手
　様々な怪物、死
何を獲得し、何をもたらすか
　世界の真理

シュメールの英雄：ギルガメシュ ─────────────

　現在の我々が『ギルガメシュ叙事詩』と呼んで考えるものは、詩を語るた
めの標準バビロニア語で作られ、アッカド語やアッシリア語などにも翻訳さ
れたものを指し、月本によれば原題は『深淵を覗き見た人』[27]となっている。

　この英雄譚は紀元前 1300-1000 年の間にシン・レキ・ウンニンニによっ
て編纂された。それ以前にもギルガメシュの事績をテーマにした英雄譚は
シュメール語に別々に語られていて、古いものはウル第三王朝時代（紀元前

27　月本昭男「第一の書版への解題」『ギルガメシュ叙事詩』月本昭男訳注（岩波書店：
1996）、3。

2100-2000 年頃）に既に存在する。[28] ここでは標準バビロニア版に従って話を進めて行く。

　全体として 11 の書版と付加の第 12 書版からなっており、大まかな荒筋としては五段階に分かれており、ここでは第 11 書版までを要約する。暴虐の人物であったギルガメシュは 1. エンキドゥと戦い友情を築き、2. 二人でフンババと戦う。さらに 3. 都を襲った天の牛と戦い、4. エンキドゥが天の牛を殺したことが原因で命を失う。5. 永遠の命を求めてギルガメシュは旅するが、得ることは出来なかった。

要約：『ギルガメシュ叙事詩』[29]

エンキドゥとの戦いと友情：第 1-2 書版

　ウルクの城壁やエアンナ（イナンナ）の神域を建てさせたギルガメシュは、神々の祝福を受け、見た目よく、勇敢で、背も高かった。2/3 は神であった。しかし、暴虐で人を殺していた。ギルガメシュと戦わせるために、エンキドゥを神は作る。最初は動物のように生活していたが、女性に誘惑され知恵が付き、人のように暮らすようになった。ギルガメシュの住むウルクで両者は戦い、それを通してお互いを認めあった。

フンババとの戦い：第 3-5 書版

　森の怪物フンババは森の守護者である。ギルガメシュとエンキドゥは、名前を上げ子々孫々伝えられるという事に勇気を得て、二人は武器を造らせ森に向かった。森で杉を切り倒すとフンババがやって来た。太陽神シュマシュはフンババに風を吹かせたことでフンババは降参し家来になることを誓ったが、ギルガメシュはフンババを殺した。

　28　Piotr Michalowski, "Maybe Epic: The Origins and Reception of Sumerian Heroic Poetry," in *Epic and History*, ed. David Konstan and Kurt A. Raaflaub (West Sussex: Wiley-Blackwell, 2010), 13.

　29『ギルガメシュ叙事詩』月本昭男訳注（岩波書店：1996）、1-157。

天牛との戦い：第6書版

　　ギルガメシュの立派さを見てイシュタルは求婚した。しかし、ギルガメシュはイシュタルの過去の恋人たちが悲惨な結末ばかりになっていることを指摘し、求婚を断った。

　　侮辱されたと感じたイシュタルは天へ上り父のアヌに、自分の行いを指摘されたと告げ、天の牛を作ってギルガメシュとウルクを破壊するよう頼み、造らせた。

　　ギルガメシュとエンキドゥは天の牛を倒し、ギルガメシュたちは祝宴を繰り広げた。

エンキドゥの死：第7-8書版

　　エンキドゥは夢を見た。天の神々は、天の牛を殺したために、ギルガメシュかエンキドゥが死なねばならず、エンリルはエンキドゥが死ぬべきでギルガメシュは死ぬべきではないといった。そして、エンキドゥは病を得て、死んだ。

永遠の命の探求：第9-11書版

　　死を恐れたギルガメシュは永遠の命を持つウトナピシュティムに会いに行くことにした。

　　マーシュ山を越え山の入り口を入り、太陽の道に沿って彼は進んだ。暗闇を進み続けると、石で出来た木が宝石の果実をつけているのを見た。野原をさまよったギルガメシュは女神の酌婦シドゥリに出会い、永遠の命を諦めて、人間的な喜びを選ぶように女主人に告げられる。

　　旅の果てにギルガメシュはウトナピシュティムに永遠の命の秘密を聞いた。

　　神々は人間を滅ぼすために、洪水を起こした。造船を神に命じられウトナピシュティムたちは生き残った。洪水はイシュタルが原因だったが、イシュタルはそれを後悔していた。

　　七日七晩続いて洪水は収まった。山の頂で神を祭って香を焚いた。エアの祝福によりウトナピシュティム夫婦は永遠の命を得た。

　　死にとりつかれたギルガメシュを船頭のウルシャナビは洗い、垢を海へ投げ捨てた。新しくなった彼は、ウトナピシュティムに命を新しくする草が深淵にあることを教えた。

> 草を手に入れ、城に持ち帰る途中で水浴びをした。草の香に蛇が引き付けられ、食べてしまった。そしてウルクにたどり着いた。

分析

叙事詩的英雄：人と神との違い

『イリアス』などと同じ叙事詩的英雄がギルガメシュである。前述の『イリアス』では、名誉や運命をそこから理解することができたが、ここで問題として取り上げることができるのは、人と神との違い、人と動物との違いである。

神に創られた存在であったエンキドゥは、最初は動物のように草を食んで生活していたが、人と交流を持つことによって、人のようになる。人であるギルガメシュとエンキドゥは神に命じられて怪物を退治するが、他方で人の死を願って作られた天牛を殺すことが出来る。しかし、エンキドゥは神の決めた運命に逆らうことなく死んでしまう。そしてギルガメシュは神と同じ不死を願うけれども、それを手に入れることができなくなる。

この物語からは、神の挑戦をも退け得る半神半人のギルガメシュが、生命の真理、つまり人としてどうしても超えられず、神と人の間に屹立する死が存在するという生命の真理、を獲得する話であるといえよう。他方で、神も神に殺される。最初の神ティアマトやイシュタルの夫のドゥムジは神に殺される。しかし、一貫して『ギルガメシュ叙事詩』では神は永遠の存在だと書かれている。神の死は神によってのみもたらされると考えられたのかもしれない。

葛藤の相手は何か、誰か

ギルガメシュは様々な物理的な障壁を克服してゆく。最初に戦ったエンキドゥとは戦いの中で友情をはぐくみ親友となる。その後、フンババや天牛という外的な葛藤を乗り越えてゆく。しかし、エンキドゥの死を見て、比喩的にいえば、死に取り憑かれてしまう。その死を乗り越えるために、不死の人、ウトナピシュティムに話を聞き、不死となる機会を得るがそれを逸してしま

う。まさに深淵を覗いた人であった。

何を獲得し、何をもたらすのか

　彼は不死を手に入れられなかったが、生と死の真理を経験し、それをもたらす。そして、その帰結として死から彼は逃れることができたのである。

V. 英雄とは

　英雄の多くは神あるいは半神であり、葛藤を乗り越え、様々なものを獲得し、共同体に繁栄をもたらす。その中には、人に文明をもたらし、神話的な地上の建設を行うこともあれば、国家間戦争に従事することもある。しかし、いずれの場合も共同体の中で得難い特質を持つ人物として描かれ、次章に見るように竜・ドラゴンと戦い、第一章で見てきたように、現代ファンタジー文学の直接の祖先であり、その英雄を描く営みは、営々と人が続けてきたのである。

神話と祭祀
ユダヤ教

ユダヤ教においても『聖書』で書かれた神の教えによって祭祀が行われる。ここでは、二つの重要な祭祀、過越祭と贖罪の日を紹介したい。

過越祭 (ペサハ)

過越祭はユダヤ人がエジプトから脱出したことを祝う祭りで、現在でも『聖書』の日付通り、つまりユダヤ暦のニサン(第1月)15-21日に形を幾分変えて行われている。まず、「出エジプト記」の中の過越祭の由来となった内容を要約する。

要約：出エジプト記 7-13.

古代エジプトではユダヤ民族は奴隷として扱われていた。指導者のモーセは脱出しようとするがファラオはそれを妨害した。

そこで神は10の禍をエジプト人に与えた。

最後の10番目の禍はエジプトの地の全ての初子を殺すというものであった。

イスラエルの民は神が命じた通り、羊を殺し、その血を玄関の柱と鴨居に塗った。神の禍である滅ぼす者は玄関の血を見て過ぎ越した。

そして、イスラエル人は急いでエジプトを出発した。急いでいたので、酵母を入れずにパンを焼いた。神は、それを覚えておくようにと、無酵母のパンを食べて過越を祝うように命じた。

同じ「出エジプト」12.1-20では、第1の月の10日に子羊を集めること、14日の夕方に屠り、血を戸口の柱と鴨居に塗り、無酵母パンと苦菜とともに羊を焼いて食べ、食べ残しを焼き尽くすことが過越祭の規定として書かれている。続いて、無酵母パンを食べる除酵祭の規定も書かれていて、第1の月の14日の夕方からその月の21の夕方まで酵母を入れないパンを食べなければならない。第1日目と第7日目に聖なる集会を開く。ということなどが書かれている。この記述の重複や差異は第三章で述べたように、様々な伝承が組み合わさって『聖書』の記述が成立していることに由来する。この祭は「レビ記」、「民数記」など多くの箇所で規定され、言及され、イエス・キリストの磔刑にも重要な意味を持っている (⇒コラム「祭祀と神話 キリスト教」)。

ユダヤ教の口伝立法である『ミシュ

ナー』の中の「ペサヒーム」には、全能の神がエジプトにあるイスラエル人の家を過越したので過越を行い、エジプトから贖われたから無酵母パンを食べ、エジプト人がイスラエル人を苛んだために苦菜を食べ、それによって、神をたたえると書かれている[1]。

過越祭は、過越祭と除酵祭の二つからなり、別々に存在したと考えられている。羊にかんする遊牧民の習慣と、無酵母パンを食べるのは、農耕民の儀礼を受け継いだものだと考えられている[2]。

贖罪の日（ヨム・キプール）

罪を贖う祭祀で、ヨーマ（日）、ヨーマ・ラッパ（偉大な日）とも呼ばれる。ユダヤ暦の一年のはじまりであるティシュレイ（第七月）[3]十日に行われた。過越祭と

1　Pesahim 10.5, *The Oxford Annotated Mishnah, A New Translation of the Mishnah with Introductions and Notes*, Vol. 1, Shaye J. D. Cohen, Robert Goldenberg, Eayim Lapin eds., (Oxford: Oxford University Press, 2022), 553.

2　Erunst Kutsch, Critical View and Feast of the Unleavened Bred in "PASSOVER," *Encyclopaedia Judaica*, vol. 15, ed. Fred Skolnik and Michael Berenbaum, 2nd ed. (Detroit: Macmillan Reference USA in association with the Keter Pub. House, 2007), 680-81. 新注解 §180。「出エジプト」12 への注 4、(旧) 139。

3　1 月、2 月という月の分け方と一年の始まりは異なる場合がある。日本でも会計年度や学年暦は 4 月にはじまる。カトリックではクリスマスの四つ前の日曜日から一年がはじまる。中国王朝では、受命改制といって、王朝の交替とともに暦と服の色が変更された。夏では正月、殷では 12 月、周は 11 月が一年の始まりだと『史記』暦書などに書かれている。

同じく現在でも、形を変えて行われている。

この時にだけ、大司祭は十戒が収められた契約の箱（聖櫃）のある至聖所に入る事ができる。そして、聖櫃の上の贖いの座の上の雲の中に神は降臨する。至聖所の中と外で祭祀を行う。「レビ記」16 章の記述をまとめると次のようになる。

要約：レビ記　16.7-23.

アロン［大祭司］は自分と自分の家族のための贖罪と、イスラエルの民のための贖罪を行う。自分と自分の家族のために、雄子牛 1 匹を贖罪の捧げものとして、雄羊 1 匹を焼き尽くす捧げものとして使う。イスラエルの民のために、贖罪の雄山羊 2 匹と、焼き尽くす捧げものの雄羊 1 匹が使われる。

自分と自分の家族のために雄牛を捧げ、イスラエルの民のために 1 匹を主のため、もう 1 匹をアザゼルのためにくじを引いて選ぶ。アザゼルのための羊は生かしておく。

自分と自分のために雄牛を屠り、香の煙で贖いの座を覆う。そして、雄牛の血を贖いの座の東側と前に振りかける。

民のために贖罪の山羊を屠り、贖いの座の上と前に振りかけて、民の罪を贖う。そして、雄牛の血と

山羊の血を四隅の角に塗り、ふり
かけ、イスラエルの民を聖別する。
　生かしておいた羊に罪を告白し、
荒野の荒れ野に送り出す。
　焼き尽くすための献げものを焼き
尽くし、贖いとし、贖罪の献げもの
の脂肪を焼く。

　この祭祀では、要約で見てきたよう
に、大祭司と民衆の2通りの浄化が行わ
れる。より具体的に見れば、血によって、
神殿が清められ、羊の追放によって民の
罪が浄化される。罪を背負わせ川を経
由して追放することは、『申命記』など
にも記述され、バビロニアなどの近隣諸
国との共通性も指摘されている。第四
章でも見たように罪の告白や川への追放
などは日本にも共通するものである。

　　4　S. David Sperling, Day of Atonement as
Annual Day of Purgation in Temple Times in "DAY
OF ATONEMENT," *Encyclopaedia Judaica*, vol. 5,
ed. Fred Skolnik and Michael Berenbaum, 2nd ed.
(Detroit: Macmillan Reference USA in association
with the Keter Pub. House, 2007), 492-93.
　　5　Sperling, Day of Atonement in "DAY
OF ATONEMENT," 492.

第六章

英雄と竜

「ハイタワーの耳には、まだ聞こえているように思える。
荒々しい召集ラッパと、打ち合うサーベルの音と、徐々に消えていく蹄の轟きが。」

フォークナー『八月の光』

マルトレル
《聖ゲオルギウスと
ドラゴン》1434-35 年

葛藤の象徴：竜（龍）

　竜を英雄は斃す。そして、栄誉を浴び、宝物を手に入れる。前章では竜・ドラゴンと関係しない英雄譚を中心に紹介してきたが、ここでは竜退治の英雄を紹介してゆく。分析は前章と変わらずに、1. 神話的英雄か叙事詩的英雄か、2. 葛藤の相手は何・誰か、3. 何を獲得し、何をもたらすのか、の三つを論じてゆく。本章は竜がテーマとなる。まず、その起源、西洋のドラゴン、中国の龍がどのような発想からあらわれてきたのかを見てゆく。

I. ドラゴンと龍の起源と展開

　ギリシア・ローマのドラゴンは、蛇に起源を持っており、中国の龍はワニにその起源があると考えられている。様々な言語・文化の神話的な蛇様の生物、例えば中国の龍やインドのナーガなどが、そのギリシア・ローマとの類推の中でドラゴンと訳されていった。まずギリシア・ローマに起源を持つドラゴンの起源と展開を、つづいて中国の龍の起源と展開を見てゆく。

ドラゴンの起源と展開について

　ヨーロッパでは、文学的表現と博物学的記述の両方にわたってドラゴンは記述されており、ドラゴンの歴史的変遷をセンター、マトックス、ハダドの3人は「蛇からモンスターへ」という論文で論じている[1]。この小節の記述は彼らの論文を要約したものである。
　英語のドラゴンはギリシア語でドラコーン、ラテン語のドラコに由来する

1　Phil Senter, Uta Mattox and Eid. E. Haddad, "Snake to Monster: Conrad Gessner's Schlangenbuch and the Evolution of the Dragon in the Literature of Natural History," *Journal of Folklore Research* 53 no.1(-January/April 2016) : 67-124.

言葉である。様々な歴史的経緯のなかで、毒を持ち、火を噴き、翼で飛び、足で歩くようになった。

起源

「蛇からモンスターへ」では、古代ギリシアにおいて、ドラゴンは蛇を意味する言葉であり、ニシキヘビに限定する用例もあったこと、イブン・スィーナーは有毒の海洋生物もドラゴンに分類したことを指摘する。ホメロス『イリアス』の中で、ドラコーンは一般的な蛇を意味する言葉であったし、その後、時代を下ってアリストテレスやアポロドーロスがドラコーンに言及するが、そのドラコーンも一般的な蛇であった。[2] 他に、医師・詩人のニカンドロスではクスシヘビを、そして『アエネーイス』（3.301-320; 12.195-229）でのニシキヘビを指して使われる言葉であった。[3] 英語でサーペントとスネークがあるように、神話的な場面において蛇はオーフィスと呼ばれていた。[4] さらに、イスラム世界最高の知識人とも呼ばれアリストテレス哲学者でもあったイブン・スィーナーは、毒を持っている魚・ウツボ・エイ・海蛇などをドラゴンに分類した。[5] 文学的な表現と博物学的な記述の両方にドラゴンは掲載されており、16世紀までは実在の存在と考えられていた。[6]

大きさ

このドラゴンの大きさの変化も歴史と民話の力によるものだと「蛇からモンスターへ」は指摘する。紀元1世紀のローマではニシキヘビを指す言葉であった。インドからローマへの輸入があり、アレキサンダーの遠征の影響で得られたインドニシキヘビの影響と、民話の力によって大きさが誇張されていき、巨大化されることになったことが原因だと考えられる。[7]

2   Senter, Mattox and Haddad, "Snake to Monster," 71-72.

3   Senter, Mattox and Haddad, "Snake to Monster," 75-76.

4   Senter, Mattox and Haddad, "Snake to Monster," 71-72.

5   Senter, Mattox and Haddad, "Snake to Monster," 81.

6   Senter, Mattox and Haddad, "Snake to Monster," 86.

7   Senter, Mattox and Haddad, "Snake to Monster," 74.

翼

　また、ドラゴンの翼について「蛇からモンスターへ」は、アウグスティヌスが有翼の起源だと指摘する。アポロドーロス『ギリシア神話』では翼があるドラゴンがおり、ヘロドトス『歴史』では空飛ぶ蛇が出現するが、これらは複合生物と捉えられており、ギリシア・ローマではドラゴンは有翼ではなかった。[8]アウグスティヌスは『詩篇注解』で、ドラゴンは最大の生物で空を飛ぶと書き、8世紀の絵画ではドラゴンは空を飛ぶことになった。[9]

毒と火

　博物学・自然学者の中ではドラゴン／ドラコが有毒かどうかという議論が存在したこと、しかし一般的にはドラコはずっと有毒の動物だったが、その毒と火の関連性も「蛇からモンスターへ」は指摘する。[10]ウェルギリウスの『アエネーイス』2.221（前1世紀）ではドラコは毒を持っており、『ベオウルフ』（8世紀）にも毒の龍が出てくるが、12世紀になって、博物学の分野でもドラゴンは有毒の動物になった。[11]原因として、毒の灼熱感が火に結び付いたと考えられ、エジプトの有毒コブラを描いた新王国時代（前16-11世紀）の図では火を吐くコブラが描かれている。また、4世紀には火を噴く文献があり、アルベルトゥス・マグヌス『動物について』(25.28)では、流星を火を噴くドラゴンと人々は間違えた記述がある。[12]

足

　8世紀の絵画では、足腰のあるドラゴンが出現しはじめ、10世紀には一般的になったが、未だ博物学では蛇の一種であったとセンター等は指摘している。[13]そして、16世紀には、有翼・二足歩行の偽物のドラゴンの剝製がドラゴンとして販売されはじめたことを指摘する。[14]

8　Senter, Mattox and Haddad, "Snake to Monster," 77-78.

9　Senter, Mattox and Haddad, "Snake to Monster," 78-79.

10　Senter, Mattox and Haddad, "Snake to Monster," 80-81.

11　Senter, Mattox and Haddad, "Snake to Monster," 79.

12　Senter, Mattox and Haddad, "Snake to Monster," 85-86.

13　Senter, Mattox and Haddad, "Snake to Monster," 82.

14　Senter, Mattox and Haddad, "Snake to Monster," 82.

ドラゴン像にかんして「蛇からモンスターへ」はコンラート・ゲスナー『動物誌』(1587) の歴史的役割を強調する。『動物誌』は、剥製のドラゴンも、空飛ぶ蛇もこれまでの全てをドラゴンとして一括し、その後のドラゴン像の規範となったこと[15]、そして、18 世紀にはドラゴンの記述は信頼性がなく、神話的生物だと見做されるようになったことを論じているのである[16]。

中国の龍

　中国の龍に関しては、蛇・鰐・雷光・架空生物説など起源が様々に議論されているが、説得力を持つのは、爬虫類学者の青木良輔が提唱したマチカネワニ起源説であろう。ここでは青木の『ワニと龍』の議論を紹介する。

龍とマチカネワニ

　十二支の中で唯一架空の生物で、虎と並ぶ存在感のある龍を、青木は絶滅したマチカネワニと比定し[17]、様々な例を挙げてこのことを説明する。青木は『礼記』『呂氏春秋』『淮南子』に「蛟を伐り、鼉を取り、亀を登げ、黿を取らしむ」とある言葉は、亀と黿、蛟と鼉が対応している言葉遣いで、亀はクサガメ、黿はマルスッポンを意味するとし、鼉（ヨウスコウアリゲーター）と対応する存在として蛟が認識されていたと論じる[18]。また、史書の『史記』には武帝が揚子江で自ら捕獲した蛟を飼育したこと、『春秋左氏伝』では伝説的な帝である舜が龍を飼うことになったこと、『春秋左氏伝』や『史記』には、伝説的な王朝である夏の帝の孔甲が、部下に龍を飼育させ、その龍が死んだのでその肉を孔甲に食べさせたこと、このような様々な記述を指摘する[20]。このころには、龍は崇拝の対象ではなかったが、西周の中頃から龍の

　　15　Senter, Mattox and Haddad, "Snake to Monster," 86.

　　16　Senter, Mattox and Haddad, "Snake to Monster," 86. 他にも髭の起源にかんしても同論文では取り上げている。

　　17　青木良輔『ワニと龍：恐竜になれなかった動物の話』平凡社新書（平凡社：2001）、29。

　　18　訓読は、『淮南子』時測訓：邦訳『淮南子』上、新釈漢文大系 54、楠山春樹訳注 (明治書院:1979)、259。による。

　　19　青木『ワニと龍』18-19。

　　20　青木『ワニと龍』19; 22-23。

神聖化がみられると青木は分析し、その原因として、紀元前903-897にはじまり、紀元前700年ころまで続く、漢水凍結に代表される寒冷期によってマチカネワニが絶滅したことを論じる。[21] そして、龍は崇拝対象を指す文字となり、かつて存在した生きものである龍を二分法によって蛟としたと論じている。[22]

　青木の説は2022年に、劉、米田、飯田、林、喬、澎の論文によって補強された。マチカネワニ近縁のハンユスクスという大型のワニが有史以降に存在し、数百年前まで存在し人為的に絶滅されたこと、そこでは唐・宋・明に至るまでワニの駆除のための祭祀と軍隊派遣の請願が行われていた記録があることなどを論じている。[23]

龍の特徴

　前漢の時代の『説文解字』には、竜は鱗虫の長で、あの世もこの世も自在、大小長短も自在であり、春分には天に昇り、秋分には淵に潜ると記述されている。[24] 宋の時代の『爾雅翼』には「王符［後漢の人］は、世俗は龍の様を馬の頭、蛇の尻尾と書いている。また、九つの動物に似ており、角は鹿に、頭は駝に、目は鬼に、項は蛇に、腹は蜃に、鱗は魚に、爪は鷹に、掌は虎に、耳は牛に似ている」とある。[25]

　このように起源が考えられている中国の龍だが、水棲の動物として、天、雲、雷、水、河などのイメージと結びつき、劉邦の父親であるという説話があるように、皇帝や王の権力の象徴となった。また、インドの仏典に記載されているナーガも龍と翻訳され、様々な説話のなかで言及されるようになった。周正律は漢代に龍のイメージがまとめられていったと論じている。そして周は、漢代において、龍は上古時代の部落のシンボルである想像上の動物の一種から、水族の長、王宮・墓の守護者、神々の乗り物・死者を天界へ導く者、というような要素を吸収しながら、神格を与えられ、神霊にまで昇格

21　青木『ワニと龍』28-29。

22　青木『ワニと龍』30-32。

23　Masaya Iijima, Yu Qiao, Wenbin Lin, Youjie Peng, Minoru yoneda and Jun Liu, "An intermediate crocodilian linking two extant gharials from the Bronze Age of China and its human-induced extinction," *Proceedings of The Royal Society B* 289, Issue 1970(09 March 2022): 3a; 4c. http://doi.org/10.1098/rspb.2022.0085.

24　『説文解字』龍部、中国哲学書電子化計画、https://ctext.org/shuo-wen-jie-zi/long-bu/zh.

25　『爾雅翼』巻二十八、中国哲学書電子計画、https://ctext.org/wiki.pl?if=gb&chapter=361278.

されていったと論じている。[26]

皇帝と爪の数

　ワニの前肢の指は5本、後肢の数は4本だが、龍の爪の数は一定ではなかった。龍の爪の歴史的な経緯について宮崎市定の議論を紹介する。

　宮崎によれば、龍の爪の数は当初規則はなく、宋の時代の皇帝専制によって事情が変化すると宮崎市定は論じる。龍は古代から君子の象徴であり、顔を龍顔というように表現していたし、衣にも龍の模様が使われていたが、唐代までは皇帝の独占ではなかった。[27] 時代が下って宋代では、皇帝は二角五爪の昇り龍を使うことになり、特別に許可された臣下だけが降り龍を使うことになった。[28] しかし、龍の人気から禁じることは出来ず、元では二角五爪だけを民間の使用禁止の対象にすることになった。[29] そのような状況のもとで、地位に応じて国王は4本、民間は3本となる。[30] そして、日本での龍の爪の少なさは、中国や朝鮮の民間の例をみてそれが龍の形の規範となったからだと宮崎は論じている。[31]

ドラゴンの神話・伝説

　このように、ギリシア・ローマでは蛇を起源に、中国ではおそらくワニを起源として様々な神話や伝説あるいは物語などで記述されてきた蛇様生物は、世界中で様々な形で語られている。『聖書』におけるリヴァイアサン、須佐之男命と八俣遠呂智、インド神話でインドラと戦うヴリトラ、ゲルマン神話でシグルズと戦うファーヴニル、他にもゲオルギウスやベーオウルフなどと神・英雄が戦う話は枚挙に暇がない。本章では、ドラゴン、龍と戦う英雄の話を見てゆくことになる。

　　26　周正律「漢代における龍の属性の多様化について」、『東アジア文化交渉研究』（2015 年3 月）、461。

　　27　宮崎市定「龍の爪は何本か」宮崎市定『中国文明論集』所載、岩波文庫（1964; 岩波書店: 1995）、342。

　　28　宮崎「龍の爪」342。

　　29　宮崎「龍の爪」342。

　　30　宮崎「龍の爪」343。

　　31　宮崎「龍の爪」344。

II. ヘラクレス

論点

神話的英雄か叙事詩的英雄か

神話的英雄に近い叙事詩的英雄

葛藤の相手は何・誰か

様々な試練があり、ここではドラゴン
退治を取り上げる

何を獲得し、何をもたらすのか

神となり、諸王家の祖となった

ギリシア神話最大の英雄であるヘラクレ
スには様々な話が語られている。ここでは、
アポロドーロス『ギリシア神話』に記載さ
れているドラゴンにかんする話を取り上げる。

モロー《ヘラクレスとレルネのヒュドラ》
1875-76 年

ヘラクレスとドラゴン

ゼウスとアルクメネの間に出来た子供であるヘラクレスは、ゼウスの正妻
ヘラクレスの嫉妬の対象となり、狂わされ、自分の子と、異母兄弟の子を殺
してしまった。その罪を償うために、10 の行いを命じられた。最終的に 12
に増やされるこの行いはヘラクレスの 12 功業と呼ばれ、その 2 番目と 11 番
目にドラゴンを倒す話がある。

ヒュドラー

> 　二番目の功業はレルネーのヒュドラー退治であった。ヒュドラーは九つの頭があり、真ん中の頭を殺さない限り、殺すことはできなかった。
>
> 　ヘラクレスは、泉でヒュドラーを見つけ、火矢で泉から外に出させて捕まえたが、蛇が片足に巻き付き、棍棒で一つの頭を打っても、二つの頭が生えてきて効果がなかった。そして、大蟹もヘラクレスの足を噛んだ。大蟹を殺した後、ヘラクレスは御者に助けを求めた。御者は燃えた木で頭の根元を焼き、頭を生えてこないようにさせ、不死の頭は地面に埋めた。
>
> 　ヒュドラーを倒すことには成功したが、御者の助けを借りたので、要求された行いに含められることはなかった。

黄金の林檎とラドン退治

　第11番目の仕事は黄金の林檎を盗むことであった。アポロドーロスは、林檎をアトラスに依頼して持ち帰らせたとあり、別の伝として、蛇（オーフィス）を退治して林檎を奪ったと書かれている。[33]他方で、アポロニウス『アルゴナウティカ』にも、ヘラクレスが大蛇ラドンを倒した次の日の様子が描かれている。

要約：ヘラクレスのラドン退治と黄金の林檎（『アルゴナウティカ』4.1395-1449）[34]

> 　イアソンとアルゴー号の一行は金の羊の毛皮を手に入れた。
> しかし、帰路にも様々な苦難があった。彼らは船を運びながら、砂漠をさ迷い、聖なる平野にたどり着いた。

　32　アポロドーロス『ギリシア神話』2.5.2, 邦訳：アポロドーロス『ギリシア神話』岩波文庫、改版、高津春繁訳（岩波書店：1978）、90-91。

　33　アポロドーロス『ギリシア神話』2.5.11, *The Library: with an English Translation*, 1, Loeb Classical Library 121, ed. James George Frazer (London: William Heinemann, 1921), 230.

　34　アポロニウス・ロディウス『アルゴナウティカ』4.1395-1449, 邦訳：『アルゴナウティカ』西洋古典叢書、堀川宏訳、（京都大学学術出版会：2019）、335-38。

そこはアトラスの庭園で、ラドンが林檎を守り、ヘスペリデスが歌を歌いながら働いている場所だった。一行は、ヘラクレスに切り裂かれ尻尾がけいれんを続け、命を失っているのを見た。
　　ヘラクレスはオリーブの棍棒と弓を持ち、矢を放ちラドンを殺したのであった。ヒュドラの猛毒を使ったため、傷口にたかるハエも干からびていて、ヘスペリデスも嘆き悲しんでいた。

ヘラクレスという名前

　ヘラクレスの名前はヘラ（神名）の栄光（クレオス）という意味である。この名前について、シシリアのディオドロスは『歴史叢書』のなかで、その経緯を語っている。

要約：ヘラクレスの名前の由来（ディオドロス『歴史叢書』4.10.1）[35]

　　ゼウスとアルクメネの間に出来た赤ん坊は、ゼウスの正妻であるヘラの嫉妬の対象であった。ヘラはこの赤ん坊を殺そうと2匹の蛇を送った。赤ん坊は恐れず、両手で蛇の首をつかみ絞め殺し、栄光を得た。ヘラの助けによって栄光を得たということで、ヘラクレスという名前を得たのである。

　このような経緯の中で誕生したヘラクレスは、全アルゴスの王とゼウスに指名されたにもかかわらず、ヘラによって引き起こされた悲劇を雪ぐために苦難の人生を歩むことになった。そしてそれは、ヘラクレスが栄光を獲得し、神へと至る道でもあったのである。

　35　Diodorus Siculus, *Bibliotheca historica*. IV.10.1, in Diodorus Siculus, *Library of History*, vol. II: Books 2.35-4.58, Loeb Classical Library 303, trans. C. H. Oldfather (Cambridge, MA: Harvard University Press, 1935), 370-73.

分析

叙事詩的英雄

　ヘラクレスは宇宙や地上の生成などに主導的にかかわっていないという点で、神話的英雄とはいい難い。しかし、神と人間との間に立ち、神々とともに巨人族と戦い、最終的には神となり、また子孫はペロポネソスを征服し、諸王家の祖となるなど人の歴史を根拠付ける存在となっている。神話的英雄と叙事詩的英雄の間に立つ人物であるといえる。

葛藤の相手

　ヘラクレスの一生は葛藤の一生であったといってよい。自分の罪を雪ぐための 12 の苦難が最も著名である。

表：ヘラクレスの 12 功業

1. ネメアーの獅子の殺害	7. クレータの雄牛の捕獲
2. レルネーのヒュドラー殺害	8. ディオメーデースの牝馬の捕獲
3. ケリュネイアの鹿の捕獲	9. アマゾーン女王ヒッポリュテーの腰帯の獲得
4. エリュマントスの猪の捕獲	10. ゲーリュオーンの牛の輸送
5. アウゲイアースの家畜の糞の運搬	11. ヘスペリデスの黄金の林檎の獲得
6. ステュムパーロスの鳥の追い払い	12. 地獄のケルベロスの捕獲

　その他にも、巨人族とオリュンポスの神々との戦いに参加し神々を勝利に導いたし、また、死の神タナトスあるいはアポロンといった神々との戦いがあった。他にも、アルゴー号に乗り込んだ英雄、アルゴナウタイの一人として、イアーソンらと共に金の羊毛を獲得する旅にも出る。あるいはトロイアやピュロスに遠征し、ケンタウロスを退治するなど様々な行為が彼の一生を彩っている。

何を獲得し、何をもたらすのか

　ヘラクレスは様々なものを獲得する。そして、彼の行いは様々な結果をもたらす。特に、彼の子孫は王となり、人間に歴史をもたらした英雄であると

いえる。ヘラクレスの一生を決定づけたヘラとは、ヘラクレスの死に際して和解する。アポロドーロスは次のようにその最後を描く。

要約：ヘラクレスの最後（アポロドーロス『ギリシア神話』2.7.7）[36]

ヘラクレスはオイカリアの王女を手に入れようとしていた。それを知った妻のデイアネイラは、ケンタウロスのネッソスの血を浸した服を渡した。

妻はそれを媚薬だと思っていたが、それはネッソスがヘラクレスを殺すための今際の際の嘘であった。それを着たところ、ヒュドラーの毒が皮膚を蝕んだ。

ヘラクレスは火葬の壇を築きそこに火を付けさせた。すると雲が彼の所に来て、彼を運び上げた。そして、不死となりヘラと和解し、ヘラの娘と結婚した。

これにより、ヘラクレスは最終的に神という至高の座を獲得したのである。

III. ベーオウルフ

論点

神話的英雄か叙事詩的英雄か

叙事詩的英雄

葛藤の相手は何・誰か

グレンデルとその母、竜

何を獲得し、何をもたらすのか

褒賞と名誉

36　アポロドーロス『ギリシア神話』2.7.7, 邦訳：109-11.

英語最古の英雄：ベーオウルフ

　『ベーオウルフ』は、8世紀の成立とされ、古英語で書かれたイングランドの叙事詩である。『指輪物語』を書いたトールキンの研究でも有名である。

　ベーオルフの三つの戦いを描かれている。様々な歴史、伝説、神話、民話、ゲルマン的要素、キリスト教的要素、中世的要素が混交して描かれている。Beowulf は beo（蜂）＋ wulf（敵）つまり、熊を意味している。

　スウェーデン南部に居住するイェーアト族の英雄ベーオルフがデネ（デンマーク）の王宮を襲ったグレンデルとその母を倒し、その後、母国の王となったベーオウルフが竜と対決し敗れる物語である。

要約：『ベーオウルフ』

第一の戦い

　デネ（デンマーク）の王、フロースガールの宮殿に巨人グレンデルがやって来て部下を殺し居座って12年経過する。それを聞いたイェーアト族（スウェーデン南部）の勇者ベーオウルフが14人の従士とともにやって来た。呪文によって刃を通さないグレンデルをベーオウルフは素手で倒し、腕をもぎ取った。グレンデルは彼の住処である沼まで逃げたがそこで死に、ベーオウルフは褒章を受け取る。

第二の戦い

　グレンデルを倒した宴の晩、その母親が襲来し、フロースガール王の部下をさらい食い殺す。沼地へ向かったベーオウルフは沼で格闘し、水底の洞窟で格闘する。フロースガール王の部下から借りた名剣フルンティングを振るったが全く効果はなかっ

37　『原典対照『ベーオウルフ』読解』長谷川寛訳注（春風社：2010）、5。
38　苅部恒徳『「ベーオウルフ」の物語世界　王・英雄・怪物の関係論』（松柏社：2006）、序論：第四章。
39　『ベーオウルフ』岩波文庫、忍足欣四郎訳（岩波書店：1990）。

た。洞窟の中にあった巨人が鍛えた霊剣で倒すことに成功した。霊剣は柄を残してとけるように消えてしまった。褒賞を受け取り、母国でも褒賞を受け取った。

第三の戦い

祖国の王となったベーオウルフは50年間王であった。塚に住む火を吐き空を飛ぶ竜の宝を荒したものがおり、復讐のために人里を襲う。宝と名誉のために彼は竜を退治しに行くが、自分の剣ネァイリングが折れ、臣下ウィグラーフがとどめを刺す。ベーオウルフは竜の毒牙によって死亡した。宝は運び出され、竜の遺骸は海に落とされた。宝の中でも良いものはベーオウルフと共に埋葬された。

分析

叙事詩的英雄

ベーオウルフは叙事詩的英雄である。この書はキリスト教徒が書いたキリスト教以前の英雄譚であるので、異教の様子を多く伺うことが出来るし、『聖書』の信仰と結びつけた記述も様々な所にみられる。ベーオウルフは様々な苦難を乗り越えて、王となり、敵の手に斃れる。また、第九章で議論する『アイルランド来寇の書』と同じように、キリスト教の歴史に繋合する試みがなされている。[40]

人物の特徴

ベーオウルフの特徴を苅部は次のように論じる。ベーオウルフは常に死を覚悟し、宝と名誉を求めるというゲルマン英雄の典型を示す。そして英雄と

---

40   Geoffrey Russom, "Historicity and Anachronism in Beowulf," in *Epic and History*, ed. David Konstan and Kurt A. Raaflaub (West Sussex: Wiley-Blackwell, 2010), 256-58.

しての姿として死を恐れない戦士であるとともに、統治者として危険を予知・回避する王という矛盾する姿が描かれる。これは通常別人を通して（例：ローランとシャルルマーニュ）描かれるがここでは、その矛盾を一人の人物が背負うことによって優れた作品になっている[41]。

葛藤の相手

グレンデル、グレンデルの母親、そして竜が葛藤の相手として現れる。宝を守るドラゴンは富を流通させず、贈与や富の授与が行われる社会における究極の悪であるという指摘もなされている[42]。

手に入れたもの

グレンデルとその母親を倒したことによって、ベーオウルフは栄誉と褒賞を手に入れる。そして、王となった彼は共同体を恐怖に陥れた竜を倒し、王としての責務を果たす。

叙述の特徴

苅部は『ベーオウルフ』の特徴を以下のように指摘している。『ベーオウルフ』は様々な歴史、伝説、神話、民話、ゲルマン的要素、キリスト教的要素が混交して作り上げられた伝説である。グレンデルの造形は巨人となっている。また、作品内では、創世記でアダムの息子で、弟を殺したカインの子孫。神の敵対者として位置づけられる。さらに、妖精、悪霊、巨人はカインの子孫だと位置づけられる。『ベーオウルフ』に先立つ『デンマーク人の事績』にも竜退治の話がある。炎を吐き空を飛ぶ龍の古い例の一つである。また、鍛冶師のウェーランド（ヴェルンド）は、『エッダ』をはじめ、ゲルマン人の伝承に登場する鍛冶師である。他にも実際に存在した王の名前も登場する[43]。

---

41   苅部恒徳『「ベーオウルフ」の物語世界』、30-32。

42   Calvert Watkins, *How to Kill a Dragon* (New York: Oxford University Press, 1995), 300.

43   苅部恒徳『「ベーオウルフ」の物語世界』29; 67-68.

IV. シグルズ

論点
神話的英雄か叙事詩的英雄か
叙事詩的英雄
葛藤の相手は何・誰か
ファーブニル、ブリュンヒルド、グンナルとその兄弟
何を獲得し、何をもたらすのか
栄光と悲劇

『エッダ』におけるシグルズ

　『ニーベルンゲンの歌』で有名なシグルズ（独：ジークフリート）は北欧神話が書かれた『エッダ』にもその事績が記されている。ここでは『エッダ』に掲載された一連のシグルズにかんする詩を紹介する。北欧と大陸ゲルマンでは内容が異なっているが、『エッダ』のものの方が、ゲルマン英雄伝説の原型を保っていると谷口幸男は論じている。[44]

アーサー・ラッカムによるグラムを得た
ジークフリート、1924 年

44　谷口幸男『エッダとサガ』（新潮社：2018 年）、第一章、2 英雄伝説、シグルズ、kindle。

要約：シグルズの生まれ（『シンフィエトリの死について』[45]）

> 　ヴォルスングの子ジグムントとエイリミ王の娘ヒョルディースとの間に出来た子がシグルズである。ジグムントは戦いで倒れ、母はヒアールブレク王の子アールヴと再婚しそこで育った。シグムントの息子のなかでシグルズは最も優れていた。

概要：シグルズの生涯（『グリーピルの予言』12世紀後半[46]）

> 　グリーピルがシグルズに予言した彼の生涯が語られる。そこでシグルズは「太陽の御座の下、シグルズ、そなたよりもすぐれた人物がこの世にあらわれることはあるまい」[47]と書かれている。

要約：ファーヴニル退治の経緯（『レギンの歌』10世紀中盤[48]）

> 　シグルズはヒアールブレクの馬小屋で、グラニという馬を選んだ。レギンという頭の良い魔術の優れた小人が来て、シグルズを養育した。そして、宝物の話を教える。
> 　カワウソに化けたレギンの兄弟オトをロキが殺して、アース神族たちはオトの皮をはいだ。フレイズマルの所で小人たちは神々を捕まえ、身代金として、カワウソの皮を黄金で満たし、外側も赤い黄金で覆えといった。神々はその通りにして、カワウソの皮を腕輪で覆って渡した。
> 　神々は息子たちが不幸になること、女性を巡って親戚同士が

　45　『シンフィエトリの死について』、邦訳：V.G. ネッケル、H. クーン、A. ホルツマルク、J. ヘルガソン編『エッダ：古代北欧歌謡集』所載、谷口幸男訳（新潮社：1973）、126。

　46　『グリーピルの予言』、邦訳：『エッダ』所載、谷口訳 127-32; 295。

　47　『エッダ』谷口訳 132。

　48　『レギンの歌』、邦訳：『エッダ』所載、谷口訳 133-37; 295。

争うことを予言した。

　レギンは兄弟ファーヴニルと、フレイズマルに宝を分けてく
れといったが断られたのでフレイズマルを殺した。

　レギンはその話を教えた後、グラムという剣を与え、ファー
ヴニルを討つようそそのかした。シグルズはまず父の仇を討ち
に行った。

要約：ファーヴニル退治（『ファーヴニルの歌』10世紀[49]）

　シグルズはファーヴニル退治に向かった。ファーヴニルは龍
に姿を変え、大きな穴を掘って、黄金をそこに納めて住んでいた。
黄金のところから出てくると、シグルズは殺した。ファーヴニ
ルは死の際で、黄金、腕輪、赤い宝がシグルズの命取りになる
と告げた。

アーサー・ラッカムによるファフニールを倒すジークフリート

49　『ファーヴニルの歌』、邦訳：『エッダ』所載、谷口訳138-43; 295-56。

レギンが戻ってきて、兄のファーヴニルの死はシグルズにも
責任があるといった。レギンはリジンという剣でファーヴニル
の心臓を切り取り、傷口から血を飲んだ。そして、心臓をあぶっ
て食べさせてくれといった。
　　シグルズは心臓の焼き加減を確かめようとしてやけどをした。
そして、心臓を口に突っ込んだ。すると鳥の声が聞こえるよう
になり、レギンが裏切ろうとしていることを鳥の声から知った。
　　シグルズはレギンを殺し、ファーヴニルの使っていたエーギ
ルの兜、黄金の甲冑、剣フロッティなどを手に入れた。

要約：シグルドリーヴァとの出会い（『シグルドリーヴァの歌』c. 900）[50]

　　シグルズは、フランケンの国に向かおうとして山上から光焔
を見た。完全武装の人間が寝ているのを見つけた。兜を外すと
女性であり、彼はグラムで鎧ケニンゲをはぎ取った。女性はシ
グルドリーヴァ（ブリュンヒルド）でオーディンに眠らされて
いるヴァルキューレであった。
　　オーディンが味方しなかった人間を助けたので、眠りの茨で
眠らせ、結婚も禁止した。しかし、彼女を恐れない人間とは結
婚してもよいといった。
　　彼女はシグルズに様々なルーンや呪文を教えた。剣の柄の上・
血溝の上・剣の峰に勝利のルーンを掘って二度、チュールの名
を唱える、などを教えたのである。

50　『シグルドリーヴァの歌』、邦訳：『エッダ』所載、谷口訳 143-48; 296。

要約：シグルズの死（『シグルズの短い歌』11c 末 / 13c 初頭）[51]

> シグルズはニヴルング族のギューキを訪れ、ギューキの息子グンナルとヘグニの兄弟と絆を結ぶ。そして、ギューキの娘グズルーンと結婚した。兄弟はブリュンヒルドに求婚するため、シグルズと共に出かけた。
>
> シグルズとブリュンヒルドは相思相愛であった。「かなうことだったら、彼こそ彼女を娶るところだったのだ」。しかし、シグルズは、ブリュンヒルドの下にたどり着く試練をグンナルに代わって（変身して）乗り越えた。
>
> グンナルとブリュンヒルドは結婚したが、彼女にとっては大変な不幸・屈辱であり、シグルズと結ばれなければ、死んでしまいたいと独り言ちた。
>
> ブリュンヒルドはグンナルにシグルズと息子を殺さねば身内のもとに戻るといった。
>
> グンナルはもう一人の弟をそそのかしてシグルズを殺しブリュンヒルドは自殺した。ブリュンヒルドは死の間際に予言を行う。グズルーンはブリュンヒルドの兄アトリ（フン族のアッティラ）と意に沿わぬ結婚をする。アトリはグンナルを蛇牢に入れて殺す。アトリもグズルーンに殺される。
>
> グズルーンはヨーナクの国へ行き、ヨーナクと子を儲け、シグルズとの娘を手放し、娘も死んでしまうことを告げる。そして、シグルズと同じ炎で火葬してほしいと伝え、死んだ。

要約：死後のブリュンヒルド（『ブリュンヒルドの冥府への旅』11c/12c 初頭）[52]

> 自殺したブリュンヒルドは死後、冥府の女巨人の館に行った。
> 女巨人は他人の亭主を追いかけるなといったが、ギョーキの子

---

51 『シグルズの短い歌』、邦訳：『エッダ』所載、谷口訳 154-61; 296-67。
52 『ブリュンヒルド冥府への旅』、邦訳：『エッダ』所載、谷口訳 162-63; 297。

供たちが自分の幸せを奪ったといい、「わたしとシグルズは決して別れない。失せよ、女巨人め」といった。

要約：ニヴルング族の末路（『ニヴルング族の殺戮』[53]）

> グンナル、ヘグニ兄弟はファーヴニルの遺産を手に入れたが、兄弟の仲は悪化した。
>
> フン族の王アトリは妹のブリュンヒルドの死がギョーキー一族のせいであると知った。和解のために兄弟はアトリと妹のグズルーンを結婚させた。アトリは兄弟をだまして招待し、アトリを蛇牢に入れ、ヘグニは心臓が切り取られ、一族も殺してしまった。

概要：『グズルーンの歌』I、II、III。(I: 11 世紀後半、II: 10 世紀中期 /12 世紀末、III: 11 世紀前半[54])

> いずれも、グズルーンの独白で成立している歌で、Iでは愛したシグルズの死を悲しむ歌である。IIでは、兄弟が優れた夫をグズルーンが持つことを許さなかったこと、アトリとの結婚は記憶を失う薬を飲んでいたからだということが描かれる。IIIではスィオーズレクとの仲を侍女の密告で疑われたグズルーンが神判（熱湯に手を入れる占い）をする。グズルーンは無事だったが、侍女はやけどを負い、沼に沈められて殺された。

53　『ニヴルング族の殺戮』、邦訳：『エッダ』所載、谷口訳 164; 297。
54　『グズルーンの歌』、邦訳：『エッダ』所載、谷口訳 151-54; 165-71; 296-97。

神話的英雄か叙事詩的英雄か

　ここでは断片的に描かれたシグルズの一生と彼が死んだ後の話を連ねて紹介してきた。ベーオウルフと同様に典型的な叙事詩的英雄であるが、ベーオウルフとは違い神々の介入・予言によってその後の悲劇的な人生が予見される。

葛藤の相手は何か、誰か

　英雄的な活動における葛藤の相手はファーヴニルであるが、愛を巡る葛藤がより重要な点となっている。シグルズとブリュンヒルドは相思相愛であったが、お互いに結婚することは出来ず、ブリュンヒルドは死してなお相手を思い続ける。シグルズは義兄弟に殺され、その義兄弟も殺されてしまう。

何を獲得し、何をもたらすのか

　ファーヴニル退治によって栄光を手に入れたが、それによってシグルズは悲劇に終わる。その悲劇の中の姿こそが、シグルズの神話を巡る重要な点となっている。

歴史化

　古い「シグルドリーヴァの歌」ではオーディンの娘となっているが、新しいものではフン族のアトリ王の妹になっている。これを歴史化という。キリスト教の導入や神話を信じなくなることで、歴史化が起こる。神的な存在やストーリーの因果関係が、歴史的な存在に置き換えられてゆく。

V.『黄金伝説』聖ゲオルギウス

論点

　神話的英雄か叙事詩的英雄か

　　叙事詩的英雄

葛藤の相手は何・誰か

　ドラゴン、異教徒

何を獲得し、何をもたらすのか

　キリスト教の正しい信仰

聖ゲオルギウス ━━━━━━

ラファエロ
《聖ゲオルギウスとドラゴン》

　『黄金伝説』 (*Legenda Sanctorum*/ *Legenda Aurea*) は 13 世紀にジェノバの大司教、ヤコブス・デ・ウォラギネによって書かれた。イエス・キリストあるいは天使ミカエル他様々な聖人伝が記述されている。この中に竜退治の聖ゲオルギウスの伝もある。

　聖ゲオルギウスは紀元後 3 世紀後半に生きたと設定された人物で、キリスト教圏ではイエス・キリスト、聖母マリアの次に有名な聖人[55]である。4 世紀東ローマ帝国で聖ゲオルギウスの話が生まれ、竜退治の画像も 4-5 世紀頃に生まれる。11 世紀に竜退治の伝説が追加されたといわれている。[56]非常に高名で、イングランドの最高勲章であるガーター勲章は聖ジョージがその記章に描かれている。イングランドの旗も聖ゲオルギウス十字。英国連邦ではジョージ・クロスという勲章もある。ジョージア、ロシアの国章にゲオルギウス十字が使われる。イングランド、ジョージア、モスクワの守護聖人でもある。他にも様々な場所で崇敬されている。[57]

要約：聖ゲオルギウス（『黄金伝説』56）[58]

> 　　カッパドキア生まれの騎士ゲオルギウスはリビュアの町シレナに立ち寄った。シレナの町には大きな湖があり、毒をもった竜が住んでいた。町の住人は退治できずに、竜は毒を町に蔓延

55　高橋輝和『聖人と竜　図説　聖ゲオルギウス伝説とその起源』（八坂書房：2017）、9。

56　高橋『聖人と竜』46-49。

57　高橋『聖人と竜』第一章。

58　ウォラギネ『黄金伝説』56, 邦訳：高橋輝和『聖人と竜』34--36; 119-22; 103。

させていた。

　毎日羊2匹を竜に与えてなだめていたが、羊が尽き、人間一人と羊を与え、籤引きでその人を決めていた。ほとんどの町の娘・息子が生贄になった後、王の娘がくじに当たった。王は国や金銀と引き換えに娘を差し出すのを止めようとしたが怒れる住人にやめることが出来なかった。

　王女が湖に行くとゲオルギウスが通りかかった。キリストの御名において助けると誓い、湖から出て来た竜に馬を走らせ、槍を突き立てた。王女に、彼女の腰帯を竜の首に投げさせると竜はおとなしくなった。その竜を町に連れてゆくと、町の住民にキリスト教に改宗すれば竜を殺すといった。町の住民は改宗し教会を国王は建てた。祭壇から湧いた水は病人を癒した。そしてゲオルギウスは去っていった。

　大規模なキリスト教迫害が行われた時、信仰を捨て偽の神を信仰する者も出て、ゲオルギウスは心を痛めた。

　ゲオルギウスは裁判官にキリスト教信仰を証し、拷問にかけられたが傷ひとつつかなかった。魔術師は呪文を唱え、異教の神に呼びかけ、毒杯をゲオルギウスに飲ませたが十字を切った彼には効果はなかった。様々な誘惑を受けたが受け付けなかった。

　ゲオルギウスは神に祈り、異教の神々の神殿を天からの火と口の空いた大地に飲み込み炎上させた。最終的にゲオルギウスは首をはねられ殉教した。

分析

叙事詩的英雄

　叙事詩的性格を持つ聖人の伝記で、キリスト教徒と信仰を守る聖人のあり方を描いている。

葛藤の相手

ドラゴンが葛藤の相手として現れる。囚われた女性を救うために、ドラゴンと戦うのであるが、単に殺してしまうわけではない。ドラゴンをおとなしくさせ、町まで連れてきて、キリスト教への改宗を条件に殺してしまう。

また、後半では迫害が大きな葛藤の相手として出現する。しかし、彼は信仰を捨てることなく、殉教してゆく。

獲得したもの

ゲオルギウスが獲得したのは女性の愛ではない。キリスト教徒を獲得し、真実の教えを伝え述べ、その信仰を維持できたこと、それこそがゲオルギウスの獲得し、人々にもたらしたもので、聖人としての姿がそこに表れているのである。

話型

怪物と戦い、女性を救出する話は世界中にあり、ペルセウス・アンドロメダ型と呼ばれる神話・伝説群として分類される。この命名の起源となったのは、次のようなものである。

要約：ペルセウスとアンドロメダ（アポロドーロス『ギリシア神話』2.4.1-5)[59]

> ペルセウスはゼウスとアルゴス王女ダナエーとの間に出来た子供で、ミュケーナイ王家の祖となった。彼はメドゥーサを石に変えてしまう、海神の娘達ゴルゴーンの一人を退治するように命じられる。メドゥーサを退治した後、エチオピアに向かいアンドロメダーと遭遇する。
>
> アンドロメダーは海の怪物の生贄にされそうになっていた。というのも、アンドロメダーの母カッシオペイアは海のニンフと美を争い、ニンフよりも美しいと自分の美を誇ったことでニ

59　アポロドーロス『ギリシア神話』2.4.1-5, 邦訳：79-84。

ンフの怒りを招いていた。海神ポセイドンもそれに共感し、高
潮と怪物を送り、アンドロメダーを生贄にすれば禍から免れる
と予言した。やむなくアンドロメダーの父ケーペウスは生贄に
するため岩に縛り付けた。

　ペルセウスは彼女を見て恋し、救出を条件に結婚を申し込ん
だ。それを容れられたため、ペルセウスは怪獣を倒し救い出した。
しかし、アンドロメダーには元々婚約者がおり、二人の婚礼に
集団であらわれペルセウスを殺そうとした。ペルセウスはメ
ドゥーサの頭を彼らに見せ石にした。

　この話は例えば、須佐之男命と櫛名田比売の話などにも共通している。ヨー
ロッパでは聖ゲオルギウスの話にあり、また『狂えるオルランド』でも翻案
され、ルッジエーロがアンジェリカを救出する話として記述される。同様の
テーマはビデオゲームの『ドラゴンクエストＩ』にもみることが出来るように、
世界中で、現在もなお翻案され続けている。

VI. アジ・ダハーカ

　アジ・ダハーカはゾロアスター教の聖典『アヴェスタ』などで語られる竜
で、アジは蛇を意味する。[60]

論点

　神話的英雄か叙事詩的英雄か

　　神話的英雄

　葛藤の相手

　　アジ・ダハーカ

　　60　野田恵剛、「ヤスナ」への訳注81、『原典完訳　アヴェスタ：ゾロアスター教の聖典』
野田恵剛訳注（国書刊行会：2020）、188。

獲得したもの

最終的な善の勝利に繋がる

アジ・ダハーカとの戦い

　ゾロアスター教では善の最高神であるアフラ・マズダーと悪の最高者であるアンラ・マニユが対立しているが、このアンラ・マニユが正しい人々を破壊するために生み出したのが3口、3頭、3眼のアジ・ダハーカである。

　ここでは『アヴェスタ』のなかの「ヤスナ」、「ヤシュト」の二つで語られているアジ・ダハーカと英雄との戦い、さらに黄色い竜との戦い、そして『ブンダヒシュン』の中での戦いを紹介する。『ブンダヒシュン』とは原初創造を意味する文書で、『アヴェスタ』よりも時代が下がり、9世紀頃に文書化されたゾロアスター教の文献である。

「ヤスナ」

　「ヤスナ」は祭式にもちいる祈願文が書かれた箇所で、その中の「ホーム・ヤシュト」という部分に書かれている。ハオマはインドではソーマに相当する語で、祭式の中で薬草ハオマを搾って飲むことが行われた。[62]

要約：二匹のアジ（「ヤスナ」9.9-9.11）[63]

> 　アースヴィヤはハオマと呼ばれる草を2番目に搾った恩恵として子供スラエータオナを得た。スラエータオナは棍棒を持ち3口3頭3眼のアジ・ダハーカを殺した。強力な悪魔でアンラ・マニユが真理の生き物を滅ぼすために物質界へと作り出したのである。
>
> 　ヤスナを3番目に搾った恩恵を得たのはサーマ家のスリタであった。恩恵として二人の子供を得た。その内の一人クルサー

61　「ヤスナ」9.8, 邦訳：『原典完訳　アヴェスタ：ゾロアスター教の聖典』野田恵剛訳注（国書刊行会：2020）、94。

62　野田恵剛、「ホーム・ヤシュト（ハオマ賛歌）」への解題『アヴェスタ』野田訳注、93。

63　「ヤスナ」9.8-9.11, 邦訳：94-95。

スパは、有角で人を呑み毒を持つ黄色い竜を殺した。その上で
は槍の様に毒が吹き上がっており、その上でクルサースパは料
理をした。悪漢は汗をかき、クルサースパは鍋を投げ飛ばした。
湯が飛び散り、クルサースパは脇へと飛びのいた。

また、『アヴェスタ』の「ヤシュト」には神々への讃歌集の中の大地神へ
の讃歌「ザームヤズド・ヤシュト」があって、その中も上記のアジ・ダハー
カ退治の話の経緯が少し詳しく描かれている。

そこでは、ザラスシュトラを除いて最も勝利に満ちた人間であるスラエー
タオナが、3口3頭3眼のアジ・ダハーカを殺した事が書かれている。そして、
ザラスシュトラを除いて最も強い人間であるクルサースパが有角で毒を持つ
黄色い竜を殺したことが、王権の象徴の光輪の移り変わりと共に記述されて
いる[64]。そして、スラエータオナの棍棒は様々な英雄に伝承され、終末の時
の救済者、アストワト・ウルタもまたその棍棒を持ち、悪魔を退治すること
が書かれている[65]。

『ブンダヒシュン』

『アヴェスタ』よりも時代が下がり、9世紀頃に成立したゾロアスター教
の文献『ブンダヒシュン』にも登場する。そこでは固有名詞は中期ペルシア
語で、例えば、アジ・ダハーカはアジ・ダハーグと、スラエータオナはフレー
ドーンのように表記される。次に、『ブンダヒシュン』におけるアジ・ダハー
グの神話とその背景情報を併せて要約する。以下は一連の話にはなっていな
いことに注意されたい。

---

64 「ヤシュト」19.9-19.50、邦訳：『原典完訳　アヴェスタ：ゾロアスター教の聖典』野田
恵剛訳注（国書刊行会：2020）、520-27。

65 「ヤシュト」20.92.-20.93、邦訳：534。

要約：『ブンダヒシュン』でのアジ・ダハーカ（『ブンダヒシュン』14-15）

全知のオフルマズドはアフレマンが力を失うまで、原初の創造から12000年かかることを知っていた。そして、両者は9000[66]年間の停戦に合意した。全知のオフルマズドは3000年間アフレ[67]マンを気絶させた。その間、オフルマズドは天地、人、星など様々[68]なものを創造し、気絶から回復したアフレマンも悪しきものを創造する。

そして、原初の創造から6000年後、アフレマンの勢力は襲ってくる。1000年後、アジ・ダハーグの悪政が1000年続く。その[69]終りにフレードーンは彼を捕まえ、王位に就く。しかし、この[70]ベーワラスプともいわれるダハーグを殺す事は出来ず、ドゥンバーワンド山に縛り付けた。

そして、創造から12000年が経とうとするころ、ダハーグは解放される。解放された時、その時、ザルドゥシュト（ザラスシュトラ）の子であるソーシャーンスが現れ、フレードーンの子孫、不死のサームの子供、ガルシャースプを蘇らせる。彼はダハーグを棍棒で殺す。[71]

時代が下って11世紀に編纂されたフェルドウスィー『王書』には、フェリドゥーンと蛇の王ザッハークとの戦いが描かれている。蛇の王ザッハークは悪霊イブリースにそそのかされ、王位を簒奪し、さらに呪われて両肩から蛇が生えた悪王として描かれる。悪政を行ったザッハークはフェリドゥーン

66 『ブンダヒシュン』1.42, 邦訳：「ブンダヒシュン (I)」野田恵剛訳『貿易風：中部大学国際関係学部論集』4,（2009年4月）：158。

67 『ブンダヒシュン』1.26, 邦訳：「ブンダヒシュン (I)」156。

68 『ブンダヒシュン』1.32, 邦訳：「ブンダヒシュン (I)」157。

69 『ブンダヒシュン』33.1, 邦訳：「ブンダヒシュン (III)」野田恵剛訳『貿易風：中部大学国際関係学部論集』6,（2011年3月）：211。

70 『ブンダヒシュン』33.2, 邦訳：「ブンダヒシュン (III)」211。

71 『ブンダヒシュン』33.32-33, 邦訳：「ブンダヒシュン (III)」、216。『ブンダヒシュン』29-9, 邦訳：「ブンダヒシュン (III)」、216ではサームが殺したとある。

にデマーヴァンド山に封印されてしまう。[72]

分析

神話的英雄

『アヴェスタ』のスラエータオナのアジ・ダハーカ退治は神話的英雄の行為に分類できる。世界そのものが善と悪との大きな戦いの渦中にあり、アジ・ダハーカは地上の真理の生き物、つまりアフラ・マズダー側の生き物を全て殺すために地上に作り出された存在である。そして、アジ・ダハーカを殺した時に使われた棍棒は世界の終末の時に、救済者によって再び使われる神話的な武器でもある。

葛藤の相手・得られるもの

「ヤスナ」でのアジ・ダハーカにかんする神話は、王権の光輪の移動と関連させて描かれているが、『ブンダヒシュン』では、王権の移動としてもっと明白に描かれている。『ブンダヒシュン』からわかることは、短期的には人々はアジ・ダハーカの圧政から救われること、そしてその戦いは長期的には、最終的に善が勝利をおさめる宇宙全体の善と悪との戦いの中に位置づけられる重要な戦いであったのだ。

VII. ドラゴンと英雄

龍は中国ではワニを起源として、そしてドラゴンはギリシアやローマでは蛇を起源として考えられ、ペルシアではまさに蛇の化け物といえる存在であった。その竜は様々な象徴として、王権の象徴であったり、悪の象徴であったりと様々な姿で世界中で使われてきた。しかし、いずれも、強大な力を持つ存在であることは共通している。

72　フェルドウスィー『王書：古代ペルシャの神話・伝説』岩波文庫、岡田恵美子訳（岩波書店：1999）、31-69。

ヒドラやラドンは神々の子孫としてヘラクレスの試練の前に立ちはだかる。ゲオルギウスは人を脅かす力として、同様にベーオルフでは人を脅かし、そして宝を独占するという社会的タブーを犯す敵として位置づけられている。シグルズも同様観点で捉えることができるだろう。そして、アジ・ダハーカは神話的な存在として世界の存立と関係する存在として描かれる。神話的英雄として、他にもインド神話のヴリトラや北欧神話のミズガルズの大蛇がそのような存在として位置づけられるだろう。

神話と祭祀
キリスト教

教会でミサと呼ばれる祭祀は何を行っているのか。これは、キリストの生涯と深くかかわっている。このコラムではミサは何を行っておりどのような意味があるのかを見てゆく。

キリスト教の名前にもなっているイエス・キリストは、イエスが人の名前で、キリストは救世主を意味する。キリスト教はユダヤ教と同じく唯一の神を信仰している。唯一の神の三つの位格、父、子、聖霊の中の子がイエス・キリストである。

『新約聖書』の四つの『福音書』に記されているように、イエスは、様々な奇跡、病気治癒や悪魔祓いなどを行いながら弟子たち（使徒）と行動を共にしていたが、弟子ユダの裏切りにより、過越祭の時に十字架に架けられ死に、復活し天に昇った。十字架に架けられる前の晩の食事が最後の晩餐といわれるものである。彼の弟子が初代教会をつくり、その後カトリックとオーソドックスに分かれ、カトリックからプロテスタントが分かれた。聖書の四つの『福音書』（マタイ・マルコ・ルカ・ヨハネ）にはイエスの生涯が描かれている。ここではカトリックにおける聖職者とその宗教行為を見てゆく。

教会と聖職者と秘跡

教会はキリストの体、キリストの花嫁だと考えられている[1]。イエスの弟子である使徒はキリストに仕え、イエスに派遣された存在である。カトリックでは司教・司祭・助祭の三層に秩序付けられており、司教は十二使徒の後継者としても位置付けられる。カトリックの聖職者は神に仕え、キリストの使者として神の計画を果たすのである[2]。

このように位置付けられたキリスト教の宗教者はキリストの代理者としてキリストのした仕事を行うことができる[3]。これを秘跡といい、位階によって実施の可否が異なる。

秘跡には七つの秘跡と準秘跡がある。秘跡には洗礼・堅信・エウカリスチア・いやし・病者の塗油・叙階・結婚があり、準秘跡には祝福・奉献・祓魔の三つがある。秘跡は聖霊の恵みを与え、準秘跡は暮らしを聖化するものと位置付けられて

---

1 『カトリック教会のカテキズム』
787-96, 邦訳：『カトリック教会のカテキズム』
日本カトリック司教協議会教理委員会訳監修
（2002：カトリック中央協議会）、248-51。

2 『カテキズム』857-58, 邦訳：267-68。

3 『カテキズム』878, 邦訳：273。

いる[4]。そのなかで、キリストが定めたエウカリスチアを典礼として行っているのがミサである[5]。

ミサ

　エウカリスチアは、キリストが最後の晩餐を行ったときに、「これを私の記念として行え」[6]といったことが起源となっている。キリストは人の罪を背負い、自らの命を神にささげることによって、人の罪を贖った[7]。ミサは、このキリストの最後の晩餐と磔刑と死、復活を記念する。信徒はキリストからパンとワインを受けた使徒と同じく、聖体を拝領することによってキリストと結びつきが強められ、小罪が許され、大罪から守られる[8]。ユダヤ人の過越祭はキリストの最後の晩餐によって完成され、来るべき終末の先取りであると考えられている[9]。そして、ミサは最後の晩餐とイエスの磔刑をミサの場所で経験するものとなっている。

ミサの次第

　ミサは主に四つの部分から成ってい

る。開会の儀、ことばの典礼、感謝の典礼、閉会の儀である。そして一般的にミサとしてイメージされるのは感謝の典礼の部分だろう。この感謝の典礼は「キリスト教生活全体の泉であり頂点」[10]とされ、大きく供え物の準備、奉献文、交わりの儀の三つに分けられる[11]。

　開会の儀でミサがはじまり、ことばの典礼では、聖書が朗読され、感謝の典礼に続く。感謝の典礼は、供物の奉納、奉献文、聖体拝領から成っている。供物の奉納では、パンとぶどう酒が祭壇に運ばれる。そして、奉献文では、パンとぶどう酒がイエス・キリストの肉・血となる。そして、聖体拝領では信徒がキリストの肉と血となったパンとぶどう酒を受けるのである。

　　4　『カテキズム』1210, 1667, 邦訳：379, 507。

　　5　『カテキズム』1337,1345, 邦訳：408、410。

　　6　ルカによる福音書 22:19, 邦訳：(新)208。

　　7　『カテキズム』602、613、邦訳：181、185。

　　8　『カテキズム』1416, 邦訳：429。

　　9　『カテキズム』1340, 邦訳409。

　　10　『教会憲章』11, 邦訳：『第2バチカン公会議公文書全集』南山大学監修（サンパウロ：1986）55。

　　11　エドワード・スリ、田中昇、湯浅俊治『ミサ聖祭　聖書にもとづくことばと所作の意味』（星雲社、2020）、8-9。

第七章

神婚譚・王権神話

Io chis induitur forma, vultuf iuvencæ
Á Ioue, dum coniusc imperiosa venit.

Furtiui fed enim Iuno bene confcia facti,
Laudat, & hanc ipfam munus habere cupit.

17

大ウォルフガング《イオを牛に変えたジュピター》1665 年

王の権威の根源

　王が王足りえる理由。これを主張するのが王権神話である。そして、王や英雄の特別さを示すために、王や英雄が、人間と神との婚姻の結果生まれた子供であるという話が神婚譚である。王や英雄を巡る様々な戦い、そして神婚譚もまた王権神話としての役割を担う。もちろん『常陸国風土記』における天女の羽衣のように、王権神話に繋がらない民話化したものもある。王権神話の場合、人の都合という観点から分析した方がより分かりやすいので、ここでは人の都合に注目しながら分析してゆく。また、それぞれの神話に附随する論点、ギリシア神話と神の多情の原因、ディオニュソスの秘儀、日本神話における産屋、ローマ神話における成り上がりを取り上げ、さらに、呼称の是非の議論の紹介も行う。そして、最後に異常出生譚と神婚譚についてまとめを行う。主要な論点としてここで取り上げるのは婚姻の相手、そして子孫である。

婚姻の相手

　誰と誰が結婚するのか。そこから生まれた子供が特殊な生まれであることが求められる。それが、神との子であり、母親はその為に不倫させられることになる。周囲も見知った男の子供であるよりも、神の子であるほうが神輿として担ぐことが容易になる。また、ギリシアや日本などのように神の子孫が至る所にいる場合、特別な婚姻の結果が必要とされる。ギリシアに侵入してきたドーリア人はヘラクレスの子孫であることを誇ったし、神武天皇は、母、祖母、曾祖母がそれぞれ海の神と山の神の娘であった。

どのような子孫が生まれたのか

　このように生まれた人物は英雄として戦争に勝ち抜き、王となる。スパルタをはじめとしたドーリアの諸ポリス、ローマ王、日本の天皇家、中国の諸

　　1　『常陸国風土記』香島郡、白鳥里、校注訳：『常陸国風土記』、『風土記』所載、新編日本古典文学全集 5、植垣節也校注訳（小学館：1997）、400-01。

王朝など、本章で紹介する例ではエスキモーのエドナの神話を除けばすべてが人の世界の王となっている神話である。

I. 日本

論点

婚姻

天の神の子孫と山の神・海の神の子供

子孫

統治者の家系となる

日向神話

　日本神話で有名な神婚譚は日向神話と呼ばれるところで語られる。伊邪那岐命・伊邪那美命の国造り、天岩戸、八俣遠呂智退治、大国主神の国造り、国譲りと神話が連続的に進行し、地上を統治するために幼子の邇邇藝命が地上に派遣される。この邇邇藝命から孫の鸕鷀草葺不合命までが日向神話と呼ばれ、曾孫の伊波礼毘古命が大和を征服し神武天皇として即位することになる。

要約：日向神話（『古事記』上）²

邇邇藝命

　邇邇藝命はあるとき木花之佐久夜毘売と出会って婚姻を提案する。父親の大山津見神は喜んで、姉の石長比売と一緒に結婚させようとした。しかし、姉は美しくなかったので、邇邇藝命は様々なものを持たせて送り返した。

　2　『古事記』上、校注訳：『古事記』新編日本古典文学全集1、山口佳紀、神野志隆光校注訳（小学館：1997）、98-139.

恥辱を感じた大山津見神がいったところは、次のようなものである。石長比売と結婚すれば長寿に、木花之佐久夜毘売と結婚すれば栄えるから二人と結婚させようとしたのだ。だから、天皇の命は代々短くなるだろうと呪った。

木花之佐久夜毘売は一夜にして出産することになった。邇邇藝命はこれは自分の子ではないかもしれないといった。木花之佐久夜毘売は産屋を作って、そこで火をつけて出産し、火傷がないことから自分の正しさを示した。

火遠理命
<small>ほおりのみこと</small>

邇邇藝命の息子の中に、火照命（兄：海幸彦）と火遠理命（弟：山幸彦）がいた。ある時、お互いの生業を交換しようと、火遠理命が提案して、三度断られたが、交換させた。

火遠理命は魚を取れず、釣り針を失ってしまった。元に戻そうとしたとき、釣り針を失ったと告白し、自分の剣を使って多くの釣り針を作って弁償しようとしたが兄は受け取らなかった。千の釣針を作っても受け取らず、元の針を返せといった。

海神の宮まで行った所、海神の娘の豊玉毘売命と出会った。火遠理命を気に入った海神は３年間宮に留めていた。釣り針を探していることを海神に告げ、探したところ、鯛の喉に引っかかっていた。

返すときに、兄より豊かになる方法を教え、それを恨んで攻めてきたら、勝つために、洪水を起こす玉と水を引かせる玉を授けた。

そして、戦闘になったので、その玉を使って勝ち、兄は配下になった。

出産のとき、産屋を作って妻の豊玉毘売命は籠っていた。火遠理命は、出産の際に海の姿に戻っているだろうから、その姿を見たいと思って見ていたら、鰐になっていた。

恥を感じた豊玉毘売命は子供を置いて、海に帰り、海の道を

閉じてしまった。

　しかし、子どもを恋しく思った豊玉毘売命は妹の玉依毘売命<ruby>玉依毘売命<rt>たまよりひめのみこと</rt></ruby>と、歌を一緒に送った。

　その子供は<ruby>鸕鷀草葺不合尊<rt>うがやふきあえず</rt></ruby>、孫が<ruby>伊波礼毘古命<rt>いわれひこのみこと</rt></ruby>。伊波礼毘古命は大和まで攻めていって、そこで初代天皇となった。

分析

婚姻

邇邇藝命<ruby>邇邇藝命<rt>ににぎのみこと</rt></ruby>

　邇邇藝命は山の神の娘と結婚する。姉妹両方と結婚せよといわれたが、姉の容姿が原因で邇邇藝命は姉だけを送り返し、短命の呪いがかけられてしまった。一夜にして妊娠・出産がはじまったので邇邇藝命は自分の子ではないといい、<ruby>木花之佐久夜毘売<rt>このはなさくやひめ</rt></ruby>は産屋に火をつけて、火傷がないことから自分の正当性を示した。

火遠理命<ruby>火遠理命<rt>ほおりのみこと</rt></ruby>

　火遠理命は邇邇藝命の子供で、失った兄の釣針を探して海神の宮にたどり着く。そこで<ruby>豊玉毘売命<rt>とよたまひめのみこと</rt></ruby>と出会う。兄を打倒し<ruby>豊玉毘売命<rt>とよたまひめのみこと</rt></ruby>と結婚する。出産のとき、産屋を作り籠っていた。火遠理命に覗いてはならないと告げていたが、火遠理命はそれを覗き、妻が鰐の姿であることを見てしまった。

子孫

　彼らの子孫から神武天皇が誕生し、大和に行き初代天皇として即位する。天皇家の祖先には山の神、海の神の血筋が入っており、彼らによっても統治の正当性を保証されているということがこの神話から理解できるのである。

産屋：清浄性

　産屋は世界の穢から出産を守るために作られる。そして、火をつけたのは、聖なる火は、嘘をついていなければ、体を傷つけないという信仰による。

　この火を浴びること、あるいは熱湯に体を浸して火傷が無ければ自分が嘘

をついていないという行為を、一般的に神判という。熱湯に手を入れる例が有名である。前章で紹介した『グズルーンの歌III』にも出てくる行為で、世界中で行われていた。

　また、日本では「見るな」というタブーは清浄性と深くかかわっている。

　日本神話のなかで禁室型（見るなのタブー）神話は伊邪那美命（いざなみのみこと）の黄泉の神話、天岩戸神話、日向神話の産屋が挙げられる。世間の穢から逃れ、清浄性を高め、無事に出産を行うための施設が産屋である。写真は京都府大原の産屋だが、平安時代の貴族のお籠り（物忌（ものいみ））もこのような小屋に籠り、地面の上で物忌を行っていた[3]。このように籠って浄化する場所を斎屋（いみや）ともいう（入口に鎌があり、悪いものが入ってこないようになっている[4]）。

大原の産屋、執筆者撮影

II. ギリシア

論点

　婚姻

　　様々な婚姻を紹介する

　子孫

　　統治者の家系となる

　ギリシア神話には様々な氏族が現れるが、特に有名な大きな二つのグループは、1. デウカリオンの末裔と、2. イナコスの末裔であろう。デウカリオンの神話は第八章で紹介するので、ここではイナコスの末裔の神話を主に取り

3　高取正男『神道の成立』平凡社選書（平凡社：1979）、24-27。
4　丸山顕誠『祓の神事』（三弥井書店：2015）、第六部第一章。

上げる。

二つの氏族

デウカリオンの末裔

　大洪水を生き延びたデウカリオンの子供がヘレーンで、ギリシア人はヘレネスと自称したとアポロドーロスはいう。ヘレーンの子供には、アイオロス、ドロース、クスートス（その子のアカイオスとイオン）がいてアイオロス、ドロース、アカイオス、イオンの4人の子孫が四大氏族である。特にアイオロスの7人の息子と5人の娘の子孫には英雄が多い。

イナコスの末裔

　河の神イナコスの娘、イオの子孫で、ここで詳しく見てゆくことになる。著名な人物としてエジプトの王ベーロスやフェニキアの王アゲノルなどがいるが、最も有名な人物はペルセウス、ヘラクレスだろう。そのヘラクレスの子孫はヘラクレイダイと呼ばれ、スパルタをはじめとするドーリア人の祖先である。

要約：ヘラクレイダイ（アポロドーロス『ギリシア神話』2.7.7-2.84）[5]

　　　ヘラクレスはゼウスとミケーネの王女アルクメネの子供であった。アルクメネがゼウスに靡かないため、夫の姿に変身して関係を持った。
　　　ゼウスはヘラクレスが生まれる時に、今日生まれるペルセウスの子孫は全アルゴスの支配者となると宣言したため、ヘラは出産を遅らせて他のペルセウスの子孫のエウリュステウスを出産させ支配者にさせなかった。
　　　エウリュステウスはヘラクレスに試練を与え、最終的にヘラクレスは神になる。

5　アポロドーロス『ギリシア神話』2.7.7-2.8.4, 邦訳：アポロドーロス『ギリシア神話』改版、岩波文庫、高津春繁訳（岩波書店：1978）、113-18。

エウリュステウスはヘラクレスの子孫が自分の支配権が脅かされることを恐れ、戦争となった。ヘラクレイダイはエウリュステウスを打ち倒した。そして、ペロポネソスを侵略して全ての都市を攻略したが、疫病が全土に蔓延した。それは、三世代たってからしかヘラクレイダイはペロポネソスに帰還できないと定められていたからである。

　最終的にペロポネソスを征服したヘラクレイダイたちは、テメノスがアルゴスを、アリストデモスの子孫がラケダイモンを、クレスポンテスがメッセネを得た。

要約：イオ（アポロドーロス『ギリシア神話』2.1.3-4）[6]

　イオはイアソスの娘あるいは河神イナコスの娘という説もある。彼女は、ゼウスとの関係をヘラに疑われた。ヘラはゼウスを問い詰め、ゼウスはイオを牛に変えて、関係を持ったことはないと答えた。

　イオは森のオリーブの木につながれるが、ゼウスはヘルメスに盗み出させる。ヘラは虻を送り、様々な場所を放浪させる。

　最終的に、エジプトに至り、元の姿に戻る。そこで子供エパポスを産むが、ヘラによって誘拐されてしまいイオはそれを探しに出かける。シリアにいると教わったので、シリア中を探し回り、子供を発見する。そして、エジプトに再び行き、王と結婚し、デメテルの像を立てた。

　エパポスの娘はポセイドンと関係を持ち、双子が生まれ、片方はフェニキアの王に、片方はエジプトの王になった。

6　アポロドーロス『ギリシア神話』2.1.3-4, 邦訳：72-74。

ゼウスはセメレーという人間と関係を持った。

ヘラはセメレーに、ゼウスはどんな事でも願いをかなえるといった。

ヘラに求婚したときと同じ姿で来てくれと頼んだ。

雷光・雷鳴と共に来たので、恐怖でセメレーは死んでしまった。

胎児をゼウスは太ももに縫い付けて、適当な時にディオニュソスを産んでヘルメスに渡して養い親に渡したが、ヘラは養い親を狂わせてしまった。

ゼウスはディオニュソスを小鹿に変えた。ディオニュソスはブドウの木を発見した。ヘラは彼を狂わせたので、エジプト、シリアをさ迷い歩いた。

デュオニソスはプリギュアのキュベラでレアに清められて秘儀を学んだ。レアより衣装を授けられた。トラキア王から追放され、海中のテティス（アキレウスの母）の所に逃れた。

トラキア王はディオニュソスにつき従っていたバッケーたちとサテュロスたちを捕まえたが、突然解放した。ディオニュソスはトラキア王を狂わせて、息子を殺させ、その後、正気に戻した。

テーバイに来て、テーバイ人の婦人たちを山の中で乱舞させた。テーバイのペンテウス王はそれを防ごうとしたが、狂気にとらわれていた母親に殺された。

アルゴスでも、人々がディオニュソスを崇拝しないので、婦人を狂気におとしいれ、乳児をバラバラにして婦人たちは殺して食べてしまった。

海賊船をやとってナクソスへ行こうとする途中、海賊に売られかけたので、船のマストと櫂を蛇に変え、船を蔦と笛の音で満たし狂わせた。海賊は海中に逃げ込み、イルカとなった。

最終的にディオニュソスは神となり、母親を冥府から連れ出

7　アポロドーロス『ギリシア神話』3.4.3-5.3, 邦訳：125-27。

し、天に昇った。
　またディオニュソスはイカリオスに葡萄を与え、醸造の方法
を教えた。イカリオスは羊飼いに葡萄酒を与え、彼らは大いに
飲んだ。そして、毒を盛られたと思い、彼を殺した。[8]

神々と人間との子供たち

　ここではゼウスと中心に、誰と関係を持ち、どのような子孫が生まれていっ
たのかを紹介する。あくまで著名な例であり、全ての例を挙げているわけで
はない。

ゼウスの愛人と子供たち

イオ
　曾孫はエジプトとフェニキアの王。子孫にヘラクレスがいる。

アルクメネ[9]
　ヘラクレスの母。ゼウスは夫の姿に化ける。

ダナエー[10]
　ペルセウスの母、黄金の雨に姿を変える。ダナエーの父は、ダナエの子に
殺されるという予言があったので閉じ込められていた。

アイギナ[11]
　河神アソポスの娘。子供はアイアコスで、アイギナ島の王、冥界の審判者
となった。

8　アポロドーロス『ギリシア神話』3.14.7, 邦訳：163-64。
9　アポロドーロス『ギリシア神話』2.4.5, 邦訳：83-84。
10　アポロドーロス『ギリシア神話』2.4.1, 邦訳：79-80。
11　アポロドーロス『ギリシア神話』1.9.3; 3.12.6, 邦訳：50; 155-56。

レダ：アイトリア王女[12]

　ゼウスは白鳥に化けて関係を持つ。子供としてカストル、ポリュデウケスを産む。アルゴナウタイに参加する。ポリュデウケスの子孫にはトロイア戦争の原因となるヘレネが生まれる。

エウロペ：フェニキア王女[13]

　牛に化けたゼウスは様々な所を駆け回る。駆け回った場所をエウロペ（つまり、ヨーロッパ）という。

　子供にミノス、ラダマンテュス、サルベドンがいる。三人とも冥府の裁判官となる。ミノスはクレタ島の王となる。

アンティオペ[14]

　ニュクテウスとポリュクソの娘。ゼウスと関係を持ち、双子を産む。彼らはテーバイの城壁を築く。

ゼウス以外の神々との子供たち

クリュセ：コリントの王女[15]

　アレスとの間にプレギュアスを儲ける。彼はアポロンの聖域デルポイ神殿を焼き討ちした。プレギュアスの娘がコロニス。

コロニス[16]

　アポロンとの間にアスクレピオスを儲ける。アスクレピオスはケイロン（ケンタウロスの賢者）に育てられ医学の神となった。

───────
　12　アポロドーロス『ギリシア神話』3.10.6-7、邦訳：148-49。
　13　アポロドーロス『ギリシア神話』3.1.1-2、邦訳：119-20。
　14　アポロドーロス『ギリシア神話』3.5.5、邦訳：128-29。
　15　パウサニアス『ギリシア案内記』9.36.1、邦訳：『ギリシア記』飯尾都人訳（龍渓書舎：1991）、647。
　16　アポロドーロス『ギリシア神話』3.10.3、邦訳：1146-47。

テュロ[17]

　河の神に恋をしたテュロと、河の神に変身したポセイドンが関係を持ちペリアスとネレウスという双子を産んだ。

　子供たちは捨てられ、馬飼いに育てられた。後にペリアスはイオルコス王になり、その過程でネレウスも追放した。

分析

婚姻と子孫：多情な神の原因

　ギリシアでは神々が非常に多くの女性と関係を持ち、その子・子孫が英雄として各地を巡り、そして王となる。デウカリオンやイオの子孫を見てわかるように、多くの王の先祖が著名な神・人物の血統を誇っている。その場合、ある集団・王が特別な正当性を主張しようと思った時に、必要になるのが、神の血統を更に補強することである。そのようにして生まれていったのが、この多情なゼウスとの子供の多さに繋がっていくのだと考えられる。

　この倫理的な乱れは様々な人々に非難され、それは様々な神学が生まれてゆく原因となる。[18]しかし、神話的な理由ももちろん存在する。第五章のソコロウスキの議論で見たように、これはギリシアの神々が異常な必然性という特徴を持っているからに他ならない。一般的な事柄なら、例えば少しの空腹なら通常事態だが、餓死しそうな空腹だと異常事態である。そのような異常事態、例えば洪水、日照り、雷、戦争、愛、憎しみなどがギリシアの神々であり、通常の人間の在り方を甚だしく良くしたり悪くしたりする存在が神と考えられたといえる。人の眼から見て異常な状況を与える存在だといえるので、人間関係にかんしても極端な存在だとギリシア人は捉えていたのだと考えられる。

　また、パウエルは次のように指摘する。ヘレニズム期の注釈者は、ゼウスの交際者が115人を数えており、その情事は神の摂理の一形態であり、また

　　17　アポロドーロス『ギリシア神話』1.9.8, 邦訳：51-52。
　　18　例えばヴェルナー・イェーガー『ギリシャ哲学者の神学』神澤惣一郎訳（早稲田大学出版部：1960）を参照せよ。

農作物の成長の比喩がその情事譚を支えていることを指摘する。[19] そしてヘラの嫉妬は一夫一妻制の秩序への大いなる脅威としてゼウスの情事をとらえており、ヘラクレスを迫害したことを指摘している。[20]

ディオニュソスと秘義

さてこのような半神の英雄のなかで一際異彩を放っているのがディオニュソスである。彼は神となり崇拝対象としてその集団は広く地中海世界に拡がっていくことになる。また、ニーチェ『悲劇の誕生』では理性的側面をアポロン的、陶酔的側面をディオニュソス的と分類したことでも著名な神である。[21]

デメテルを祭るエレウシスの秘儀のように、ディオニュソスにも教団と秘儀があった。非常に流行し、ローマ、シリア、エジプトでも教団があった。ディオニュソスは人間界の二大原理の一つとされ、一つは穀物の神デメテル、もう一つはディオニュソスの葡萄酒で、人間の苦しみを止める存在であるとされた。[22]

ディオニュソスの教団（ティアソス）では、生肉を食べる祭祀を行っていた。これは、神と人の区別を流動化させる役割を担っていたと考えられている（キリスト教のミサを想起させるが、これには異論もある[23]）。母親を冥界から連れ出した神話から、死後に死を超越・救済があると信じられていたと考えられている。[24]

19　Barry B. Powell, *Classical Myth*, Eighth Edition Global Edition, (Boston: Pearson, 2015), 161.

20　Powell, Classical Myth, 168-69.

21　フリードリッヒ・ニーチェ『悲劇の誕生』ニーチェ全集 2、筑摩学芸文庫、塩屋竹男訳（理想社：1979）（筑摩書房：1993）、「音楽の精神からの悲劇の誕生」一。

22　エウリピデス『バッカイ』275-285, 邦訳：エウリピデス『悲劇全集』4 所載、西洋古典叢書、丹下和彦訳（京都大学学術出版会：2015）、414-15。

23　H. –J. クラウク『初期キリスト教の宗教的背景』上、小河陽監訳、吉田忍、山野貴彦訳（日本キリスト教団出版局、2017）、165。

24　クラウク『初期キリスト教』172-74。

III. ローマ

　ローマの建国神話にも神婚譚が重要な役割を演じている。ここでは、紀元前1世紀に書かれた叙事詩、ウェルギリウス『アエネーイス』に描かれるローマの建国神話とプルタルコス (c.46-c.120)『英雄伝』のものを紹介する。

論点

　誰と誰が結婚したのか

　　トロイア王とアプロディテの子孫が、マルスと結婚する

　どのような子孫が生まれたのか

　　ローマ初代の王

ローマの建国神話

要約：トロイア滅亡からローマ建国へ（ウェルギリウス『アエネーイス[25]』）

> 　　トロイア王と女神アプロディテの息子である王子アエネアスはトロイ戦争を落ち延びる。
>
> 　　その旅の途中でカルタゴの女王ディドとの悲恋があり、冥界に行き帰ってくる。そして、イタリア半島にたどり着く。ウルカノスに造られた楯を得て戦うが、そこには描かれた未来のローマの予言が描かれている。女戦士カミラとの戦闘、英雄トゥルヌスとの一騎打ちなどを経て勝利をつかむ。
>
> 　　アエネアスは現地の王の娘と結婚し、外敵と戦争を行いラティウムの王となる。

　25　ウェルギリウス『アエネーイス』西洋古典叢書、岡道男、高橋宏幸訳（京都大学学術出版会：2001）。

要約：ローマ建国（「ロムルス」プルタルコス『英雄伝』[26]）

> アエネアスとラウィーニアの子が代々、ラティウム（ローマ
> とその周辺）を統治していた。現在のローマの近くアルバ丘付
> 近に住んでいたので、アルバ王といった。
>
> 11代目アルバ王が死ぬと、兄は追放されて弟が王位を奪った。
> 弟は姪を神殿の巫女にして監禁したが、神マルスと関係を持っ
> て、ロムルスとレムスが生まれる。
>
> 王位を脅かされると思った弟王は殺せと命じるが、召使は桶
> に入れて川に流す。
>
> 二人はティベリス川の精霊に助けられ、狼とキツツキに養育
> される。豚飼いが発見し、育てる。豚飼いの妻は女神ケレース（ギ
> リシアではデメテル）であった。双子は豚飼いの息子として成
> 長したが、弟のレムスは弟王の配下と争いを起こし、捕えられる。
> 双子は自分の正体を知らされる。彼らが入れられていた桶から、
> それがはっきりとわかった。
>
> そして、仲間の羊飼いとともに、王宮に攻め込み、祖父を王
> 位につけた。
>
> 双子は自分たちの王国を作ろうとしたが、双子の意見がわか
> れ、占いをした。兄の方が鷲が多く舞い降りたが、弟の方が先
> に舞い降りた。
>
> 兄は街を建設しはじめたが、弟との仲は悪くなっていった。
> 弟は兄を侮辱し、決闘を行い、弟は死んだ。兄はその街をロー
> マと名づけた。

分析

婚姻：トロイア王の子孫・ラティウム王の子孫

ローマ人はトロイアの子孫であることを誇りにしていた。一度烏有に帰し

---

26 「ロムルス」『英雄伝』、邦訳：プルタルコス『英雄伝』1、西洋古典叢書、柳沼重剛、2007年、55-71。

たトロイアがローマで不死鳥として蘇ることが『変身物語』に描かれている。[27]そして、歴史的には、ギリシアをも膝下に置いた。そのローマはアプロディテの子供である、トロイアの王子アエネアスがイタリア半島に落ち延びたところからはじまる。

アエネアスはイタリア半島でラティウムの王となる。その11代目王の娘がマルスと関係を持って出来たのが、ロムルスとレムスである。彼らは王宮から捨てられ、羊飼いに育てられ、王位を獲得するのである。

子孫：成り上がりの正当化としての捨てられた王子

ローマ神話の特徴は捨てられた王子が王位を獲得する話である。これは、つまり羊飼いの子供が王の子供であるという正当性を主張する物語でもある。身分の低い人々が王や英雄になるための物語が、捨てられた子供モチーフとして多く描かれたのだと考えられる。ローマ建国神話でいえば、人望と武力に優れた豚飼いの双子が王を殺して王に成り上がった時に、前王の娘の子供という話をでっち上げたともいうことも可能である。

あるいはほかの兄弟と比べて何が優れているのかを説明するのが、動物・賢者養育譚という場合もあるだろう。一般論として水辺では神的な存在に出会う話が多く、聖なる場所だと思われていたのかもしれない。前近代は個人の能力もさることながら、どの集団出身かというのも非常に重要な要素であったので、トップに立つにはそれなりの理由付けが必要になる。

歴史的な段階になると神の子という理由付けは難しく、奴隷から王や皇帝になったり、貧農から皇帝になったりするが、人々からの求心力を得るのは苦労することも想定できる。であるので、貧しい家で育ったが、生まれは高貴であったという理由付けが古い時代には行われ、説得力があったのだといえる。

27　オウィディウス『変身物語』15.391-407, 邦訳：オウィディウス『変身物語』2、西洋古典叢書、高橋宏幸訳（京都大学学術出版会：2020）、333-34。

Ⅳ. ベトナム

論点

誰と誰が結婚したのか

　ラク・ロク・クァンとオーク

どのような子孫が生まれたのか

　ベトナム王朝とベトナム人

ベトナムの建国神話

　ラク・ロン・クァン（貉龍君）とその妻オーク（嫗姫）の神話は、古代ベトナムの建国神話である。前2000年から紀元前後まで続いたとされる伝説的な王朝の建国神話である。神婚、卵生、英雄、文化英雄と様々な要素が詰まっており、倒す敵も巨大魚、九尾狐、巨木とバリエーションに満ちている。無敵・地上・水中を歩ける王ロク・トゥクと龍王の娘ロン・ヌーの間に生まれた子、ラク・ロン・クァンの神話で、史書の『大越史記全書』にも書かれているが、ここではより詳細に語られている民話を紹介する。

要約：ベトナムの建国（「ラク・ロン・クァンとオーク」[28]）

> 　　無敵・水中・地上を歩く王ロク・トゥクはドンディン湖で龍王の娘ロン・ヌーと出会い、スン・ランが生まれ、父の跡を継ぎラク・ロン・クァンと名乗った。
>
> 　　東南海岸で50丈を越える巨大な魚が波を起こし、船を転覆させて人間を食べていた。トゲがついた鉄棒をつくり、熱して魚に投げた。餌と勘違いして、食べ、喉が焼けた。三つに魚を切っ

28　「ラク・ロン・クァンとオーク」、グェン・カオ・ダム編訳『原語訳　ベトナムの昔話』所載、チャン・ベト・フォン、稲田浩二、谷本尚史訳（同朋舎：1990）、5-11。

た。頭は海の犬になった。

石で海の穴を閉じて逃げ道をふさぎ、犬を殺して投げた。犬頭山として今もある。胴体はマンカウ地方に流れ、犬頭水と呼ばれている。尻尾を剥いて島にかぶせ、白龍尾と呼ばれた。

ロク・ビェンで1000年生きる九尾の狐が人間に化けて女を誘拐していた。雨を降らせ、雷を鳴らし化け物を取り囲んだ。三日三晩して逃げ出そうとしたので、追いかけて頭をはねると九尾の狐になった。

誘拐された人を助け出し、穴をつぶすために、水をくみ上げるように水中の生き物に命じた。村人は帰ってきて、キツネ村として残っている。

フォンチョーではチュンダンという千丈より高い木が、朽ちてきて怪木となって動きだし、人々を食べていた。ラク・ロン・クァンは100日間戦った。山が崩れ天地はひっくり返ったが倒せず、ドラや太鼓をたたいた。楽器を恐れ木は姿を隠した。

この地方の人々は貧しかった。米の植え方、炊き方、猛獣から逃れる高床式の家、生き方を教えた。人々は返礼に宮殿を造ったが、住まず、母親の海底宮殿に帰って行った。

デライ（帝王）が北からやってきて城を築いた。労役に駆り出された人は耐え切れず、ラク・ロン・クァンに助けを求めた。彼は美少年に姿を変えて、男たちと一緒に城へ向かった。

美しい姫のオーク（媼姫）がいて、デライの娘だった。彼女は彼を好きになり、宮殿に迎え入れた。

デライは娘を探し兵を派遣したがラク・ロン・クァンは宮殿への道をふさぎ、数万の猛獣で八つ裂きにし、デライは北へ帰って行った。

オークとの間に生まれたのは袋であった。袋から100の玉が出てきて、すべて男子になった。子供たちと暮らしていたが、海底に戻りたくなったので別れを告げた。

妻・子はついていきたがったが、「私は龍族で、あなたは仙族なので一緒に長くはいられない。私は50人の子と海へ行く。あ

なたは50人の子を山に連れて行き世界を二つに分け合って支配
しよう」といった。
　100人の子供は散り散りになり百越（ベトナム民族）の祖先と
なった。長男フンブンはバンラン国の主となり、15に国を分け、
様々なことを定めた。王朝は18代続いた。

龍族と仙族

婚姻と子孫

　さながらスーパーヒーローのような特徴を持つロク・トゥックが龍王の娘と
結婚し、生まれた子供がラク・ロン・クァンである。仙族の美しい姫と結婚
し、100の玉が生まれた。ラク・ロン・クァンは龍族でもあるので、50人の
子供をそれぞれ育てることになり、それが百越の語源となる。18代続く王
朝のはじまりの神話となっている。

V. エスキモー

論点
誰と誰が結婚したのか
　犬と人の女性
どのような子孫が生まれたのか
　エスキモーや白人の始祖
　切り落とされた女性の指から海の動物が生まれた

エスキモーの神：セドナ

　犬と結婚した女性アヴィラヨックが海を支配する神セドナとなる神話がエ

スキモーに伝えられている。宮岡はアラスカのシュードア半島から東グリーンランドまで広範に分布しており、犬祖だけでなく、セイウチが祖先の話も類話として存在することを指摘している。[29]

要約：セドナ[30]

アヴィラヨックは人間の妻となりたがらなかった。白と赤の斑模様の石が犬に姿を変え、彼女はその犬と結婚した。多くの子供を産み、エスキモー、白人あるいは他の人々になった。

父親は多い子供を煩わしく思い、向いの島に追いやった。

犬の夫は毎日、父親の島に肉をもらいに行った。靴に肉を入れてもらっていた。

アヴィラヨックはある男に誘われて、小屋がたくさんある所に行った。大きく見えたので好ましく思ったからだが、実は男が高い腰掛に座っていただけでアヴィラヨックは悔やんだ。男はウミツバメであり、そのウミツバメと結婚した。

父親は連れ戻したが、ウミツバメの男が追いかけてきて、船の周りをまわった。すると、嵐にあい、死の恐怖を感じ、娘を海へ投げ入れた。娘は抵抗したため父親は指を切断した。指はクジラやアザラシになった。

娘の夫（犬）は肉を運ぶのに、靴を使っていたが、父は靴に石を入れ、一番上だけに肉を置いた。すると夫はおぼれ死んだ。そして、父親も自殺した。

娘は海に落ちて、セドナとなり、石とクジラの骨で出来た家に住んでいる。犬である夫はその家の戸口におり、父親もその家で住んでいる。

29　宮岡伯人『エスキモー：極北の文化誌』岩波新書（岩波書店：1987）、90-91。

30　Franz Boss, "The Eskimo of Baffin Land and Hudson Bay," *Bulletin of the American Museum of Natural History* 15, Part 1(1901):163-164。ほぼ全訳されたものが宮岡伯人『エスキモー：極北の文化誌』岩波新書（岩波書店：1987）、88-91 にある。

人の始祖、海の生き物の始祖

婚姻

　犬と結婚した女性が神となる。これは、子供に焦点が当たってきた他の物語とは違い、その女性そのものが主題となっている。そして、エスキモーや白人や他の人々がそこから生まれる。動物の祖先をトーテムといい、世界中で動物始祖の神話はある。父に犠牲にさせられ海に沈み、夫である犬もまた父親に殺され、父親もまた自殺する。この陰惨な話の中で、アヴィラヨックの指はクジラやアザラシとなり、本人も神セドナとなるのである。

エスキモーという呼称について

　ステュアート・ヘンリはエスキモーという呼称は差別的ではないという。ヘンリによればエスキモーは「かんじきに張る網を編む動作」を意味するが、いつのころからか、アルゴキン語系オジブワ語に「生肉を食べる人」という意味があるという無根拠の説が広がり、カナダではエスキモーという言葉は差別語とされイヌイットとなった。[31]

　他方で、アラスカではエスキモーが自身も認める公式の呼称になっている。また、グリーンランドではカナダ的にはイヌイットが住んでいるが、彼らはエスキモーという呼称で通用していることをヘンリは指摘する。[32]

　ヘンリはイヌイットとエスキモーは同じ集団のいい換えではないことを様々な例を挙げて指摘する。イヌイットは、グリーンランドからカナダ、北アラスカの集団で、ユイットは西アラスカのノートン湾より南、ベーリング海のセント・ローレンス島とチュクチ半島に住む民族を指す言葉である。[33]両者ではアイデンティティと言語が異なり、アラスカのユイットがイヌイットと同一視されることを嫌い、エスキモーと自称する例をヘンリは挙げている。[34]また、グリーンランドにも、イヌイットの他に、カラーリットが違うアイデンティティ集団として存在する。[35]

31　ステュアート・ヘンリ「イヌイットか，エスキモーか：民族呼称の問題」、『民族学研究』58/1(1993.6): 85-86.

32　ヘンリ「イヌイット、エスキモーか」86-87。

33　ヘンリ「イヌイットか、エスキモーか」86。

34　ヘンリ「イヌイットか、エスキモーか」87。

35　ヘンリ「イヌイットか、エスキモーか」86-87。

エスキモーをイヌイットに統一することによって新たな差別が発生してお
り、このようなことから、ヘンリは北アメリカ大陸原住民族集団はカナダ
以外ではエスキモーと呼んで問題はないこと、他にも、「イヌイット・ユイッ
ト」という総称や「アラスカ・エスキモー」「カナダ・イヌイット」という
ように学術レベルあるいは、エスキモー自身の文書では使われていることを
ヘンリは指摘している。

VI. メリュジーヌ物語

論点

　誰と誰が結婚したのか

　　蛇に変身させられた妖精と騎士

　どのような子孫が生まれたのか

　　諸国の王・貴族・騎士

メリュジーヌを始祖とする貴族家

　メリュジーヌという蛇女と男が婚姻する話はヨーロッパ各地に存在する
が、フランスで14世紀末から15世紀初頭にまとめられた二つのメリュジー
ヌ物語が著名である。それは、講談社学術文庫で訳出されているクードレッ
トの韻文。もう一つはジャン・ダラスによるものである。

　これは、蛇女と結婚した男が約束を守れず正体を見てしまい、妻を失う物
語である。この物語はフランスのリュジニャン家の始祖伝説になっていて、
リュジニャン家は物語と同じくエルサレム王、キプロス王やアルメニア王な
どを輩出している。

　　36　ヘンリ「イヌイットか、エスキモーか」86。
　　37　ヘンリ「イヌイットか、エスキモーか」86。

要約：『メリュジーヌ物語』[38]

フォレ伯の三男レイモンダンはイノシシ狩りの途中、親族のポワティエ伯エムリを殺してしまう。悲しんでさまよっているとき、泉でメリュジーヌとその姉妹に出会う。殺した窮地から脱出する方法をメリュジーヌから教わる。そして、新たなポワティエ伯からその泉の周辺を手に入れるようにいわれた。新伯に泉の話をしたところ、妖精だろうといわれた。

土曜にしていることを詮索しないとメリュジーヌと約束し、殺人の事実を隠したまま、領地を新ポワティエ伯からもらいメリュジーヌと結婚した。

メリュジーヌは様々な都市を造り、10人の男子を産む。非常に優れていたが、異形の箇所もあった。彼らは様々な活躍をし、キプロス王、アルメニア王、ルクセンブルク公、ボヘミア王などの地位を得た。

また、六男の歯の大きいジョフロワは巨人退治などを行った。レイモンダンもブルターニュまでの土地を征服した。

レイモンダンは土曜日に彼女が蛇の姿での入浴を見てしまうが和解した。七男のフロモンが修道院に入ったことを悲しんだ六男のジョフロワがフロモンや修道士を殺し焼き討ちをしてしまう。それを異形の妻が原因だと思ったレイモンダンは妻を呪う。その場にメリュジーヌが入ってきて、さらに妻を面罵する。面罵を受け、メリュジーヌは気絶するが、起きた時、将来の多くの不幸や少しの幸運などを予言し、蛇に変身して去っていった。

彼女の母プレジーヌも妖精であった。プレジーヌも、人間の夫に出産の際に約束を破って覗かれたため、3人の娘と共に去っていってアヴァロンで暮らした。

3人の娘はその復讐として父を呪ったが、夫を愛していたため、娘に呪いをかけた。メリュジーヌに対する呪いが土曜日に蛇の姿になるというものであった。

---

38 クードレット『西洋中世奇談集成 妖精メリュジーヌ物語』講談社学術文庫、松岡剛訳（講談社：2014）。

話はその後も続き、残る二人の姉妹の話などが語られる。

分析

婚姻

この物語は、レイモンダンが、母に蛇になる呪いをかけられた妖精メリュジーヌと結婚し、領地を繁栄させ政治的・社会的に成功してゆく物語である。他方、個人の関係は不幸であり、母親も夫に裏切られ、娘であるメリュジーヌも夫に裏切られる物語となっている。

子孫

彼らの子供には異形の存在が多く生まれた。これも、メリュジーヌから受け継がれた神的な力の表現として考えられていたのだと思われる。また、松岡剛は、この物語は、始祖伝説として、メリュジーヌの子孫の正当性を主張する物語になっており、それは家系の物語は城塞・街を保有する正当性の主張に重要であったからだと指摘する[39]。松岡はメリュジーヌの2作品はいずれもリュジニャンの家系の貴族の配下が書いていることを指摘する。ジャン・ダラスがこの物語を書いているときは英仏百年戦争が発生しており、リュジニャンがイングランド軍に占領される危険性があり、正当性を主張する必要があったことを指摘している[40]。また、ここで紹介した物語を書いたクードレットはメリュジーヌの末の息子の子孫で、英仏百年戦争で活躍しておりその活躍を称揚するものとなっていることも指摘している[41]。

39　松村剛「はじめに」クードレット『西洋中世奇談集成　妖精メリュジーヌ物語』所載、講談社学術文庫、松岡剛訳（講談社：2014年）、6-7.

40　松岡「はじめに」7。

41　松岡「はじめに」7。

VII. 東アジアの感性説話

　東アジアには指導者の感性神話が多い。感性神話とは光や風などで妊娠する内容を持つ神話である。皇帝や王などの話として伝えられており、また岳飛のような英雄にも感生譚が伝えられている。中国では殷（商）の始祖の契、周の始祖の后稷、秦の嬴氏の始祖大費は鳥の卵を飲んで身ごもっていることが『史記』には書かれている。[42]ここではモンゴルと朝鮮半島の例を挙げる。

モンゴル
要約：モンゴル部族とチンギス・ハン（『元朝秘史』[43]）

　　チンギス・カンの根源は天神（テンゲリ）の天命を授かって生まれた蒼い狼（ボルテ・チノ）であった。その妻は薄紅色の牝鹿（コアイ・マラル）であった。この子孫がモンゴル部族となった。

　　その子孫ドブン・メルゲンはアラン・ゴアと結婚し、2人の息子を儲けた。夫のドブン・メルゲンは死んだが、夫がいないのに、アラン・ゴアは3人の息子を産んだ。子供たちは父親が誰か不思議に思って母親に聞いた。

　　毎晩、白黄色の人が天窓から差し込む光に乗ってやってきて、腹を撫でていた。出ていくときは日と月の出入りのはざまに黄色の犬のように這い出ていった。そこから考えると、天の子であった。

　　5人は同じ母親から生まれた子供たちである。5本の矢を束にすれば誰にもたやすく折られることはない。といった。

　42　司馬遷『史記』本紀上、殷本紀第三：周本紀第四：秦本紀第五、邦訳：『史記』一（本紀下）、新釈漢文大系 38、吉田賢抗訳注（明治書院：1973）113-15; 143-44; 231-32。
　43　『元朝秘史』1、邦訳：『元朝秘史』上、岩波文庫、小澤重男訳（岩波書店：1997）、12-43。

その3人の子の中の一人の子孫がチンギス・カンである。

この神話もギリシア神話と同様に、全ての構成員が異常出生譚で生まれたので、指導者であるチンギス・ハンの家系が特別であると主張するために、感性神話が利用される。

朝鮮半島

要約：新羅の始祖神話（『三国史記』[44]）

林で一頭の馬が跪き、いなないていた。男が行ってみると馬が消えて卵があった。割ってみると赤ん坊が出て来た。育てると立派な大人になった。彼が新羅の最初の王、赫居世である。

要約：高句麗の始祖神話（『三国史記』[45]）

扶余王は子供がおらず、祭祀を行って子供を得ようとした。彼の馬が大きな石を見て涙を流した。その石を移動させると子供がいて、金色の蛙の形をしていた。

扶余は天神の子孫が来るというので、東に移動した。扶余王が死去して金蛙がその位を継いだ。川のほとりで河伯（川の神）の娘と会った。

娘は日光を浴びて身ごもった。そこから生まれた子供は弓に優れていたので朱蒙と名づけた（俗語で弓の名手を朱蒙といった）。7人の金蛙の息子よりはるかに優れていて、殺されそうになった。母親は朱蒙を逃がし、川の側で高句麗を建国した。

44　金富軾『三国史記』1.1、邦訳：金富軾『完訳　三国史記』上、金思燁訳（六興出版：1980）、13-14。

45　金富軾『三国史記』13.1、邦訳：281-84。

朝鮮半島の新羅と高句麗の始祖も特殊な出生によって誕生した。新羅王は卵生神話、高句麗では河神の娘が光を浴びて誕生した神話となっている。

感性説話

感性神話は単なる不倫の子というよりも、普通の男の子供が指導者になることを拒否する心性が必要とした神話なのだと思われる。漢王朝の初代皇帝である劉邦は父親がいるにもかかわらず、『史記』には蛟龍の子という話が記されている。[46] 異常な出生は指導者の卓越した資質を納得したい人びとが生んだ神話だともいえるだろう。

VIII. 異常出生譚・神婚譚

ここでは本章で紹介してきた異常出生譚、そして神婚譚をまとめて紹介する。異常出生譚として卵生説話・感性説話、神婚譚としてメリュジーヌ型と羽衣型の説話がある。

卵生説話

卵から人が生まれる話を卵生説話という。また、世界そのものも卵から生まれる話も第三章で紹介した。卵から生まれるということが神秘だと感じられたことから産み出された話だといえる。

本章で紹介したもの以外にも、東アジア、南アジア以外にも卵生説話は多く存在する。有名な所ではアンゴラの英雄ナンバラシタが卵から生まれた話[47]とエストニアの卵から生まれた王女[48]だろうか。

46　司馬遷『史記』本紀下、高祖本紀第八、邦訳：『史記』二（本紀下）、新釈漢文大系 39、吉田賢抗訳注（明治書院：1973）、504。

47　Harold Scheub, *A Dictionary of African Mythology* (Oxford: Oxford University Press, 2000), 167-68。

48　英訳からの翻訳が『むらさきいろの童話集』アンドルー・ラング編、西村醇子監修（東京創元社：2008）にある。

> ナイチンゲールが王のマンゴー果樹園に来て、実を一つ食べ
> るごとに、卵を産むことを繰り返し、全部食べてしまった。鷲
> がきて卵を食べたが一つだけジャスミンの茂みに隠れて助かり、
> 大臣が持って帰って世話をした。
>
> 卵から美しい娘が現れて、妃となって息子を産んだ。マンゴー
> の葉の下着は魔法から守ってくれていたが、それをつけ忘れて、
> 息子が他の妃に殺され、切り刻まれた。
>
> その血を口の周りに妃はつけられ、濡れ衣をかけられ死刑に
> されてしまった。遺体の体はマンゴーに、髪はジャスミンに、
> 目は小さな湖に、口はバラの花になった。心臓と肝臓は二羽の
> ナイチンゲールに変わり、朝晩悲しみの歌を歌った。
>
> 妃を忘れられない王はマンゴーの果樹園にくると、そのナイ
> チンゲールが「王が妃を殺したのではない。二羽の首を切り落
> とすと妃はよみがえる」といい、その通りにすると妃はよみが
> えった。その果樹園に城を建て、二人は幸せに暮らし、たくさ
> んの子供をもうけた。

感性説話

　光を浴びたり、卵を呑んだり、風を浴びたりして子供を身ごもるタイプの話である。東アジアに幅広く分布しており。『古事記』にも新羅王の子が感性説話によって生まれ、日本に来た話が記述されている。

　49　稲田浩二、小澤俊夫編『日本昔話通観　研究編1』パンジャブ、（同朋舎出版：1993）、61。

要約：天之日矛（あめのひぼこ）と感性説話（『古事記』中）[50]

> ある時、新羅の国の沼で日光を浴びて身ごもった女がいた。
> 女は赤い玉を産んだ。その玉を天之日矛は手に入れた。すると
> その赤い玉は女になって、天之日矛は結婚した。ある時、天之
> 日矛は妻を罵った。すると女は祖国へ帰るといって、大阪の難
> 波に来た。それが、比売碁曾神社の阿加流比売神（ひめこそ）（あかるひめのかみ）である。
>
> 天之日矛は妻を追いかけて日本に来たが、浪速の渡の神（大
> 阪付近の港の神）がそれを遮った。新羅に帰ろうとしたが、途
> 中で立ち寄った但馬国（兵庫県）の前津見（さかつみ）と結婚して子供を二
> 人もうけた。

神婚譚：メリュジーヌ型

　本章で紹介したホオリの神話、メリュジーヌの話はいずれもメリュジーヌ型といわれる話型・モチーフに分類されている。

　メリュジーヌ型を大きく五つの段階に松原は分類する。

　1.海の女性が人間の姿となって男と結婚する。2.富・子供をもたらす。3.秘密の行為をする。4.男に秘密が発見され郷土に帰る。5.子供が成功する・一族の始祖になる・女性が祭られる。[51]

神婚譚：羽衣型

　羽衣型の話は、天女が地上で水浴びをしているとき、男が羽衣を隠して天女と結婚する。あるとき、天女は羽衣を発見し、子供を残して天に帰ってゆく。日本には『風土記』に記述されているものがあり[52]、沖縄では察度王が天女と結婚したことが『中山世鑑』[53]に記述されている。動物が皮を脱ぐと女

　50　『古事記』中、応神天皇、校注訳：274-78。

　51　松原孝俊「海外の類型伝承」、『天孫降臨』日本の神話 3、所載、伊藤清司、松前健（ぎょうせい：1983）、95。

　52　『丹後国風土記』逸文、比治の真奈井　奈具の社、校注訳：483-88。

　53　『中山世鑑』『琉球資料叢書』第五、所載、伊波普猷、東恩納寛惇、横山重編（名取出版：1941）29-32。

性になるという話も羽衣に含まれ、日本の『常陸国風土記』はじめ、世界[54]中に分布している。アイルランドでは、アイルランドの伝承をもとに映画にもなっている。[55]水野祐は、4つのルートを想定している。[56]

IX. 神と王者と英雄

　神を親として英雄は生まれ、英雄は王となり、あるいは神となる。特別なことをなし遂げる人間には特別な生まれが求められる。その点に答えるのが神婚譚であり異常出生譚であるといえる。単なる人間の男として女性を訪なうだけではなく、雨や動物に姿を変える。また、アエネアスのように女神を母として生まれる英雄もいる。異常な出生にしても、光を浴びたり、卵から生まれたり、様々な形が見られる。英雄に説得力を与えるという一点に限っても様々な姿を我々は窺うことができるのである。

　54　『常陸国風土記』香島郡、白鳥里、校注訳：400-01。
　55　トム・ムーア『ソング・オブ・ザ・シー　海のうた』カートゥーン・サルーン：2014）。ニール・ジョーダン『オンディーヌ　海辺の恋人』（ウェイフェア：2009）。
　56　水野祐『羽衣伝説の探求』日本伝説シリーズ 2（産報：1977）、192-95。

神話と詩と真理 I
古代からルネサンスまで

神話は時には詩の形をとり、世界の真理を人々に告げる。神話は作者がわからず、長い時間伝承されてきたものだけではなく、特定の詩人が神話を作り出すこともある。例えば、古代ギリシアのヘシオドスは『神統記』を書いた。彼は神が自分に語り掛けたことを記述したとその中で述べている。詩人は単に思い付きを述べているのではなく、神の教えを述べていると主張する。しかし、『イリアス』と矛盾した点は多い。それでは、詩人はどのように自分の作品が真理と主張できたのか。このコラムと続くコラムではその問題を見てゆく。

古代ギリシア

古代ギリシアでは神々、特に詩の神であるムーサイが詩人に語り掛けることによって、詩人は真理を、神々の話を人に伝えることが出来た。しかし、『イリアス』と『神統記』を比べただけでも矛盾した点は多い。では、なぜそれが真理を語るものだと主張できるのか？

ベンツィは、その真実性の保障として、順序や詳細を詩人が述べることができるかを論じている[1]。ホメロスは自分の述べる順序の正しさを詩神に祈っており、オデュッセウスは言葉の美しさと詳細さで、自分の話が真実であると受け止められたことをベンツィは指摘している[2]。そして、神は時には嘘をつく可能性があり、詩人が神から真実を聞かされている事を証明するために、ヘシオドスは神の権威の証である笏を得たこと[3]、パルメニデスは神の言葉を論理的に検証することによって[4]、エンペドクレスは自身の神化を説くことによって[5]その真理性を主張したとベンツィは論じている。

しかし、哲学者たちは詩人の語った神話を否定し、真理の表現方法は詩だけではなくなる。最も分かりやすい例はプラトンであろう。プラトンは真理をミュトス（神話）とロゴス（論理）の両方を使って語ったことをバレットは指摘する[6]。ロゴスで語る方法はアリストテレスや以降の議論に続いていく。一方でバ

1　Nicolò Benzi, "The Redefinition of Poetic Authority in Early Greek Philosophical Poet-ry," Dialogues d'histoire ancienne, vol. 44/2, no. 2 (2018), 16-17.

2　Benzi, "The Redefinition," 16-17.

3　Benzi, "The Redefinition," 21.

4　Benzi, "The Redefinition," 25-31.

5　Benzi, "The Redefinition," 35-36.

6　Charles Kingsley Barrett, "Myth and the New Testament: The Greek Word Μύθος." The expository times 68, issue 11(August 1957): 345.

レットはヘレニズム期には神話で真理を語ることが好まれる傾向が強まり、その例がグノーシス主義だという[7]。

ローマから中世

このギリシアにおける神々の力を借りて詩人が真理を告げるという方法はそのままローマに移され[8]、『アエネーイス』や『変身物語』では冒頭に詩人が神々に祈願する言葉が記述されている。ローマの歴史的叙述はリウィウス（前59-17）『ローマ建国以来の歴史』（c. 前17）が最初であるが、それより前にエンニウス（前239-前169）による叙事詩『年代記』があり、社会的にも叙事詩が伝える歴史が受け入れられていたとゴールドバーグは指摘する[9]。さらに、物語によって真理を語るという方法としてベルナルドゥス・シルヴェストリスの『コスモグラフィア』が挙げられるだろう。このキリスト教の神学を論じたこの本は、韻文と散文が章ごとに交替する構成のなかで、そして様々な詩人の引用の中で、ヌースによる世界創造と人間の創造が語られる[11]。

ルネサンス：ダンテ、ミルトン

古代の詩人の伝統を踏まえてルネサンスにはダンテが現れる。ダンテ本人が案内人達に導かれて地獄・煉獄・天国を旅する叙事詩『神曲』を書いた。フランケは「信仰は潜在的に合理的なものであり、ダンテはその真理を詩という媒体で召命することを自らに課した[12]」と論じる。ダンテはスコラ哲学の人間の言語の聖なるものの表現が間接的に神へと繋がるという基盤の上で、キリスト教の啓示を俗語で語る[13]。このキリスト教の啓示の表現は『神曲』『解放されたエルサレム』『妖精女王』を通して、伝統的詩学、様々なアレゴリーを使って真理を表現する方法、として受け継がれてきたとフランケは論じる[14]。

ミルトンは『失楽園』のなかで、古代の詩人あるいはダンテと同じようにムーサイを呼び出し、霊感を受けることを

7　Barrett, "Myth," 345.

8　E.R. クルツィウス『ヨーロッパ文学とラテン中世』南大路振一、岸本通夫、中村善也訳（みすず書房：1971）、48。

9　Sander M. Goldbers, "Fact, Fiction, and Form in Early Roman Epic," in *Epic and History*, ed., David Konstan and Kurt A. Raaflaub (West Sussex: Willy-Blackwell, 2020), 178.

10　クルツィウス『ヨーロッパ文学』341。

11　翻訳はベルナルドゥス・シルヴェストリス『コスモグラフィア（世界形状詩）』秋山学 訳、『中世思想原典集成』8 シャルトル学派、上智大学中世思想研究所監修（平凡社：2002）483-580、がある。ピュシスや『コスモグラフィア』に関しては、クルツィウス『ヨーロッパ文学』ch.6 などを参照のこと。

12　William Franke, *Secular Scriptures: Modern Theological Poetics in the Wake of Dante, Literature, Religion, and Postsecular Studies* (Columbus, The Ohio State University Press, 2016), 46.

13　Franke, *Secular*, ch.1.

14　Franke, *Secular*, 103-104.

祈願する。しかし、教会にある様々なものを通して理解するカトリックと違い、直接神と繋がることを重視した改革派の信仰からミルトンは伝統的詩学に頼らずに、女神が語る女神の話を記述したのである。[15]

　古代から続いてきた伝統──真理を詩という形で語る方法──は、フランス革命を経て、ロマン主義の時代に至っても続いていく。その甚だしい例をウィリアム・ブレイクの預言詩に見ることができる。(⇒「コラム　神話と詩と真理 II」)

15　Franke, *Secular*, 105-106, 115.

第八章
洪水神話：現在の秩序の形成

「神の制裁に無関心なあたらしい人間は、
天上からの神の助けも借りないで、人生の創造者や支配者になることを望んだ」

ベルジャーエフ『現代の終末』

ボナソーネ《箱舟を去るノア》16 世紀

洪水と再生

　神話における大洪水は地上の全てを洗い流す。このモチーフは広く世界中に行きわたっている。そして、それぞれの洪水神話は洪水によって様々なことを主張する。それまでにあった秩序が終焉を迎えるという点では、次章で論じる終末論と同様であるが、次章で取り上げる神話は主に闘争や秩序の構築が主題になっている一方で、本章で取り上げる洪水神話では、世界が崩壊していく様とその原因に叙述の重点が置かれているように思われる。その洪水神話を取り上げる本章では、主題、原因、結果の三つの論点から洪水神話を分析していきたい。

主題

　同じ洪水が起こる話であっても、それぞれの洪水神話には様々な主題がある。シュメールの洪水神話では、なぜ永遠の命を持っている人間がいるのかを説明する神話となっているし、ギリシアでは王権の起源を、『聖書』では神と人間の関係を説明し、インドなどでは正しい行いと結果を教える話にもなっている。また中国では天子の徳の高さを示す話になっている。このように、様々な主題が洪水神話の中で描かれる。

原因

　洪水の原因も様々である。インド神話では周期的に世界が滅び、そして創造が行われる。ギリシアや『聖書』では、罪深い人々を滅ぼすために行われる。中国では神々の戦争の余波や理由が語られない自然災害として発生していたりもする。沖縄では津波の伝承があり、人に捉えられた言葉を話す魚を救出するために海の神が津波を引き起こす。ひとくちに洪水・津波と言っても、様々な原因が神話の中で語られているのである。

結果

結果も様々である。もちろん、洪水神話は洪水から生き延びた人が中心となって語られる。ギリシア神話や『聖書』の洪水から生き延びた人々はその後に増える人々の祖先として位置づけられる。インドや次章で話す沖縄の類話では、生き延びた聖仙や人が様々なものを産み出す存在になる。中国において治水を成功させた禹は帝となる。

人の寿命

また、洪水神話に附随する問題として、人の寿命の問題を取り上げる。神話では原初に近い人々は極めて長い寿命を持っていた。インド、シュメールや『聖書』、中国そして日本の例を取り上げながら、神話における人の寿命の観念を探っていきたい。

I. メソポタミア

大洪水が起こって選ばれた人間だけが生き残るという話は世界中にみられる。メソポタミア、ギリシア、『聖書』によるものはシュメールの洪水神話に影響を受けていても不思議ではない。本章ではまずシュメールの洪水神話と時代を下った『ギルガメシュ叙事詩』のものを見てゆきたい。

論点
　主題
　　永遠の命
　原因
　　神
　結果
　　人が永遠の命を授かる

メソポタミアの二つの洪水神話 ────────

要約：シュメールの洪水神話（『シュメール神話集成』[1]）

> （36 行破損）
>
> 私（不明）が水の破滅から人類を救済したいことを述べる。
>
> 人類誕生以来、動物が地上に溢れた。（51 行破損）
>
> 王権が天から降りてきて、人間は様々な町で神々を祭った。（101 行破損）
>
> 洪水に対して、イナンナは悲痛な嘆きをあげ、エンキも再考した。しかし天地の神々は洪水を起こすことを決定してしまっていた。
>
> 王・神官のジウスドゥラは謙虚・従順に生活をしていた。ジウスドゥラは神々の言葉によって神々が洪水を起こすことを知った。（161 行破損）
>
> 七日七晩大風・台風・洪水が暴れまわった。
>
> 王は光を船に差し込んだウトゥ神に祭祀を行った。（212 行破損）
>
> 王はアンとエンリルにひれ伏し、神々は神の生命を王に与えた。神々はディルムンの山、太陽の登る土地に彼らを住まわせた。

要約：洪水神話『ギルガメシュ叙事詩』[2]

> シュルッパクには神々が住んでいた。彼らが神々に洪水を起こさせた。アヌ、エンリル、ニヌルタ、エンヌギ、エアが彼らと共にいた。

───────────

1　「洪水伝説」、『シュメール神話集成』所載、ちくま学芸文庫、杉勇、尾崎亨訳 (筑摩書房：1978：2015)、18-23。
2　『ギルガメシュ叙事詩』11.1-196. 邦訳：『ギルガメシュ叙事詩』月本昭男（岩波書店：1996）、135-49。

家を打ちこわし葦で船を造れとした。町の人や長老には、神々は、私（ウトナピシュティム）を良く思わなくなったので、町に住めなくなり、アプスーでエアと共に住むと言えと言った。3600平方メートル、高さ60メートルの船を造り、進水させた。持てる財産、命、家族、身寄りの者、獣、職人たちを船に乗せた。雨が降り、洪水がはじまった。朝には黒雲が立ち上り、雷が鳴り、嵐が起こり、大洪水がはじまった。

　神々は驚き慌て、天に登って行った。神は縮こまり外壁に身を潜めた。

　イシュタルは泣き叫んだ。自分が神々の集いで禍事を口にしたことが原因で神と人の戦い、洪水が発生したからだ。神々もイシュタルとともに泣いた。

　七日目に嵐はおさまり、洪水は引いた。全ての人間は粘土に戻っていた。船の蓋をあけると、光が差していた。12の場所に陸地が現れ、ニシル山の上に船はとどまった。七日目に船から鳩を解き放ったが戻ってきた。つばめを解き放ったが戻ってきた。カラスを解き放ったら、帰ってこなかった。

　全ての鳥を解き放ち、祭祀を行った。神々が集まってきた。イシュタルがいった。エンリルは犠牲を取ってはならぬ。なぜなら、考えなしに洪水を起こし、人間を破滅にゆだねたからだ。エンリルがやってきて、一人も生き残ってはならないはずが生き残りがいるのを見て怒った。

　ニヌルタはエアが知っていると言った。エアはエンリルが洪水を起こしたことを怒り、寛大であること、追放されないようにせよと言った。洪水の代わりにライオン、狼、飢饉、病気・戦争を起こせばよかったのだと言った。エンリルは船の中に入ってきて、ウトナピシュティム夫婦を祝福し、神々の如くにした。

分析

主題

　メソポタミアでの洪水は永遠の命というテーマとかかわっている。ギルガメシュの洪水神話は、永遠の命を持った人の由来が語られている。そこでは、永遠の命を求めて旅をするギルガメシュが、永遠の命を持っているウトナピシュティムに話を聞いたところこの話を教えられた。神ではない人が神のように生きていることの秘密を教えるのが、メソポタミアの洪水神話の主題となっている。

原因と結果

　この二つの洪水神話は時代は違っても、概ね同じ内容となっている。シュメールのものでもギルガメシュのものでも、洪水を起こしてしまって神々は後悔する。そして、『ギルガメシュ』の洪水では、イシュタルは原因を作ったのに、実行したエンリルを責める。そして、生き残った人間は神と同じく永遠の命を授けられるのである。

箱船

　箱船で生き残るという要素は、ギリシアや『聖書』に共通しており、インドでも船で生き残る。七日七夜洪水が続き、鳥を放して無事を確認した。この箇所は『聖書』と同一の要素であるので、このギルガメシュの記述を下敷きにしていると考えられる。

II. ギリシア

論点

　主題

　　王権の正当性

　原因

　　人間の罪によって神が引き起こす

結果

　生き残った人の子孫が現在のギリシ
　ア人

人間の種族の交替

　第四章で見てきたようにギリシア神話
の歴史観は、黄金の種族、銀の種族、青
銅の種族、英雄の種族、鉄の種族と別け
られて、現在生きている人類は鉄の種族
だとされる。アポロドーロス『ギリシア
神話』では、青銅の種族が滅んだ原因は
大洪水とされ、さらにさかのぼる。ヘシ

大ウォルフガング《パルナソスにたどり着くデ
ウカリオンとピュラ》1665 年

オドス『仕事と日』では、お互いが殺し合いをして滅んだとも書かれている。
この大洪水後に生まれたのが鉄の種族の人間であり、かつての種族とくらべ
て辛苦に満ちた生活を送らねばならない。

要約：デウカリオンと洪水（アポロドーロス『ギリシア神話』7.2-3）[3]

　　プロメテウスの子供にデウカリオンがいた。プティアの地に君臨
し、エピメテウスとパンドラ（神が作った最初の女）の子ピュラー
と結婚した。

　　ゼウスが青銅時代の人間を滅ぼそうとしたとき、プロメテウスの
命令でデウカリオンは箱船を建造し、ピュラーと共に乗り込んだ。

　　ゼウスは大雨を降らせてギリシア本土を洪水で覆い、高山に逃れ
た少数以外の人間は滅んでしまった。コリントス地峡とペロポネソ
ス以外は全て水に覆われた。

　　3　アポロドーロス『ギリシア神話』7.2-3, 邦訳：アポロドーロス『ギリシア神話』岩波文庫、
改版、高津春繁訳（岩波書店：1978）41-42。

九日九夜箱船で海上を漂い、パルナッソスに流れついた。雨がやみ、箱からおりて、避難の神ゼウスに犠牲を捧げた。ゼウスはヘルメスを遣わして望みのものを選べといった。

デウカリオンは人間が生じることを選んだ。石を頭ごしに投げると人間になった。デウカリオンが投げたものは男に、ピュラーが投げたものは女となった。

デウカリオンとピュラーは先ずヘレーンを生んだ。次にアッティカの王たちが生まれる。ヘレンはニンフと結婚し、ドーリア人、イオニア人、アイオリス人の祖となる子供たちを儲けた。そして、ヘレーンはギリシア人を自分の名をとって、ヘレーンと名づけた。

分析

主題

アポロドーロスにおけるこの神話の主題は、王権の正当性を示すものだといえるだろう。アポロドーロスはこの神話に引き続き、ギリシアの諸都市の王家がデウカリオンとピュラーの子孫であることを述べる。つまり、現在の世界のはじまりを述べるとともに、王家の正当性・優越性を神々に求めている。そして、ギリシア人は自らをヘレネスと呼び習わす。現代の政体が第三ヘレン共和国と呼ばれるように現在も使われている。

原因と結果

高山に生き残りがいるということは、青銅の時代の子孫がいたという伝承があったのだと思われる。鉄の種族の人間のはじまりを教える物語で、多くの王家の人間がデウカリオンの子孫であるとアポロドーロスの中で記述されている。

III. 『聖書』

　ノアの洪水は映画にも複数回なっており、『聖書』の中でも最も著名な話の一つだろう。地上の人間が悪になってきて、神は生物を作ったことを後悔し、地上を滅ぼすことにした。ノアとその家族に箱船を造らせ、動物を乗せて生き残らせたというものである。

論点
　主題
　　神と人との和解
　原因
　　人の堕落によって神が起こす
　結果
　　ノアとその子孫が現在の人類
　　の起源

19 世紀アメリカの版画による《ノアの箱舟》

ノアの洪水の二つの伝承

　前述したように「創世記」は様々な伝承から成立している。ノアの洪水の箇所は祭司伝承とヤーウェ伝承の二つが入り混じっている。数字が細かい方が祭司伝承、描写が鮮明な方がヤーウェ伝承だと考えられている[4]。

二つの伝承の特徴

　祭司伝承：すべての動物は一つがいずつ箱船に入った。深淵の源が破れ、天の水門が開かれて洪水が起こった。150 日間大地は水に覆われていて、すべてが終わったのは 1 年と 10 日となっている。

　ヤーウェ伝承：動物雄雌七匹ずつ箱船に入った。40 日降った雨で洪水が

　4　創世記 6 への注（4）、『聖書：原文校訂による口語訳』フランシスコ会聖書研究所訳注（サンパウロ：2011）、（旧）17。

起こった。全部が終わるのは61日となっている。

　次に、『聖書』の記述に沿って、ヤーウェ伝承と祭司伝承のいずれかを表記しながら、内容を見てゆく。

要約：ノアの洪水（創世記6-9.17）[5]

第6章

（ヤ）神は人の悪が地上にはびこっていることを見て、人を造ったことを後悔し、滅ぼすことを決めたが、ノアと家族を救うことにした。

（祭）地は堕落し暴虐に満ちていた。人類絶滅をノアに告げた。

（祭）ゴフェル材で箱船を造る。長さ135メートル×高さ13.5メートル×幅22.5メートル。あらゆる生き物を二つずつ入れる。鳥、家畜などあらゆる種類の動物・食べ物を入れることを命じた。

第7章

（ヤ）箱船に家族・清い獣雄雌七匹ずつ・清くない獣一つがい・鳥七羽ずつ。七日後から40日40夜降らせて生き物を絶滅させると神は言った。

（祭）ノアは600歳であった。

（ヤ）動物つがいひとつずつ。動物がきて、七日後、洪水が起こった。

（祭）600年目の第2の月17日、深淵の源が破れ、天の水門が開かれた。

（ヤ）大雨が40日40夜降った。

（祭）同じ日、家族と動物ひとつがいずつが箱船に入った。

（ヤ）40日洪水が続いた。洪水によって箱船が浮き上がり

（祭）全てのものが死に絶えた。

　5　創世記6-9:17,邦訳：『聖書：原文校訂による口語訳』フランシスコ会聖書研究所訳注（サンパウロ：2011）、（旧）15-21。

（ヤ）陸に生きていたものはみな死んだ。

（祭）150 日間水に覆われていた。

第8章

（祭）神が風を送ると、水が治まった。深淵の源と天の水門が閉じられた。

（ヤ）雨は止んだ。

（祭）洪水開始後 150 日たって水が減りはじめた。7 月 17 日にアララト山についた。10 月 1 日に山頂があらわれた。

（祭）40 日後窓を開いて、カラスを放したが出たり入ったりするだけだった。

（ヤ）鳩を放したが帰ってきた。更に七日待って鳩を放すとオリーブの葉を口にして帰ってきた。次に放すと帰ってこなかった。

（祭）601 年 1 月 1 日に水が枯れた。2 月 27 日に大地は乾ききった。

（ヤ）ノアは外に出て、祭祀を行った。神は心の中で「わたしはもう二度と人の故に土を呪わない。人の心は若い時から悪に傾いているからである。わたしがこのたび行ったように、もう二度とすべての生き物を滅ぼすことはしない」ということなどをノアに告げた。

（祭）ノアの箱船に乗っていた全ての人・生物と神は契約した。もう洪水を起こさないことを契約した。その契約の印が虹である。

分析

主題

それまでの世界は滅ぼされ、根本的に変更され、新たな世界がはじまる。記述の意図・主題をヴォーターは次のように述べる。「古代の物語が、神と正義と慈悲を示し、人類に対する継続的配慮を示すものとして、創世記は民間伝承を宗教上の目的のために比喩的にこれを使ったのである。」[6]

6　B. ヴォーター「創世記」浜寛五郎訳、レジナルド.C. フラー、レオナルド・ジョンストン、コンレス・カーンズ編『カトリック聖書新注解書』所載、A. ジンマーマン、浜寛五郎日本語編（エ

　原因は人が罪に満ちた存在となったからで、罪ゆえに人は神の洪水によって死ぬことになる。しかし、ウトナピシュティムやデウカリオンと同じく、神が人を救うことになる。そして、神は二度と洪水を起こさないことを人と契約し、その印として虹が出るようになったのである。

IV. マヌの洪水

論点

　主題

　　人としての正しい行い

　原因

　　周期的な世界の破滅

　結果

　　周期的な世界の再生

周期的な破滅

　インド神話の世界では破壊と創造が連環的に継続しつづける。『マハーバーラタ』にもいくつもの世界の破壊と再創造の話が描かれているが、その中には洪水によるものもある。何千年も生き、あらゆることに通じる苦行者を聖仙というが、その一人、聖仙マールカンデーヤが、正しい生き方を語る中で、洪水神話も語られる。そして、マールカンデーヤは世界の破滅と再生について目撃したことを語る箇所に続く。

ンデルレ書店：1976)、211。

要約：マヌの洪水（『マハーバーラタ』3.185）[7]

　　昔、ヴィヴァスヴァット（太陽神）の子のヴァイヴァスヴァタ・マヌ（7番目のマヌ）が河で苦行をしていると、魚が大きな魚が怖いと助けを求めてきた。

　　掌で救い上げ、マヌは壺に入れ、大事に育てれば、大きく成長し、四方何十キロもあるその池からもはみ出しそうになった。マヌは、ガンジス川に魚を放し、とうとう海に放す羽目になった。

　　親切のお返しに、世界の消滅がはじまる事、船を造り、ロープを結わえ、あらゆる種と、7人の聖仙（リシ）と乗り込めと告げた。その通りにしたところ、洪水がはじまり、その魚が頭に角をつけて現れた。角にロープを結び、何年もの間、魚は船を曳き続け、てっぺんだけが出ているヒマラヤにたどり着いた。そして、ヒマラヤの山頂にロープを結わえた。

　　魚は自分の正体がブラフマーであること、マヌに生物、神々、アスラ、人間など一切を造れと命じて消えていった。マヌは生類の創造に励んだ。

分析

主題

　ヴァイヴァスヴァタ・マヌが、世界の消滅を乗り切って、次の時代の創造者となったことが語られている。世界の破滅が不可避的に発生するインド神話であっても、その破壊の姿と語られ方は多様であり、神や聖仙が人々にその出来事を教える。この神話はその中の一つの神話として語られる。

　　生き延びた存在がその後の様々なものを創造していくという話はインドに限らない。次章で紹介する沖縄県波照間島の「新生（あらまり）」という話でも、神々が降らせた油雨を生き延びた二人の男女が人以外にも様々なものを創造してゆ

　　7　『マハーバーラタ』3.158、『原典訳　マハーバーラタ』4、ちくま学芸文庫、上村勝彦訳（筑摩書房：2002）、35-64。

く話になっている。

V. 中国

論点

　主題

　　帝王の徳

　原因

　　神々の戦いなど

　結果

　　秩序が回復される

中国と洪水

　古代中国の君主は治水を行うことが非常に重要な条件であった。歴代の皇帝は治水に力を入れていたが、それは『史記』などの最も古い部分の人物たちでも変わりはない。治水にかんしてもっとも有名な神話的人物は夏王朝の創始者の禹である。洪水にかんしても、神話が様々に残されている。ここでは、女媧の治水と禹の治水をそれぞれ二つずつ紹介する。

　女媧の神話は『三皇本紀』と『淮南子』のものを紹介し、禹の治水は『史記』と『山海経』に記述されているものを紹介する。

　同様のエピソードを比較しながら説明する。『三皇本紀』は唐の司馬貞が『史記』に付け足したものである。『淮南子』は、前1世紀漢の時代、淮南王劉安が編纂させた書である。『山海経』は前4-3世紀に出来た地理書。伝説が多く盛り込まれているものである。

要約：女媧と洪水Ⅰ（『三皇本紀』上[8]）

　燧人氏（すいじん）に続いて伏犧氏（ふくぎ）が天下を支配した。次いで、女媧氏（じょか）が天下を支配した。

　蛇身人首で神聖の徳を持っていた。諸侯に共工がいて智謀に優れ、公平な刑罰を行って覇者となったが、王とはなれなかった。女媧の天下を奪おうとして、洪水を起こして押し流そうとした。

　祝融がそれを鎮めようと戦争になって共工は敗れた。共工は怒り、頭を不周山にぶつけたので山は崩れ、天下を支える柱は崩れた。

　女媧は五色の石を練って天を補修し、大亀の足を切って柱を立て、葦を焼いた灰で洪水を堰き止め、地は平らに、天は円く収まった。

要約：女媧と洪水Ⅱ（『淮南子』「覧冥訓」10[9]）

　昔、天を支える四つの柱が崩れ、九つの州は裂け、天は地を覆いつくせず、地も全てのものを載せられなかった。

　火は燃えて消えず、洪水は広がり続け、猛獣は人を食い殺し、猛禽は老人や子供につかみかかった。女媧は五色の石を練って天を補修し、大亀の足を切って、天地の柱とし、黒龍を殺して水害から国を救い、葦の燃えカスを積んで洪水を止めた。

　蒼天は修復され、四隅は修正され、洪水は干上がり、国は穏やかになり、害をなす鳥獣は死に絶え、良民は生き返った。人々は平和に暮らした。その功績は世界の全てに、名声は後世に残り、輝きは全てを照らしている。応龍の曳く車で、鬼や龍を従えて、天帝に拝謁し、休息した。そして、その功績をひけらかすことはなかった。

8　『三皇本紀』、司馬貞撰、邦訳：『史記』一（本紀上）、新釈漢文大系 38、吉田賢抗（明治書院：1973）、17-22。
9　『淮南子』「覧冥訓」10、邦訳：『淮南子』上、新釈漢文大系 54、楠山春樹訳注（明治書院：1979）、308-11。

要約：禹の治水Ⅰ（『史記』夏本紀[10]）

　　夏の禹は名前を文命という。父親は鯀で祖父は帝であった。黄帝
は高祖父である。しかし、曾祖父の代から臣下であった。帝が堯の
時代、洪水が天まで至ろうとして、人民は憂いていた。
　　治水を鯀に任せて9年たったが洪水は収まらなかった。堯は舜を
帝の代行者とし、天下を巡らせた。そして、舜は鯀を羽山に追放し、
その子の禹に鯀の仕事を継続させた。
　　舜が帝となり、禹を司空（土木工事の役職）につけた。人夫をつ
のり、水土を分け治め、山や川の格付けを行い、治水を行うことな
ど13年間休まず仕事をしつづけた。各地の川に水路を造り、自分
の衣服を粗末なものにして鬼神へ供え、測量し、開拓し、人民の暮
らしを安らかにし、様々な方策を行って水害を治めた。最終的に禹
は帝となり夏王朝がはじまった。

要約：禹の治水Ⅱ（『山海経』「海内経」[11]）

　　洪水の水は天まであふれた。その時、鯀は天帝の息壌（自然に成
長する土）を盗み出し、洪水を防いだ。天帝の許可を得なかったの
で、天帝は祝融に命じて羽山のふもとで鯀を殺させた。鯀は禹とい
う子供がいた。天帝は禹に命じて、土地の区分を定めさせて仕事を
完了させた。

　　10　『史記』本紀上、夏本紀第二、邦訳：『史記』一（本紀下）、新釈漢文大系38、吉田賢抗
訳注（明治書院：1973）73-106。
　　11　『山海経』「海内経」、邦訳：『山海経・列仙伝』全釈漢文大系33、所載、前野直彬訳注（集
英社：1975）、611-17。

分析 ─

主題

　女媧の神話も禹の神話も天子の徳の有り様を描くものとなっていて、禹の場合、夏王朝を開くことに繋がってゆく。

女媧

　女媧が対処した洪水は世界そのものの崩壊と関連している。『三皇本紀』では、共工が敗北した怒りによって洪水が発生し、それを補修したのが女媧となっている。『淮南子』では、世界の崩壊がはじまった理由は描かれていないが、単なる自然災害とは描かれていない。崩壊した自然の秩序を補修し秩序を回復したのが女媧である。

禹

　禹にまつわる神話はより歴史的な要素が加わっている。洪水は自然災害の延長であり、神々にまつわる理由は描かれない。『史記』ではより歴史的に描かれているが、『山海経』ではより神話的な表現が加えられている。また、『山海経』が引用する『開筮』では、鯀の遺体は３年たっても腐らず、名刀で割いたところ、黄色の竜に姿を変えたと書かれている[12]。神々や神話的動物などが記述されている『山海経』と、神話的なものを排除した『史記』との好対照もここから窺うことができる。

VI. 沖縄

論点

　主題

　　海の神的存在との関係

12　『山海経・列仙伝』前野訳注、611-17。

原因

自然現象・神的存在

結果

生き残り

沖縄県の様々な津波 ───────────────

　歴史的に多くの津波に見舞われてきた沖縄には、津波にかんする伝承が多く残されている。丸山顯德は沖縄の津波の伝承を、1. 原因の伝承、2. 津波除けの伝承、3. 島建の三つに分け、さらに、原因の伝承を 1.1. 人魚に関する話、1.2. 津波の後に池が出来た話、1.3. 太陽が津波を起こした話、1.4. 妖術師が津波を起こした話、の四つに暫定的に分類している[13]。以下に紹介する話は 1.1. の人魚が津波を起こした話の典型的な例である。

要約：宮古島の津波（「伊良部下地といふ村洪涛にひかれしこと」『宮古島旧記』1748）[14]

　　伊良部の中に下地という村があった。男がよなたまという魚を釣った。人面魚で物を話す魚であった。皆に見せびらかそうと、炭を熾して乾かした。その夜、隣人の子供が泣き出して止まらなかった。母親が外にでてあやしていると、遠くから「よなたま、よなたま、なぜ帰ってこないのか」と声が聞こえた。すると「炭であぶり乾かされていて帰れない。犀を送って迎えにこさせてくれ」と返事が聞こえた。母子は身の毛がよだって村に行った。母親は村人に事情を説明した。翌朝村は全て洗い流されていた。

　　13　丸山顯德「沖縄の津波伝説」、『世界の洪水神話：海に浮かぶ文明』所載、篠田知和基、丸山顯德編 (勉誠出版：2015)、292-304。

　　14　『宮古島旧記』明有文長良撰、『宮古島旧記並史歌集解』所載、稲村賢敷編（琉球文教図書：1962)、41。

242

要約：伊良皆の津波（『伊良皆の民話』[15]）

　180年前、八重山に白保という村があったが、10人くらいの人が上原に所払いになっていた。その人達が網を張って、翌日行くと、大きい魚がいて、それは人魚、今でいうジュゴンだった。包丁で殺そうとしたら、助けてくれと叫んだ。大事なことを知らせに来たが、網にかかった。明日の何時に大津波がくるので高いところに避難しなさい。近くの村にも知らせろ。三日三晩笛を吹いていたのだ。といった。そしてその魚を解放した。白保の人間にも知らせたが、村人は誰も信じなかった。

　次の日、潮が引いて、村の人間は魚取り、貝拾いにいった。たくさんとれるので、時がたつのを忘れていたが、大波がきて皆波にさらわれてしまった。新しい村を作るのに黒島から人を集めた。新しい村は高いところに作った。

分析

主題

　いずれも自然災害としての津波の原因を語り、生き残った理由と海の神話的生物との関連を告げる話になっている。

　よなたまは食料にされかけた神話的な魚で海の神によって救出される。柳田国男は海の霊だとしている。[16] 伊良皆の話では、順序が異なり、人間に好意的な言葉を話す人魚が津波の到来を告げに来たところ食料にされかける。

　宮古島の話は、たまたま気味悪がった母子が助かる話になっているが、伊良皆の伝承は人魚を助けたことによって、所払いになった人々が助かり、新たな村を建てた話になっている。これは同じ島に居所を作り上げた例である

15　「人魚と津波」話者：伊波厚徳（1901年10月13日生）、1977年2月23日採取、採取者：新垣修子、翻字者：島袋喜美子、『伊良皆の民話』所載、読谷村教育委員会歴史民俗資料館編（読谷村教育委員会歴史民俗資料館：1979）、250-52。
16　柳田国男「ヨナタマ（海霊）」、柳田国男『底本柳田国男集』別巻第三、所載（筑摩書房：1964）、122-123。

が、丸山顯德は鳥に津波の到来を教わり、津波に流されて新たな場所で村を建築した宮古島の話を紹介しており、それが 3. の島建として分類している。[17]

　海の生き物を助けたことによって津波から救われるという話は、前述の『マハーバーラタ』のヌマの洪水に同じ姿を見ることが出来る。海の生物を救って、津波をやり過ごし、別の島に居所を定める話はパプア・ニューギニアにもその姿を見ることが出来る。神であるウナギを誤った方法で殺した人々が洪水によって死に、あるいは流されてしまう。ただ神に救済された少年とその家族が、その場所の始祖となる。流されてしまった人々はアリ島に流れ着いてその島の始祖になったというものである。[18]

VII. 人間の寿命

　神話に生きていた人々の中には、古代の王あるいは人が非常に長命だと信じられていた場所が多く、その理由については明示されているもの、されていないもの、推測が可能であるものなどがある。けれども、古代の記録が全て現代人の感覚と離れていたわけではなく、司馬遷の『史記』やマネトの『エジプト史』[19]のように常識的な年数になっているものもある。それでは、なぜ極めて長命な人々が過去にいたと想定されたのか。ここでは人の寿命と神話的思惟について考えてゆく。

インド神話の時間のサイクル ─────────────

　まず取り上げるのはインド神話の時間と寿命である。四つに時代が分けられ、寿命が減る理由も明らかにされている。第三章では『マハーバーラタ』

　17　丸山顯德「沖縄の津波」308。
　18　D. S. ストウクス、B.K. ウィルソン編『パプア・ニューギニアの民話』沖田外喜治訳（未来社：1987）、207-211。
　19　伝説的な帝である尭は即位後 98 年で死去（『史記』五帝本紀）。マネトによれば、エジプトは当初神に統治され、そして半神に統治された後、そして人の時代がはじまる。神々の統治は長い例、例えば、*Excerpta Latina Barbari* による引用ではヘパイストス（プタハ）の 680 年がある (Gerald P. Verbrugghe and John M. Wikersham, *Berossos and Manetho: Introduced and Translated Native Tradition in Ancient Mesopotamia and Egypt*, Ann Arbor: The University of Michigan Press, 1996. 154.)。

のものを示したが、古い例として『マヌ法典』（前200年 - 後200年の間に成立）
のものを以下に示す。

まとめ：インドの時間（『マヌ法典』1.68-86）[20]

> 世界の基本サイクルは1ユガ（1万2千年）で、四つに分割される。
> サティヤ（クリタ）・ユガ（4800年）、トレーター・ユガ（3600年）、
> ドヴァーパラ・ユガ（2400年）、カリ・ユガ（1200年）の四つに分
> かれる。そして、またサティヤ・ユガがはじまる。ユガを1000回
> 繰り返し（1劫・カルパ）、ブラフマーの半日で、破壊がある。こ
> れを360 × 120回繰り返す。そして大破壊が起こる。
> サティヤ・ユガの時代、人間の寿命は400年、次に、300年、次
> に200年、次に100年となる。
> 71ユガは1マヌヴァンタラと言い、一人のマヌが生きる期間と
> なっている。現在は、7人目のヴァイヴァスヴァタ・マヌの時代で
> ある。

要約：なぜ寿命が減るのか（『マヌ法典』1.81-83）[21]

> クリタ・ユガが一番良い時代で、トレーター・ユガ、ドヴァーパ
> ラ・ユガ、カリ・ユガと段々悪い時代になっていく。
> これは法の冒涜によって、法が1/4ずつ減っていくからで、それ
> につれて世の中も1/4ずつ悪く、寿命も1/4ずつ減っていくことに
> なる。

　このように、世界が作られて最初の時期は一番よく、最後の時期は一番悪
い。そして、大破壊が行われ、また最初のクリタ・ユガに戻る。このような
循環的な世界観がインド神話の特徴である。

20　『マヌ法典』1.68-86, 邦訳：『マヌの法典』岩波文庫、田辺繁子訳（岩波書店：1953）
34-36。
21　『マヌ法典』1.81-83, 邦訳：36。

寿命：『聖書』

次に取り上げるのは『聖書』における寿命である。「創世記」の五章では、アダムの系図が、ノアが子供を儲けるまでが記述されている。子供を産んだ年齢とその後に生きた年数が書かれているので、アダムはレメクが生まれたときにはまだ生きていたと考えられていたことが分かる。

アダムの系図（創世記 5）[22]

名前（子の誕生時の年齢、その後生きた年数、死んだ年齢）

表：アダムの系図

1. アダム 130 800 930	7. エノク 65 300 365 （昇天）
2. セツ　105 807 912	8. メトセラ 187 782 969
3. エノシュ 90 815 905	9. レメク 182 595 777
4. ケナン 70 840 910	10. ノア 500
5. マハラレル 65 830 895	セム ハム　ヤフェト
6. ヤレド 162 800 962	

セムの系図（創世記 11.10-26）[23]

ノアが 600 歳の時に大洪水が発生する。そして、大洪水から 350 年生き、950 歳で死んだとある。バベルの塔の神話の次に、描かれるもので、この表の最後のアブラハムは最初の予言者であり、カナンを与えることを神から告げられる。

表：セムの系図

10. ノア 950[24]	16. レウ 32 207 239
11. セム　100 500 600	17. セルグ 30 200 230
12. アルパクシャド 35 403 438	18. ナホル 29 119 148
13. シェラ 30 403 433	19. テラ 70 135 205[25]
14. エベル 34 430 464	20. アブラハム
15. ペレグ 30 209 239	

22　創世記 5, 邦訳：『聖書　原文校訂による口語訳』フランシスコ会聖書研究所訳注（旧）14-15。

23　創世記 11:10-26, 邦訳：（旧）24-25。

24　創世記 5:28. Tanakh: A New Translation of The Holy Scriptures According to the Traditional Hebrew Text, (Philadelphia: The Jewish Publication, 1985), 10. および Nova Vulgata, https://www.vatican.va/archive/bible/nova_vulgata/documents/ nova-vulgata_vt_genesis_lt.html#5 による。

族長時代・出エジプト・カナン

　ヤコブの息子ヨセフは兄達にエジプトに奴隷として売られ、そこで宰相となる。カナンに飢饉が訪れ、ヨセフはその力でイスラエルの民を救う。いずれも100歳を超える長命であるが、ヨセフの110歳は現代にも存在する長命となっている。また、ユダヤ人をエジプトから脱出させたモーセは120歳[26]、その後継者であるヨシュアは110歳[27]が寿命であった。

表：族長時代の寿命[28]

20. アブラハム 100 175	22. ヤコブ 147
21. イサク 60 180	23. ヨセフ 110

なぜ寿命が減るのか：『聖書』

　このように、非常な長命が記されている『聖書』の記述であるが、その理由はいくつか言及されている。まず『聖書』創世記のノアの話がはじまる前の記事にネフィリム誕生にかんする記事がある。

引用：ネフィリム（創世記6.1-4)[29]

> 　人が地の面に増え始めて、彼らに娘たちが生まれたとき、神の子らは人の娘たちを見て好ましいと思い、望むままに彼女らを娶った。そこで主は仰せになった、「わたしの霊はいつまでも人の中に留まらない。人はまったく肉であるから。人の一生は120年に過ぎない。」
> 　神の子らが人の娘たちの所に入り、娘たちが子を生んだころ、またその後も、地上にネフィリムがいた。この者たちは太古の勇士で、名高い者たちであった。

　25　フランシスコ会訳聖書は『聖書』の記述から、145かそれ以前が享年だったと推測している。「創世記へ11章への注6」(旧)25-27。
　26　申命記34:7、邦訳：(旧) 441。
　27　ヨシュア記24:29、邦訳：(旧) 507。
　28　アブラハムは創世記21.5; 25.7、邦訳：(旧)43; 54、イサクは創世記35.27、邦訳：(旧)78、ヤコブは創世記47.28、邦訳：(旧)104、ヨセフは創世記50.22、邦訳：(旧)111。
　29　創世記6:1-4、邦訳：(旧) 15-16。

この120年というのは、巨人の寿命、洪水までの期間あるいは洪水後の人の寿命を指している可能性が指摘されている[30]。それでは、なぜ寿命は長く、そして人の寿命が減ってきたのだろうか。キリスト教では、罪の問題が関連していると考えられている。

　ヴォーターは罪と寿命を関連させて捉えている。その議論を要約すれば、次のようになる。バビロニアと同じく、洪水前が10代、洪水後が10代である。これはバビロニアの洪水伝説に対応している。シュメールとは違い、人間の寿命が1000年を越えないのは、1000が神と関連する数字であるからである。そして、寿命の短縮は罪に対する罰である。罪なき人の寿命が長い。エノク以外は皆、地上で死を迎える。エノクは義人であり、神が自分の手元に置くために天に登った。エノクの親子も寿命が長い。それは、エノクの義の影響であり、孫の短命はエノクの義の影響が終わったことを示す。ノアの父レメクの777歳、（182歳・595歳）も7の倍数である。アダム以降の人間と共に生きた年数も7の倍数となっているのは安息日と関係がある。数字の加算・乗算で様々な意味が捉えられるし、非常に象徴的で、現在はもはや不明なものもあると考えられている[31]。

シュメール王朝表（王名表）

　ヴォーターが言及するバビロニアの話題は、『シュメール王朝表（王名表）[32]』を指す。天から降りて来た王権が誰に継承されていったのか、という観点で書かれているものである。ここには、誰が何年、どこで王をしていたかが書かれている。在位の長さは極めて長いものが多い。

　30　ヴォーター「創世記」§156e。R. デヴィッドソン『創世記：ケンブリッジ旧約聖書注解』I、大野恵正訳（新教出版社：1986）、77。デレク・キドナー『ティンデル聖書注解創世記』遠藤嘉信、鈴木英昭訳（いのちのことば：2008）、108。
　31　ヴォーター「創世記」§145。
　32　The Sumerian King list, in J. A. Black, G. Cunningham, J. Ebeling, E. Flückiger-Hawker, E. Robson, J. Taylor, and G. Zólyomi, The Electronic Text Corpus of Sumerian Literature (http://etcsl.orinst. ox.ac.uk/), Oxford 1998–2006. https://etcsl.orinst.ox.ac.uk/cgi-bin/etcsl.cgi?text=t.2.1.1&display=Crit&char-enc=gcirc#.

初期王朝（在位年数）

　アルリム（28800年間）、アラルガル（36000年間）、エン・メン・ル・アナ（43200年間）、エン・メン・ガル・アナ（28800年間）、ドゥムジ（36000年間）、エン・メン・ジッド・アナ（28800年間）、エン・メン・ドゥル・アナ（21000年間）、ウバラ・ツツ（18600年間）

大洪水以降

　キシュ第一王朝：全部で23人の王が即位する。10代続き、最長は1500年のエタナ、最短は140年間のザムグ。

　ウルク第一王朝：全12人が即位。最長1200年間のルガルバンダ、最短は6年間のメラムアンナである。

　常識的な長さになるのは、王朝が何度も交替した後のアクシャク王朝以降であるが、洪水以前・洪水以降で寿命が大幅に減っている。長命の理由は『王名表』には書かれていないが、それは次の中国の記録も同様である。

中国

中国『三皇本紀』

　『三皇本紀』は唐の時代に司馬貞が書き『史記』に組み込んだものである。天地開闢に続く話として、燧人氏に代わって天下の王となった伏犠、女媧、神農の話、別の説として三皇（天皇・地皇・人皇）の話が記述されている。彼らの後、黄帝以下五帝の時代がはじまる。

要約：『三皇本紀』[33]

> 　天皇は12人の兄弟でそれぞれ18000年間王位にあった。地皇は十一人がそれぞれ18000年間王位にあった。人皇は九人が王位につき150世、在位は合計45,600年であった。

33　『三皇本紀』邦訳：24-25。

その後、『春秋緯』の引用として、開闢から魯の哀公14年（前481年）まで、3,276,000年、10の時代に分けられる。10番目の時代が黄帝の時代で、1から9番目の時代が三皇の時代であるとしている。

　世界のはじまり、および王権のはじまりについてシュメールや中国でその数字が採用された根拠はあると思われるが、詳細は伝わっていない[34]。これは、スケールが小さくなった日本においても同じである。

日本

　日本では第七章で、紹介したように、天皇の寿命は呪いによって縮まったはずであるが、初期の天皇の寿命は非常に長命である。まず、それを一覧する。寿命は基本的に『日本書紀』を用い、『古事記』で異なった寿命がある場合、記とした。

表：天皇の寿命（『日本書紀』『古事記』）

1. 神武天皇（137歳）	9. 開化天皇（115歳）
2. 綏靖天皇（84歳）	10. 崇神天皇（120歳）
3. 安寧天皇（57歳）	11. 垂仁天皇（140歳）
4. 懿徳天皇（77歳）	12. 景行天皇（143歳）
5. 孝昭天皇（113歳）	13. 成務天皇(107歳)
6. 孝安天皇（137歳）	14. 仲哀天皇（52歳）
7. 孝霊天皇（128歳）	15. 応神天皇（紀：111歳、記：130歳）
8. 孝元天皇（116歳）	16. 仁徳天皇（紀：110歳、記：83歳）

天皇の寿命

　日本の初期の天皇の寿命が長すぎるといっても、他と比べるとそうでもない。その理由を論じたものとして辛酉革命説がある。辛酉革命説は、中国で革命が起こるのは辛酉の年だという説を日本に当てはめたとするもので、神武天皇の即位が辛酉一月一日と『日本書紀』にあるところからはじまる。この説をもとに年齢を増やしていったという説である[35]。

34　例えば、『シュメール王名表』の寿命にかんしては、Young, Dwight W. "The Incredible Regnal Spans of Kish I in the Sumerian King List." *Journal of Near Eastern Studies* 50, no. 1 (1991): 23–35. などを参照せよ。

35　那珂通世『増補　上世年紀考』増補三品彰英、養徳社、(1898)1948年、第一章。などを参照のこと。

『日本書紀』では、天祖の降臨から神武東征まで179万2470年と数年が計上されており[36]、長大な歴史観と無縁ではなかったことがわかる。様々な理由の中で、他の神話と同様に数字が計上されていったのだろう。

寿命の理由

　長寿の理由は様々な原因を考えることができる。間違いなくいえることは神話的な思考において、過去の人間の寿命は非常に長かったと捉えられていたことだろう。これは現在の進歩史観つまり、昔は悪く、未来は良くなるという考え方を古代では採用していなかったことが原因だと考えられる。
　古代、人は狩猟採集を行っていたが、人口増に食糧増産が追いつかず、マルサスの罠に入り込んだ。それを回避できた共同体は農業を採用したが、結果として貧困に陥ってしまった。この記憶が、過去を理想化する神話の原因になっているのではないかと、オデット・ガローは論じている[37]。これは本章や第四章で紹介したギリシアの五つの人の種族の幸不幸を見ればわかる。黄金の時代の人間は幸せで死後神霊になった。銀の時代の人間は100年生きたが苦しみを味わう。青銅の時代は互いに殺し合い、英雄の時代では優秀さを取り戻すものの、現在の辛苦に満ちた鉄の種族と人が変わっていく。ガローによれば、狩猟採取時代と農耕時代の平均寿命に変化は無かった[38]。それでも、神話のなかで寿命が長いことの理由として、過去の時代の神話化、つまり金の時代の幸福から鉄の時代の不幸への変化などのように過去の方が良い時代であったという観念が想定された寿命の長さにも影響しているのではないだろうか。また、過去の人間の方が神の近くで暮らしており、それが古代の理想化、寿命の長さの想定に繋がっているのかもしれない。

36　『日本書紀』巻第三、校注訳：192-193。
37　オデット・ガロー『格差の起源：なぜ人類は繁栄し、不平等が生まれたのか』柴田裕之訳（NHK出版：2022）、第一部、第二章、なぜ農耕が始まったのか、kindle。
38　ガロー『格差の起源』第一部、第二章、経済の氷河期、kindle。

VIII. まとめ

　洪水神話の幅は広く、世界中に分布している。エジプトでもセクメトが人を殺した後、ビールが地面を覆う神話は、深谷[39]やマクドナルド[40]が洪水伝説との関連を指摘している。他にもマヤやアステカ、南米、東南アジアなど様々な所に存在する。本章以外でも、様々なものが洪水伝説に含みえる神話を紹介している。

　洪水神話は、篠田知和基がいうように「やり直しの創世神話」[41]であろう。そして、彼のいうように、その想像力は『同時代ゲーム』や『日本沈没』にまで続き、世界の洪水と終末論、文明のはじまりと終わりについての想像の形におけるものだといえる[42]。次章で検討する戦争・闘争では新たな秩序の形成にかんする問題がより重点的に捉えられる一方で、洪水神話は既存の秩序の崩壊がより強く現れている神話であるといえるだろう。

　39　深谷雅嗣「エジプトの『人類殺戮の物語』：もう一つの洪水神話」(パワーポイントプレゼンテーション、第7回神話学研究会、筑波大学東京キャンパス、文京区、東京、2020年3月1日)。
　40　Logan A. McDonald, "Worldwide Waters: Laurasian Flood Myths and Their Connections," *University Honors Program Theses* (2018): 381.11-37.
　41　篠田知和基「序言　洪水神話：アジアからの視点」、『世界の洪水神話：海に浮かぶ文明』所載、篠田知和基、丸山顯德編（勉誠出版：2005）、7。
　42　篠田知和基「序言　洪水神話」7-8。

神話と詩と真理 II
ロマン主義とその後

宗教的なものが否定された啓蒙主義、そして科学が神話に代わって支配的な世界の説明の方法になった近代を迎えても、世界の真理を詩を使って表現する作家が消えたわけではない。

ウィリアム・ブレイク

「私は一つの体系を創造しなければならない、でなければ他の人によって奴隷にされねばならないのだ。私は論証し比較することはしまい、私の仕事は創造することだ」[1]と登場人物に言わしめた人物がウィリアム・ブレイクである。彼は、預言書[2]と呼ばれる神話作品群を、版画による絵画と詩とによって残している。そこでは、キリスト教を中心とした様々な要素を背景とし、ブレイクと読者とキリストが一体化するという目的の中でキリスト教の教義が再解釈される[3]。ブレイクは『エルサレム』の序文で「私は又読者が私と共にあるであろうと願う、我等の主イエスにおいて全的に一つで、彼

は古代人たちが彼の方に目を向けそして彼の日をはるかに、身震いと驚愕を持って見た」[4]ことを我々に告げる。

ブレイクは霊感によって真理を詩と絵画によって語る。彼は、「あらゆるものは霊によって導かれ」[5]ると述べ、その作品は「口授された」[6]ものなのだと我々に説く。そして、彼は自分の作品を「又私はそれを私のものと呼びはしますが、私のものではないことを知っております」[7]といい、詩神の霊感を受けたミルトンや『聖書』の預言者バラムになぞらえ「彼の預言者の状態にあるということにもなります。」[8]という。彼は「すべての宗教は一つである」（c.1788）において、詩霊[9]が、人間の肉体や外形を、そして人

1　ウィリアム・ブレイク「エルサレム」梅津濟美訳『ブレイク全著作』同訳者（名古屋大学出版会：1989）、1134。
2　予言書とも訳される。
3　松島正一『ブレイク論集『ピカリング稿本』『ミルトン』その他』（英光社：2010）、198、259-260。
4　ブレイク『ブレイク全著作』1118。
5　ブレイク『ブレイク全著作』1119。
6　ブレイク『ブレイク全著作』1119。
7　ウィリアム・ブレイク『ブレイクの手紙』梅津濟美訳、八潮出版、1970年、10。
8　ブレイク、『ブレイクの手紙』10。
9　ウィリアム・ブレイク「すべての宗教は一つである」梅津濟美訳『ブレイク全著作』（名古屋大学出版会：1989）、155。原語はPoetic Genius。梅津濟美は詩的想像力と訳しているが、松村正一の詩霊という訳を採用した。松村、212。また、三宅浩は詩的精霊と訳す。三宅浩「プロティノスからブレイクへ：『エネアデス』IV,8[6]論文のトマス・テイラーによる英語訳を介しての文献的考察の端緒」『ネオプラトニカ：新プラトン主義の影響史』新

間の類似性、あらゆる神話、宗教が作られ詩的想像力が一つの源であるという。彼はこの確信に基づき、その詩霊から預かった言葉で彼は世界の真理を語るのである。

エドガー・アラン・ポオ

　恐怖小説や推理小説でも著名なポオは最晩年の詩『ユリイカ』の中で神に至る宇宙論を展開する。そこでは、宇宙のはじまりから宇宙の宿命を語り、全てが神エホバに至ることが語られている。タイトルからもわかるとおり、『ユリイカ』はアルキメデスの「発見した」という言葉に由来するもので、彼は発見した真理を詩にしてそのタイトルを『ユリイカ』とした。

　彼は様々な自然科学的議論を渉猟しながら、「直観だけが我々を助けることができる地点[10]」から議論をはじめる。それは理性から生まれ、理性と表現能力を上回る所の確信であり[11]、それが表現する美によって彼の議論は真理だと主張する。彼の直観は霊的なもので、「宗教を非神話化するのではなく、詩によって再

神話化[13]」し、「詩人－哲学者－預言者として、ポオは宇宙論の歴史を再構築し、古典ギリシアとユダヤ・キリスト教の伝統を融合させた新しい神学を作り上げたのである。[14]」とエリザベス・ヴィンセレットは論じている。

ロマン主義とその後の展開

　この聖書と古典叙事詩を踏まえた預言詩の伝統の中に、ミルトン、ブレイク、ヘルダーリン、ノヴァーリス、クロップシュトックなどが重要な位置を占めているとウィリアム・フランケは指摘している[15]。そして、詩を神学的啓示の一形態と確信している預言詩人はこれらの詩人から、民主主義詩人と呼ばれたウォルト・ホイットマン[16]やエミリー・ディキンソン[17]をはじめ現代のランボーやビート詩人のギンズバーグにまで展開しており、もう一つの流れとして、イエイツ、ジョイスなどの流れがあると論じる[18]。この啓示としての詩は現在においてもまだ有効であるとフランケは論じる。「そこで

プラトン主義協会編、水地宗明監修（昭和堂：1998）、383。

10　エドガー・アラン・ポオ『ユリイカ』岩波文庫、八木敏雄訳（岩波書店：2008）、40。

11　ポオ『ユリイカ』、40。

12　Elizabeth Vincelette, "Beauty, Truth, and the Word: The Prophecy and Theology of Poe's Eureka," *The Edgar Allan Poe Review*, vol. 9, No. 2 (Fall 2008), 40.

13　Vincelette, "Beauty," 37.

14　Vincelette, "Beauty," 37.

15　Franke, "Poetry, Prophecy, and Theological Revelation," *Oxford research Encyclopedia of Religion*, 9 May 2016, §3. https://doi.org/10.1093/acrefore/9780199340378.013.205.

16　Franke, "poetry," §5.

17　Franke, Secular Scriptures: Modern Theological Poetics in *The Wake of Dante* (Columbus: The Ohio State University Press, 2016), ch. 7.

18　Franke, "Poetry," §5. Franke, *Secular*, ch. 8.

は詩的狂気の歓喜とエクスタシーが、宗教的献身的動機に取って代わり、人間の状態の深さと宇宙の謎についての真の啓示として依然として自らを主張する。詩は、世俗化された装いをした一種の「神々の回帰」の特権的な場所となる」[19]。

　そして、小説という形においてもボルヘスやステープルドン、そしてフィリップ K. ディックのように、形而上学を小説の中で論じる人物の伝統は今もなお続いているのである。

19　Franke, "Poetry," §4.

第九章

戦争・秩序・終末

「われわれの罪を秤るのはわれわれではない。
しかしまた、われわれの小さな犠牲を秤るのもまた、われわれではないのだ……」
ロープシン 『黒馬を見たり』

デューラー《最後の審判》c. 1510 年

闘争と世界の行方

　戦いによる新秩序の形成。これが本章のテーマである。神話を通して神々は様々な戦いを繰り広げる。概ね二つにそれは分けられる。現在に繋がる秩序のための戦いと、未来の秩序のための戦いであり、戦いは現状を変更するものとして表現される。その中で主な論点は 1. 現在に至る神話なのか、未来に至る神話なのか、2. 戦いの背景、3. 戦いの結果、の三つがある。

闘争の背景

　戦いの主体とその背景には様々なものがある。インドの乳海攪拌神話は、神々がアムリタを作り出そうとしたところからはじまる。アイルランドでは、同じ祖先をもつ人々が別々の集団を形成し、移住先で相争う。日本神話でもこれは同様である。ゾロアスター教やキリスト教では、世界を根本的に変化させ、最終的に善悪の決着を付けるために争いが行われる。様々な背景の中で神々は戦いを行う。このような問題の中では倫理的な問題と救済が全面に押し出されることになる。しかし、アイルランド神話であっても、悪魔のような勢力と戦う神話があり、ゾロアスター教やキリスト教に限定されるという問題ではない。

闘争の主体

　神的存在同士の戦いであるので、戦う相手が自明の場合が多い。しかし、その細かな関係にも目を配る必要がある。たとえば、ゾロアスター教の終末では神と悪魔が戦うが、キリスト教では神が悪魔と直接戦うことはなく、神の圧倒的な力で滅び去る。アイルランド神話では、人間と神々が戦う。本章では、詳しく言及しないことの方が多いが、この争いの当事者に目を向けることも重要な要素である。

結果：現在を作り出したのか、未来を作り出すのか。

　神々の争いは神話のいたるところで見ることが出来る。そして大きく、現

在の秩序の形成あるいは、未来の秩序の形成にかかわる。第三章で見たように、世界のはじまりにも神々の闘争が行われる。ギリシア神話ではゼウスが神の王に即位するまでの経緯が語られ、メソポタミアの神話でもマルドゥークがティアマトを殺し、神々の王になる。本書では取り上げなかったが、ホルスはセトを殺しエジプトの王位に就き、同じくアステカの神話でも神々同士の争いが現在の時代に至る経緯として語られている。他方で本章で見てゆくゾロアスター教やキリスト教における終末論は、善なる神の完全な勝利と信者の救済が語られる。

世界の原理／善と悪について

　神話には世界の原理が語られる。一元論的世界観として、キリスト教がその代表として挙げられ、全ては神によってつくられる。二元論的世界観の代表はゾロアスター教や中国の陰陽思想で、世界の根本原理が二つあるというものである。

　特にキリスト教とゾロアスター教において、これは世界の終末と密接にかかわる問題となる。ゾロアスター教では、善と悪がある種の対等な立場で創造から終末まで争いを繰り広げる。他方で、キリスト教において、悪は善の欠如であると捉えられる。この二つの争いの中で、最終的に善が勝利する戦いが行われる。この点で善悪の立場とその背景の把握は神話の理解に欠かせない。

　神々が善悪を代表しない場合の代表は日本神話である。日本神話において、神々は自分の意志で争いを起す。しかし、そこに善・悪の問題は入り込まない。しかし、重要な要素として、穢という問題がある。穢は汚い心によって発生し、病気や死あるいは犯罪がその存在の指標となるもので、神々はそれを嫌い様々な災いを人間に与える。逆に真心・赤心というものがあり、心の状態が清浄であることを指す。このような世界では、神々の争いは別の理由によって引き起こされることになる。世界の原理そのものを理解することも、神話を理解する上で、そして、神々の戦いを理解する上でも重要である。

I. アイルランド神話と戦争

論点
  闘争の背景
    アイルランド統治をめぐる戦争
  闘争の主体
    アイルランドに到達した人・神そして悪魔との戦争

アイルランドと神話 ────────────────

　キリスト教到来以前にアイルランドではキリスト教ではない神話・宗教が信仰されていた。キリスト教が入ってきてから修道士などによってキリスト教以前の口承文芸が記録された。有名なものは11世紀後半/12世紀初頭の『赤牛の書』、12世紀の『レンスターの書』であり、様々な本がその中に収録されている。

　ここでは三つの戦争を紹介する。『アイルランド来寇の書』は『レンスターの書』にも含まれている。『諸王の役割』は、『アイルランド来寇の書』の末尾に付属している文書である。さらに紹介する『マグトゥレドの戦い』は16世紀の写本が残っている。

『アイルランド来寇の書』

　この書は歴史書の体裁を使って神話を語っており、様々な系統の本がある。ここでは、『レンスターの書』のものを紹介する。この神話では、ケサルの集団、バルソロンの一族、ネヴェズの一族、フィル・ボルグ、トゥアサ・デー・ダナン、ミールの一族の六集団がアイルランドにやってくる話が語られている。

　　ノアの孫娘のケサルに率いられた集団は箱船に乗せてもらえず、世界の西へ行った。男3人と女100人の集団で、男2人が途中で死に、残った男フィンタンは鮭になって逃げだした。フィンタンは長命で賢者である。

　　大洪水があった。次にパルソロンと3人の息子に率いられた一団が来た。片腕片足のフォウォーレ族と戦い、勝利し、七つの湖、四つの平原が切り開かれた。疫病で一人を残して全滅した。

　　次にネヴェズをリーダーとする集団が来た。四つの湖が湧き、二つの砦、12の平原が切り開いた。フォウォーレ族と戦い三度勝利したが、ネヴェズの死後、フォウォーレ族の圧政に服した。再度戦いを挑んだが、虐殺され、僅かな生き残りは、北、ドーバー、アルバの北に逃げ出した。

　　次に来たのはフィル・ボルグ率いる一団でネヴェズの子孫である。アイルランドを支配し、過ち無く、飢餓もなく、法と裁きが実現した。

　　次に、北へと逃げたネヴェズの子孫たちである、トゥアサ・デー・ダナンが来た。北の島の四つの町でドルイドの業を学び、四つの宝物を持ってきた。王の石、ルグの槍、ヌァザの剣、ダグザの釜である。マグトゥレドでフィル・ボルグを打ち負かし、アイルランドを支配した。次に、フィル・ボルグに導かれ、フォウォーレ族がやってきたが、勝利した。

　　最後にミールの息子たちがスペインからやってきた。一族のイースがアイルランドに行き、現地の問題を解決し、議論に勝利し、アイルランドの豊穣を讃えたが、トゥアサ・デー・ダナンの王たちに殺された。ミールの息子たちがトゥアサ・デー・ダナンとフォウォーレ族に戦いを挑んだ。シュリアヴ・ミースの戦いで敗れた。

　　また、トゥアサ・デー・ダナンはドルイド術で巨人を呼び出して、

　　1　*Lebor Gabála Érenn - The Book of the Taking of Ireland*, I-V, ed. R. A. Macalister (Dublin: Irish Society, The Educational Company of Ireland, 1938-56).

ミールの息子たちとたたかわせた。ミールの息子たちの勢力は山の
ふもとにたどり着いた。

　３人の女神たちは予言にミールの息子たちがアイルランドを支配
することがあるといい、自分たちの名前を付けてもらうようにいっ
た。ミールの息子たちは首都のタラにたどり着いた。トゥアサ・デー・
ダナンの王たちは三日の猶予を求めた。波九つ分だけ離れたが、トゥ
アサ・デー・ダナンが魔法で更に追いやった。それに怒ってエーベ
ルが「アイルランド全ての者を槍と剣の下に横たえる」と誓ったた
め、５人の船が沈没した。

　スペインから更に船がやってきて、アイルランドを探索し、ミー
ルの子孫たちはアイルランドを支配した。

要約：ミールの息子たち（『諸王の役割』）[2]

　　ミールの息子たちは、トゥアサ・デー・ダナンの３人の王と妃と
戦い、殺した。その後、ミールの息子、エーリヴォーンは兄弟のエー
ベル・フィンを戦争で倒して、ミール族の王となり、賢王と呼ばれ
た。

『マグ・トゥレドの戦い』

　この書では二つの戦いが語られる。トゥアサ・デー・ダナンとフィル・ボ
ルグとの闘いが第一。第二の戦いはトゥアサ・デー・ダナンとフォウォーレ
族との闘いである。

　　2　*The Roll of The Kings*, in *Lebor Gabála Érenn - The Book of the Taking of Ireland*, V, ed. R. A.
Macalister (Dublin: Irish Society, The Educational Company of Ireland, 1956), Sec. IX.

要約：マグ・トゥレドでの二つの戦い（『マグ・トゥレドの戦い』）[3]

トゥアサ・デー・ダナンは北の島々でドルイド術を学んだ。彼らはアイルランドにやってきて、フォウォーレ族と友好関係になり、フォウォーレ族の王バロルの娘がトゥアサ・デー・ダナンのキアンと結婚し、ルグ神が生まれた。

トゥアサ・デー・ダナンとフォウォーレ族が連合し、フィル・ボルグと戦い勝利した。この時、トゥアサ・デー・ダナンの王ヌァザは片腕をなくし、魔法の銀の義手をつけ、「銀の腕」ヌァザと呼ばれた。片腕をなくしたので、王の資格を失った。

フォウォーレ族の王エラサとトゥアサ・デー・ダナンのエーリゥとの間にブレスが生まれ、トゥアサ・デー・ダナンの王となった。ブレス王はフォウォーレ族を優遇し、トゥアサ・デー・ダナンに圧政を敷いた。詩人カルブレが王に歓待を求めたが、断ったので風刺詩を作られ名誉を失い王の資格を剥奪された。

ブレスとエーリゥはフォウォーレ族の下に逃亡した。トゥアサ・デー・ダナンの王宮には、ルグが訪れ、全ての芸に秀でており、王となった。トゥアサ・デー・ダナンはフォウォーレ族と戦うために一年間準備をした。

ダグザは戦いの神モーリーガンと恋仲になり、戦略的な助言や魔術を得た。そして、フォモーレ族を偵察するなどした。ついに決戦が開始されるが、トゥアサ・デー・ダナンの武器は刃こぼれせず、医者のドルイド術により回復した。バロルは邪眼を開けて攻撃しようとすると、ルグは投石機で石を目に当てた。フォモーレ族の王は死に、フォモーレは海に落とされた。ブレスは牧畜と農耕を教える事と引き換えに助命された。

戦いの女神モーリーガンの悪徳に満ちた悲劇的な未来の予言が戦いの神話の終わりを告げる。

3　「マグトゥレドの戦い」太田明 [ケルト神話翻訳マン] 訳、2023 年 5 月 13 日アクセス。
https://note.com/hashtag/%E3%83%9E%E3%82%B0%E3%83%88%E3%82%A5%E3%83%AC%E3%83%
9E%E3%81%AE%E6%88%A6%E3%81%84.

分析

『聖書』と繋合したアイルランドの神話

　ここで語られている神話は、11世紀ごろに本にまとめられたもので、キリスト教徒の修道僧がこの本をまとめた。ここでは、アイルランド神話がキリスト教以前から存在し、キリスト教の伝統とつなぎ合わされたと仮定して話を進める。

　これまで見てきたように、アイルランドには様々な集団が侵入してくる。悪魔のような存在であるフォウォーレ族ともトゥアサ・デー・ダナンは婚姻関係を結ぶが、フォウォーレ族以外の諸族はそもそも血縁関係にある。

闘争の主体

　洪水前に来たケサルはモーセの孫娘であった。洪水後初めてやってくるパルソロンは、アブラハムの年60年、洪水後357年にアイルランドにやってくる。彼はヤフェトの子孫、シェラの子孫だとされている。このシェラは『来寇の書』に出てくる人物で、ヤフェトを初代とすれば、六代目の人物である。パルソロンにはタッドという兄弟がおり、その子孫にネヴェドという人物がいて、この集団が三番目にアイルランドにやって来た。ネヴェドの次にやって来たのは、フィル・ボルグだが、彼らはネヴェドの子孫であり、更に次にやって来たトゥアサ・デー・ダナンもネヴェドの子孫であった。ネヴェドの息子にイアルダンという人物がおり、その子孫、ヤフェトから数えて36代目がミールであり、彼の息子が最後にアイルランドに来て、ゲール人の先祖となる。

叙述の背景

　アイルランドの神話が『聖書』とは別に存在したと仮定した場合、『聖書』の歴史とこれまで伝承されてきたものを併せてアイルランドの正当性を主張するように書き改められたのだと考えられる。このような例は他にもある。ローマの建国神話を描いた『アエネーイス』あるいは『変身物語』などにはローマ人がトロイアの子孫であるという前提で描かれているし、中世の『フランク史』も、フランク人はトロイアの子孫であると記述されている。このように、他の神話と繋合させて自集団の正当性を高めるということは広く行

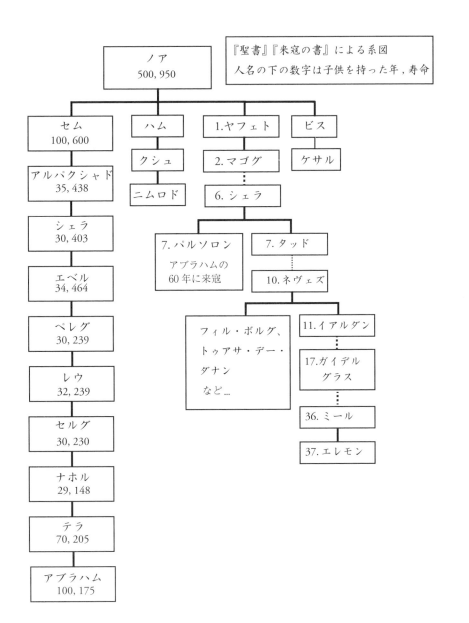

ノア
500, 950

『聖書』『来寇の書』による系図
人名の下の数字は子供を持った年，寿命

セム
100, 600

ハム

1.ヤフェト

ビス

アルパクシャド
35, 438

クシュ

2.マゴグ

ケサル

シェラ
30, 403

ニムロド

6.シェラ

エベル
34, 464

7.パルソロン
アブラハムの
60年に来寇

7.タッド

ペレグ
30, 239

10.ネヴェズ

レウ
32, 239

フィル・ボルグ、
トゥアサ・デー・
ダナン
など...

11.イアルダン

セルグ
30, 230

17.ガイデル
グラス

ナホル
29, 148

36.ミール

テラ
70, 205

37.エレモン

アブラハム
100, 175

われていた。その中でも、『聖書』と結びつけ、さらにトゥアサ・デー・ダナンが神であるという記述を残そうとしているのは、それだけアイルランドの伝承に対する誇りが、例え聖職者であっても強かったのだといえるのかもしれない。

II. ウガリト神話

論点

　闘争の背景

　　神々の世界の王位の争い

　闘争の主体

　　バアルと対抗する神々

バアルとウガリト ─────────────

　ウガリト神話とは、シリアの都市ウガリトから見つかった粘土板に掲載されている神話で、カナン神話とも呼ばれる。最高神エルとその妻アシラを中心とした世界の中で神々の姿が描かれる。『聖書』の神の名前にエルというものがあることなどからも注目されてきた。

要約：バアルとヤム（『バアルの物語』）[4]

　　　至高神エルは技術・工芸の神コシャル・ハシスにヤムの神殿を建てるように命じし、ヤムを神々の王とした。エルはヤムにヤウという名前と「エルの愛し子」という名前を与えた。そして、バアルを打ち負かされるかもしれないが、追い払うように命じた。

　　　ヤムは神々の集会所にダゴンの息子バアルを引き渡すように要求

───────────

4　谷川政美『バアルの物語：ウガリトの神話：音写資料からの翻訳と解説並びに旧約聖書の影響とその歴史的背景』（新風社：1998）、32-34; 44-56。

した。エルや神々はヤムを支持し、戦闘が開始される。バアルは負けそうになったが、アィヤムル（撃退）とヤグルシュ（追放）という名前の二つの棍棒で打ち負かしバラバラにした。そして、バアルは神々の王になった。

要約：バアルの神殿（『バアルの物語』）[5]

神殿で宴会が行われていた。バアルの姉妹であるアナトが神殿を出ていき、人間を殺戮し、戦利品を持ち帰り、水で身を浄めた。

バアルはアナトに、エルから神殿建設の許可を得てくるように頼むことにし、エルの妻のアシラの口添えを得ようとする。バアルは神々に馬鹿にされ、ひどいものを飲まされたと文句をいうが、アシラに助力を頼んだ。

アシラとともにバアルとアナトはエルに神殿建設を頼む。エルはアシラや自分がバアルのための労働者に成り下がるのか、と嫌味をいうが、許可を出した。七日後に神殿は完成する。バアルは様々な町を征服し、自信を得た。

要約：バアルとモート（『バアルの物語』）[6]

部下の２神に命じて黄泉の神モートに会うように命令した。バアルはモートを宴会に招待したが、モートは自分の食料は死者であるので、ぶどう酒を飲む宴会に招待するのは侮辱ではないか、この侮辱に対して、バアルがレビヤタンを滅ぼすように、自分もバアルを滅ぼし食い殺すと宣言した。

モートの口は地面から天に届くほど大きく、バアルは恐怖した。

5　谷川『バアルの物語』34-38; 57-87。
6　谷川『バアルの物語』38-42; 88-107。

モートは地上の実りを枯らした。モートにバアルは降伏する。エル
はモートの味方をし、バアルは死ぬことになったが、身代わりの子
牛を使った。バアルの死を知って、エルやアナトたち神々は喪に服
す。日がたってアナトはバアルを探しはじめた。モートを見つけ、
兄を返せというが、モートは黄泉の入り口でバアルを見つけ食べて
しまったといった。

　太陽は燃え続け、雨は降らない。アナトはバアルを探し続け、怒
り、モートをバラバラにしてしまう。蘇生したバアルが玉座を奪回
した。モートも蘇生する。モートとバアルが戦うが両者とも力尽き
る。太陽神シャバシュが仲介に入りエルはバアルの王座を認めてい
ることを告げ、モートはバアルを王と認めた。

神々の王の座の争い

背景

　この神話では、王の地位をめぐって争いが繰り広げられる。アシュタルや
ヤムなど自らが王権に相応しいと考える神々があり、その中でバアルが神々
の王の座を手にしていく。また、バアルの特徴として、姉妹のアナト以外に
は嫌われているという点がある。この点がバアル神話をより文学的なものに
しているといえるだろう。

闘争の主体

　バアルは二柱の神と戦う。エルに神々の王として指名されたヤムとの戦
い、そして、死神であるモートとの戦いである。最初は神々の王として指名
されたヤムを打ち倒し、神々の王となる。そして、神殿を建築しはじめるが、
バアルは様々な嫌味をいわれながらも神殿を建てる。最高神であるエルすら
モートの味方をし、バアルはモートとの宴会の時に侮辱され食べられる。人
も神もモートは食べることが出来る。北欧神話と同じく、神もまた死すべき
存在であることが示され、さらに死神もまた死すべき存在であることを示さ
れる。

神の体がバラバラになり蘇生する話は様々な所にある。エジプト神話では
イシスが首を刎ねられたが復活する。[7]ヒッタイトにも嵐神が竜神に心臓と
眼を奪われ、嵐神の息子がそれを奪い返す神話がある。[8]

結果

バアルは神々の王となる。戦いによって全ての神を納得させることが神話
の中で示されている。勝ち続けたエルはモートとの最後の戦いで相打ちに近
い状態にまで陥る。そこにエルの使いとして太陽神シャバシュが仲介に入り、
モートもバアルを神々の王の立場を認めることになる。そのバアルの姿は、
まさに嵐の神に相応しいものである。[9]

III. インド：『ラーマーヤナ』
乳海攪拌神話

論点

闘争の背景

永遠の命

闘争の主体

神々

世界の原理

周期的な滅亡と再生の一部

7　『ホルスとセトの争い』、邦訳：『エジプト神話集成』ちくま学芸文庫、杉勇、屋形禎亮訳（筑
摩書房：2016）127-29。

8　「竜神イルルヤンカシュの神話」、『古代オリエント集』筑摩世界文学大系 1、杉勇訳 (筑
摩書房：1978)、368。

9　谷川政美『バアルの物語』28。

乳海攪拌の神話 ————————————————

『ラーマーヤナ』

　乳海攪拌神話はインド神話の中でも最も有名な神話の一つであるかもしれない。『マハーバーラタ』や『ラーマーヤナ』、各プラーナ文献などに豊富に掲載されている。それぞれ少しずつ違う内容になっている。

　ここで紹介するのは『ラーマーヤナ』のもので、これはおおよそ紀元3-5世紀に成立した叙事詩である。ラーマ王子が誘拐されたシータ姫を助けに行くという内容だが、『マハーバーラタ』と同様に、様々な神話などが挿入されている。

　神々は不老不死になるために霊液（アムリタ）を必要とする。その霊液を巡って神々の間に戦争が起こる。その結果世界が滅び、再生する。そして、アスラ神族・ルドラ神群の誕生が語られる。

要約：乳海攪拌（『ラーマーヤナ』45-47）[10]

　　女神ディティの息子たちは力があり、女神アディティの息子の神々は大幸運を具え、勇気があり、高徳であった。彼らは不老不死を望んだ。そこで、乳海攪拌を行い、甘露の霊液を手に入れようとした。

　　竜王ヴァースキを網とし、マンダラ山を攪拌用の棒として攪拌をしはじめた。千年たつと蛇の頭は猛毒を吐き、歯で石を噛みはじめた。このハーラーハラという火のような猛毒は、神、人間、阿修羅を含めて世界を燃やした。神々はシャンカラ神（シヴァ神）に保護を求めた。

　　すると、ほら貝と円盤を持つハリ神（ヴィシュヌ神）があらわれ、槍をもったルドラ神（シヴァ神）に毒を受け入れるように説得した。シヴァ神は毒を甘露のように飲み干した。そして神々は乳海攪拌を

————————————————

10　『ラーマーヤナ』45-47,『新訳　ラーマーヤナ 1』東洋文庫、中村了昭訳（平凡社：2012）、209-218。

続けた。するとマンダラ山が地下に沈んだ。神々はヴィシュヌに山を引き上げるように頼んだ。ヴィシュヌは亀の姿になって大海に入り、山を支えた。ヴィシュヌは手で山の山頂をつかみ、ハリ神は神々の中央に立って、乳海攪拌をはじめた。

千年たつと医学（アーユル・ヴェーダ）に精通した男性が現れ、ダンヴァンタリという名前であった。また、アプラサス（天女）も現れた。アプラサスは水（アプス）の攪拌によって現れた霊液（ラサ）から飛び出した。数は六億だった。

ヴァルナの娘ヴァールニーも飛び出した。この非の打ち所がない女性たちはアディティの息子たちと結婚した。ディティの息子たちはアスラと呼ばれ、アディティの息子たちはスラ（神）と呼ばれる。最良の馬、ウッチャイヒ・シュラヴァス、宝玉カウストゥパ、不死の霊液が出現した。

アディティの息子たちであるアスラが、羅刹と一体となって、ディティの息子を攻撃し、戦争を起こした。全てが破壊された後、ヴィシュヌは甘露を奪い去った。ヴィシュヌに抵抗した者は全て壊滅した。インドラは世界の統治権を回復した。

アディティの息子たちはディティの息子たちを殺して、インドラ神は王国を取り戻して、世界を統治した。息子が殺されたディティは悲しみ、苦行によってシャクラ神（インドラ神）を殺せる子供を得ようとした。その苦行の世話をシャクラ神（インドラ神）がした。

女神は眠りに襲われ、両足を頭の置くところにおいて寝てしまった。その不浄の姿をみて、インドラは胎児を七つに裂いてしまった。不浄を行った女神は反省し、胎児にインドラの祝福を求めた。そして、インドラは祝福を与えた。子供たちはマルト神群となった。

分析

背景

　この話はシャクラ神（インドラ神）が、聖仙ヴィシュヴァーミトラに告げた話をラーマ王子が聞いたもので、世界の崩壊と再生を繰り返す（⇒第三章）。インドの世界の中で、最初のクリタ・ヨガがどのようにしてはじまったのかを教えるものとなっている。破壊と創造が繰り返されるインドの神話観の中の創造神話の一つである。

　この神話は神々の戦いが契機となって世界が滅んでしまうわけではない。神々が永遠の命を望んだ結果として、世界が崩壊し、残った乳海から神々や様々な物、そして霊液が出現する。その永遠の命をもたらす霊液を巡って神々が戦うのである。

闘争の主体

　その霊液を巡ってアスラと神々が相争う。世界の全てが破壊され、ヴィシュヌが霊液を奪い去る。そして、ヴィシュヌに抵抗した者は「不滅で最高の存在であるヴィシュヌ神」[11]によって壊滅させられてしまう。

結果

　このように語られた世界のはじまりの中で、インドラは統治権を取り戻し、全世界を統治する。様々な神々が生まれ、時間は進んでいく。

破滅と再生

　他にも様々な世界の終末が語られる。例えば『マハーバーラタ』233章では、太陽と七つの火炎によって世界が毀滅し、再び創造が行われることが描かれている[12]。仏教でも『倶舎論』では、第三章で紹介したように、地上は焼き尽くされ、そしてまた世界が構築される。円環的な世界観がインドの神話の特徴であり、おなじ炎（溶解金属）によって終末が描かれるゾロアスターやキリスト教とはその姿は大きく異なる。そしてその両者の間でその世界観の

11　『ラーマーヤナ』中村訳、214。
12　『マハーバーラタ』233, 邦訳：『マハーバーラタの哲学：解脱法品原典解明』上、中村了昭訳注、（平楽寺書店：1998）、290-292。

性格が判然としないのが、北欧神話のラグナロクである。

Ⅳ. ラグナロク

論点
　闘争の背景
　　世界の終末の戦争
　闘争の主体
　　神々と人の英雄、巨人族

北欧の終末

　北欧神話には世界の終わりにかんする予言がある。「巫女の予言」など様々な所で言及されるが、最もまとまった記述はスノリの『ギュルヴィたぶらかし』(13世紀)のものであり、それを次に要約する。

要約：ラグナロク（『ギュルヴィたぶらかし』51-53)[13]

　　フィムブルヴェトという冬がくる。
　　引き続き冬が三度来て、夏はこなくなる。次の三つの冬がやってきて、兄弟・父子は殺しあう。鉾の時代・剣の時代・風の時代・狼の時代がきて世界は終わる。
　　狼は太陽を飲み込む。また狼が月に損害を与え、星々は落ち、大地は震え、木々は落ち、山は崩れる。フェンリルが自由になる。ミズガルズの大蛇が陸に向かってくるので、海は岸に押し寄せる。その高波の上を死者の爪から作られた船、ナグルファルが水に浮かぶ。

　　13　『ギュルヴィたぶらかし』51-53,邦訳：V. G. ネッケル、H. クーン、A. ホルツマルク、J. ヘルガソン編『エッダ：古代北欧歌謡集』所載、谷口幸男訳（新潮社：1983）、274-80。

フェンリルは口を開けて進む。上あごは天に、下あごは大地につ
く。目と鼻は火が燃えている。ミズガルズの大蛇は毒を吹き出す。
天は裂け、ムスペルの子らは馬を駆ってくる。

　スルトは火に包まれて先頭に立ち、太陽より明るい剣を持つ。天
地をつなぐ虹の橋、ビフレストを渡る時、それは砕ける。フェンリ
ルもミズガルズの大蛇も、ヘルの輩を従えたロキも、霧の巨人を従
えたフリュムも全てがヴィーグリーズという野に到着する。

　ヘイムダルはギャラルホルンを吹き、神々の目を覚まして集合す
る。オーディンはミーミル（巨人の賢者）に助言を求める。そして、
グングニルを手にしたオーディンを先頭にしてアース神族と死んだ
戦士たちはヴィーグリーズに進む。

　トールはミズガルズの大蛇と戦闘する。フレイはスルトと戦うが、
スキールニルに自分の剣を与えた為に殺されてしまう。縛られてい
た犬のガルムとチュールは相打ちとなる。トールはミズガルズの大
蛇を打ち倒した後、9歩下がり倒れて死ぬ。フェンリルはオーディ
ンを飲み込む。その直後、ヴィーザルが口を引き裂く。ロキはヘイ
ムダルと相打ちになる。スルトは火を投げて全世界を焼き尽くす。
残らず神、戦士、人は死に絶える。死者は炎でも焼けなかった天上
のギムレー、オーコルニルのブリミルという館、ニザフィヨルにあ
るシンドリという館など良い場所に住むことになる。偽証人と人殺
しはナースレンド（死者の岸）にある館や、フヴェルゲルミルでニー
ズヘグにさいなまれる。

　海中から美しい大地がアースガルズのあった所に浮かび上がる。
オーディンの息子のヴィーザルとヴァーリ、トールの息子のモージ
とマグニ、死んでいたオーディンの息子のバルドルとヘズも復活す
る。草の間から黄金の遊戯盤を見つける。ホッドミーミルの森にリー
ヴとレイヴスラシルという人間が生き残り多くの子孫が生まれる。
太陽は狼に飲み込まれる前に娘を儲けており、母とおなじ軌道を巡る。

分析

背景

そもそも、終末に戦争がある事は予言されている。そして、不可避の運命である終末の為に、オーディンは死者を館に集めていた。

闘争の主体

北欧神話には、三つの神々の集団がある。オーディンをはじめとするアース神族、フレイヤを代表とするヴァン神族、そして巨人族である。この三つの集団は全く異なった生物というわけではなく、相互に通婚しているし、オーディンの母親も巨人であった。

しかし、仲が良いというわけではない。アース神族とヴァン神族は世界の初め頃に争いがあったが、和解した。そして、巨人族とは和解することなく、神話が進行し、最終戦争を迎えることになる。

結果

戦争の結果、ほとんど全ての神々、巨人、人間が死に、世界も火によって滅び去る。わずかな神々と一組の人間が生き残り、そこで繁栄しはじめることになる。ラグナロクは一見単なる神的存在の戦争が全世界をまき込んでしまう話のようにも見える。しかし、『ギュルヴィたぶらかし』では、死者に対する審判も行われる。死者は行いによって、滅びを免れた天上の館あるいは地下の館に収容されることになる。そして、また世界は続いていく。

しかし、審判と火による滅びを同様に採用しながらも、根本的に違う世界が現れる終末論がある。それがゾロアスター教とキリスト教のものである。

V. ゾロアスター教の終末

論点

闘争の背景

世界の初めから続く戦いの結末

闘争の主体

善の神と悪の神

世界の原理

善と悪の二つの原理の対決

フラショー・クルティ

ゾロアスター教の終末は「フラショー・クルティ」（素晴らしくすること）[14] と呼ばれる。終末の様子は、根本聖典である『アヴェスタ』に言及されており、時代が下がった『ブンダヒシュン』には更に詳細に記述されている。

『アヴェスタ』の終末

要約:『アヴェスタ』の終末（「ヤシュト」ザームヤズド・ヤシュト（大地神への讃歌）19.91-96)[15]

> アストワルト・ウルタがカンサオヤ湖から立ち上がって、勝利の棍棒を振るう。その棍棒で、アシャの世界からドルジを追出す。彼は全ての物質界を見て、その視線で全物質界を不滅にする。
>
> 彼は悪しきドルジを征服する。悪業者アンラ・マニユは無力となって逃げ去る。

14　メアリー・ボイス『ゾロアスター教：三五〇〇年の歴史』講談社学術文庫、山本由美子訳（講談社：2010）、416。

15　「ヤシュト」19.91-96、邦訳:『原典完訳　アヴェスタ：ゾロアスター教の聖典』野田恵剛訳（国書刊行会：2020）、534-35。

『ブンダヒシュン』の終末

　『ブンダヒシュン』第34章には、「世の中の立て直し」つまり終末の様子が描かれている。

要約：『ブンダヒシュン』の終末（『ブンダヒシュン』34)[16]

　　原初の創造から 12000 年経つ頃、オフルマズド（アフラ・マズダー）とアフレマン（アンラ・マニユ）の対立が終わり、アフレマンが力を失う時が来る。

　　その頃、人は一回の食事で満腹になり、肉食を止め、最終的に水だけを飲んで生活できるようになる。そうして、10 年経ち、ソーシャーンスがあらわれ死者を復活させる。57 年かけて義者も不義者もすべて復活させる。そして、全ての人は自らの善行と悪行を見る。そして、義者は天国で楽しい思いをし、不義者は地獄に放り込まれ、三日三晩罰を受ける。

　　この世の中の立て直しの最中、15 人の男、15 人の女がソーシャーンスを助けに来る。天空の竜ゴージフルが大地に落ち、大地は痛がる。火とエールマーン神は山の中の金属を溶かし、大地に流し、全ての人はそこを通る。そこで義者は安らかに浄化され、不義者は解けた金属の中を歩く苦痛を感じる。

　　ソーシャーンスたちは祭式を行い、不死を作り、全ての人は永遠に不死となる。そして、全ての人は行いに応じて応報を受ける。そして様々な悪魔が神々や人に捕えられ、最後にアフレマンとアーズ（貪欲）が残った。この両者はガーサーの呪文によって打ち破られ、暗闇の世界に戻る。竜のゴージフルも溶けた金属で焼かれ、それは地獄まで流れる。そして、アフレマンがやって来た穴もその金属で塞がれる。そして、世界は立てなおされ、永遠の不死となるのである。

16　『ブンダヒシュン』34. 邦訳：「ブンダヒシュン (III)」『貿易風：中部大学国際関係学部論集』6、（2011 年 4 月）：217-21。

背景

　アフラ・マズダーによる原初の創造で世の中は善いものであったにもかかわらず、次いで、アンラ・マニユが敵対的に介入し、前者は善きものを、後者は悪しきものを創造した。アンラ・マニユは原初の創造から 6000 年経ち、攻撃を様々な形ではじめる。しかし、全知のアフラ・マズダーはそのことを最初から知っていたのである。

闘争の主体

　相手はアンラ・マニユの勢力で、これまで歴史の中で様々な介入を続けてきた。第六章で紹介したアジ・ダハーカの話が典型的なもので、悪しきものとして世界を支配する。そして、アフラ・マズダーの勢力に属する人や神々はそれに対抗し戦う。この基本的な構図の中で、悪との決着をつけるための歴史の終わりを迎える。

結果

　千年に一度、ザラスシュトラの血族が救済者（サオシャント）として出現する。そして最後の救済者であるアストワト・ウルタ（ソーシャーンス）が出現し、人は溶解金属の中で浄化され、アンラ・マニユの勢力は捉えられ、アンラ・マニユも打ち破られる。世界は望ましい状態に変化する。

VI. キリスト教「ヨハネの黙示録」

論点

背景

　苦難からの救済

闘争の主体

　悪は圧倒的な力に敗れ去る

世界の原理

『新約聖書』「ヨハネの黙示録」

「ヨハネの黙示録」の構成

　『新約聖書』の最後を飾る書である。ヨハネが天使によって見せられた救済にかんする書で大きく4部に分けられる。1.序説、2.七つの教会への手紙、3.預言の幻、4.終わりの挨拶。幻であって、歴史的、直線的な記述にはなっていない。4部に分けられた「ヨハネの黙示録」のうち、3番目の「予言の幻」は更に2部に分かれている。前半は「この世について」という部分、後半は「教会について」という部分である。前半は終末に世界が被る災害を描き、最後にこの世が父なる神と救世主のものになるというもの。後半は「教会について」という部分で、信徒が被る様々な迫害と最終的な勝利、そして最後の審判が描かれる。

ユレ《最後の審判》1664 年

創作の源泉として

　「ヨハネの黙示録」は特に様々な創作の源泉になってきた。音楽ではヴェルディ『レクイエム』、小説ではスタインベック『怒りの葡萄』、映画ではコッポラ『地獄の黙示録』など様々な作品に影響を与えている。

　また、登場するイメージも著名で様々に利用されてきた。四人の騎士、第七の封印、獣の数字 666 などが有名な所だと思われる。

要約：「ヨハネの黙示録」（『新約聖書』黙示録 4.1-22.5）[17]

「この世について」

　七つの封印が解かれ、七つのラッパが吹かれる。封印が解かれることで地上が戦災や飢餓などに見舞われる。第六の封印が解かれた後、審判の開始が宣言され、人びとは罪から浄められる。第七の封印が解かれた後、香炉が地上に投げつけられ、雷鳴・轟音・稲妻・地震が発生する。七つのラッパによって地上に自然災害が起こる。キリストを信仰しない者はみな殺され、最後のラッパが響くときに、この世は父なる神と救世主のものになる。

「教会について」

　キリストが生まれ、サタン（竜）が神に戦いを挑みし地上に落とされる。そして、海から獣が現れ、竜は自分の力を与える。獣は諸国を支配し、偽預言者は獣に仕える。さらに、獣が出現し、人びとに獣の数字を刻ませ、最初の獣を礼拝させ、礼拝しないものを悉く殺した。子羊がシオンの山に登り、天使は裁きの日の到来を告げる。神の怒りは頂点に達し、七人の天使が七つの禍を携えやってきた。鉢を注ぐと地上に災いが広がった。六つの大災害の後、最後の鉢を注ぎ、「事は成し遂げられた」という天の玉座の声と共に、大災害が発生した。

　姦淫と贅沢の巣窟となっているバビロンが神によって裁かれ、虐げられた神の民への復讐が成った。天が開き、白い馬に武装しているメシアが乗っていた。獣と王たちは戦うものの敗北し、獣、獣の刻印を受けたもの、偽預言者も捕えられ1000年間封印された。1000年後サタンは解放され、聖なる人々の陣営と都を包囲した。天から火が下って焼き尽くされ、悪魔は火と硫黄の池に投げ込まれた。死者が玉座の前で行いに応じて裁かれた。死と陰府は火の池に投げ込まれた。新たなエルサレムが天から下った。そして、七つの鉢を持った天使がやって来て、ヨハネに新たなエルサレムを見せたのである。

　　17　「ヨハネの黙示録」4:1-22:5, 邦訳：『聖書　原文校定による口語訳』フランシスコ会聖書研究所訳注（サンパウロ、2013）、（新）696-728。

黙示文学

　「そもそも、黙示文学が意図するのは時の終わり、すなわち歴史の終末を予言し、不正と罪に支配されている現代は、完全な正義が支配する未来に場所を譲らねばならないことを説くところにある。」[18]とあるように、黙示録という言葉と出来事からイメージされるようなおどろおどろしいものではない。自分たちを虐げて来た存在がひどい目に遭い、自分たちが救済されるもので、正義が実現されることを示す希望の書なのである。

　黙示文学はいわゆる『旧約聖書』にも存在し、「イザヤ書」「ダニエル書」「エゼルキエル書」あるいは、聖書偽典に『第二エノク書』があり、グノーシス主義に基づく黙示文学もある。そして、黙示録・黙示文学と語られる場合、黙示という形で示される。英語で revelation/ apocalypse と表現される。前者はラテン語の revelatio、後者はギリシア語の apocalupsis から来ており、覆いをとる、つまり、神の秘義の多いが取られ、人に示されるという意味である。神や天使によって幻を見せられ、その幻を記述したものであるので、時系列に分かりやすく記述されているわけではない。

歴史的背景

　ユダヤ人は紀元前6世紀にバビロニアに強制移住させられ、キリスト教もローマ帝国内で弾圧されていた。この苦難の歴史を背景に、黙示文学は機能する。自分たちが信じる正義が実現されるという神の教えを人々は希望を持って受け取るのである。

闘争の主体

　「ヨハネの黙示録」では、同じ出来事が都合二度示される。「この世について」と「教会について」は終末の出来事が二つの側面で描かれる。終末において神とサタンの勢力が直接ぶつかり合う描写はない。物理的世界の創造に

　18　「ヨハネの黙示録への解題」、『聖書　原文校定による口語訳』フランシスコ会聖書研究所訳（サンパウロ、2013）、（新）685。

先だって行われた天使の創造に次いで行われたとされる[19]サタンと天使の抗争が描かれるだけである。サタンの勢力は人間を圧倒し、人間を圧倒したサタンの勢力は圧倒的な神の力によって敗れ去る。

結果

　神の力が示された結果、地上に火が投げ込まれ、サタンの勢力は火と硫黄の池に投げ込まれ、人は行いによって裁かれ、死も消滅する。そして、神の正義が地上に実現し、天から新たなエルサレムが下りてくる。そして、神の栄光につつまれた不可逆の新たな未来がはじまる。不可逆の変化を黙示録的というのはここに由来する。

キリスト教の悪と悪霊について ──────────

　ここでは、キリスト教（カトリック）における悪と悪霊（あくれい）にかんして、最も重要な神学者であるトマス・アクィナス『神学大全』における説を紹介する。

悪とは

　アクィナスによれば、悪とは善の欠如である[20]。つまり、善と悪は対立する概念ではない。善は悪なしに見出されるが、悪は善なしには見出されないからで[21]、悪は善から意志の力によって生まれるものなのである[22]。善や神は悪の原因ではなく、自由意志によって悪が発生することをアクィナスは論じる。

悪霊（堕天使）

　アクィナスによれば、天使は天地創造の時に、肉体を持たない存在として創造されたが[23]、多くの天使（過半数ではない）が罪を犯した[24]。彼らは神の恩寵によって神の似姿に至れるにもかかわらず、自力でそれを行うことに

　　　19　トマス・アクィナス『神学大全』1.61.4; 1.63.4, 邦訳：『神学大全』4、高田三郎、日下昭夫訳（創文社：1973）、327-30; 388-91。
　　　20　『神学大全』1.49.1, 邦訳：『神学大全』4、111-16。
　　　21　『神学大全』1.49.1, 邦訳：『神学大全』4、111-16。
　　　22　『神学大全』1.63.4.1, 邦訳：『神学大全』4、382。
　　　23　『神学大全』1.62.2.2; 1.62.3, 邦訳：『神学大全』4、326
　　　24　『神学大全』1.63.9, 邦訳：『神学大全』4、399-402。

よって、神助を拒否し神から離れてしまった。これが彼らの罪とされる。[25]
そして、悪霊も自然本性として善であるが[26]、自由意志によって神に反した[27]。そして、天使の特性によって、決断の後の意志は変わらず、人間と同様に改悛が不能なのである[28]。

　悪霊は人間を妬み[29]、罪を教唆する[30]。これに対抗するため、天使が人間を守護する[31]。

善と悪との戦い

　トマス・アクィナスによれば、悪は善の欠如として捉えられる。悪霊は自由意志によって神を裏切り、改心することは彼らの特性によってできない。人間は生きているうちであれば、改心が出来るとカトリックでは考えられていて[32]、悪魔は人間に罪を唆し、人が罪を犯すのを防ぐため、天使に守護されて生きていると考えられている。そして、善と悪の間で繰り広げられる戦いは、終末の時に決着し、善が勝利を収めるのである。

VII. 波照間の新生（あらまり）

　有人島として日本最南端に存在する波照間島には、炎による過去の終末を説いた伝承話、新生がある。洪水説話に分類されている話であるが、神話的には終末論に分類する方が適当だと思われる。それは以下のような昔話である。洪水神話と終末神話との特徴を併せ持っている伝承話であり、これを短く見てゆきたい。

25　『神学大全』1.63.3, 邦訳：『神学大全』4、377-78。
26　『神学大全』1.63.4, 邦訳：『神学大全』4、381。
27　『神学大全』1.63.4; 1.64.2, 邦訳：『神学大全』4、381-82；412-14。
28　『神学大全』1.64.2, 邦訳：『神学大全』4、410-415。
29　知恵の書 2.24, 邦訳：(旧) 1648。
30　『神学大全』1.114.1.1, 邦訳：『神学大全』8、横山哲夫訳（創文社：1962）、225-26。
31　『神学大全』1.113.1, 邦訳：『神学大全』8、201-03。
32　『カテキズム』1021, 邦訳：『カトリック教会のカテキズム』日本カトリック司教協議会教理委員会訳監修（2002：カトリック中央協議会）、307。

要約：波照間の新生（『沖縄の民話』[33]）

> 昔波照間の人々は体中が毛におおわれ、動物みたいな存在だった。島中繁殖していて、油雨を降らせて神は皆殺しにすることを決めた。
>
> 心の優しい男女がいて、神は二人に鍋をかぶせて生かしておいた。生き残った二人は海の側に住んでいて、関係を持った。最初に生まれたのは美味で猛毒のあるジョウジョという魚。次に、石を積んで片屋根の家で出来た子供は百の足のある子供であった。四つ角の家を作って生まれたのが人間であった。その子孫が波照間の人間になったのである。

洪水と終末との間

　第八章で見て来たように、様々な洪水譚が沖縄には存在している。その中でも一際異彩を放っているのが、この波照間の新生である。神々が油雨によって過去を決算し、全滅させるという箇所は、ゾロアスター教、キリスト教の終末的な部分があるし、炎のイメージはこの二つやインドならびに北欧神話の炎のイメージに非常に似ている。しかも、生き残った二人の人間は神々の如くに世界の構成物を産み出してゆく。

　今の時代の起源がはじまったという点では洪水神話の類型であり、それを第八章で見て来た。しかし、炎が用いられるという点で未来を語る他の神話に非常に似ている。これらの要素を併せ持つ波照間の伝承話は非常に重要な特徴を兼ね備えているといえる。

VIII. 日本：国譲りと神武天皇

33　「波照間の新生」、『沖縄の民話』日本の昔話 30、所載、稲田浩二監修、福田晃、岩瀬博、遠藤庄治編（日本放送出版協会：1980）、300-03。

論点

闘争の背景

神の命令による地上の覇権争い

闘争の主体

神々、神の子孫が争う

国譲りと神武東征

『古事記』『日本書紀』におい
て日本神話では争いが描写
される箇所が二つあり、その
二つを経由して現在の秩序が
はじまる。いわゆる国譲りと
呼ばれる箇所と、神武東征と
呼ばれる箇所である。まず、
その要約を『日本書紀』に即
して見ていきたい。

『日本国開闢由来紀』の歌川国芳による神武東征

要約：国譲り（『日本書紀』巻第二、神代下、正文）[34]

> 天の神が、天照大御神の子供である天忍穂耳命に地上を統治させ
> ることを決めた。
> 天穂日命を交渉役として送ったが帰ってこなかった。次に天稚彦
> を送ったが、大己貴神（大国主神）の娘と結婚し、命令に従わなかっ
> たため、高皇産霊尊によって殺されてしまった。最終的に、
> 武甕槌神と経津主神を送り、地上を治めていた大己貴神に地上を譲
> るように求めた。大己貴神は子供に判断をゆだね、子供の事代主神
> は降伏を決めた。

34　『日本書紀』巻第二、神代下、正文、校注訳：『日本書紀』1、新編日本古典文学全集2、
小島憲之、直木孝次郎、西宮一民、蔵中進、毛利正守校注訳（小学館：1994）、110-122。

武甕槌神と経津主神は物をいう草・木・石を討伐し、星の神も討伐して天に帰っていった。

要約：神武東征（『日本書紀』巻第三[35]）

　　国譲りが行われた後、天忍穂耳命（あめのおしほみみのみこと）が地上に降りることを辞退し、彼の子である瓊瓊杵尊（ににぎのみこと）を地上に降臨させる。

　　天祖の降臨から179万2470年あまりが経った。しかし、未だ地上は天孫に従っていない。瓊瓊杵尊の孫である彦火火出見（ひこほほでみ）は東に美しい場所があり、天神の子である饒速日命（にぎはやひのみこと）と思われる神が降りた場所があると聞き、そこへ行って都を作ることにした。

　　大和の西側、生駒山から大和に侵入しようとしたが、長髄彦（ながすねひこ）とその軍が麓の坂で待ち構えていて登ろうとする彦火火出見の軍と戦闘になり、敗北してしまった。

　　日の神の子孫が太陽に向かって戦闘を行うのが敗北の原因だと考えた彦火火出見は、熊野を経由し東から入る事に決めた。熊野の山中で毒に中った一行は、神より下された神剣によって回復し、菟田（現在の宇陀）から大和盆地に侵入した。様々な勢力を従え、戦闘に勝利した。長髄彦は彦火火出見が天神の子孫だと信じなかったからである。長髄彦は主君饒速日命の天羽羽矢と靫（ゆき）を見せ、彦火火出見も天羽羽矢と靫（ゆき）を見せ両者とも天神の子孫であることを納得した。しかし、従うことを受け入れられなかった長髄彦は饒速日命に殺された。饒速日命は彦火火出見に恭順し、彦火火出見は天皇として即位した。初代神武天皇である。

分析

背景

35　『日本書紀』巻第三、校注訳：1、192-234。

天の神々が天之忍穂耳命に地上を統治させることを決めたことからすべてははじまる。それは地上の無秩序に秩序を与えるためであるが、既に大国主神は国家を成立させており、天上の勢力もそれを認識していた。ここで取り上げた二つの神話は天照大御神の子孫がなぜ地上を支配しているのかを説明するものとなっているのである。

　日本神話の統治の正当性は上位の神々からの命令によって得られる。伊邪那岐命と伊邪那美命は天の神から地上を作るように命令された。その子供は伊邪那岐命から三界（天・夜・地（あるいは海））を統治するように命令された。大国主神は須佐之男命（地上の統治者）の娘と結婚することによって、地上の統治の正当性を得た。[36]

　国譲りは、高皇産霊神と天照大御神によって命令されたから、その命令には正当性があったと考えられる。国譲りの交渉に最初に行った天菩比神は、出雲国造の祖となっている。

闘争の主体

　最初は交渉を繰り返した天上の勢力であったが、最終的に軍事力を背景に脅す形で地上の支配権を譲らせることに成功する。『古事記』では、大国主神の息子の一人である建御名方神が反抗し、相撲で敗北し、諏訪に逃げ込み、出てこないことを誓った事も描かれている。

　そして、地上を統治するために、天照大御神の孫の邇邇藝命が九州に降臨する。しかし、統治がはかどらなかったので、奈良に都を作ることにする。しかし、そこにも天神の子が降臨していた。饒速日命である。彼の勢力を打倒し、恭順させ初代天皇となった。

結果

　これは、天皇が地上を統治している正当性を獲得するための神話だといえる。天の神々から命じられ、大国主神に地上の統治権を譲られ、第七章で見て来たように山の神と海の神と婚姻関係を結び、同じく天神の子からも認められることによって、天皇は様々な立場の存在から地上の統治権を認められていることを示す神話だといえる。

36　丸山顕誠『現人神となる神事』（三弥井書店：2020）、ch. 5。

IX. 現在と未来

　神々もまた人と同じように争いの中に生きる存在でもある。大きく、現在に至る経緯を語る神話と、未来の様子を教える神話の二つに分けられる。現在への経緯であっても、論じられているテーマは少しずつ違う。インドの乳海攪拌神話ではなぜ現在の世界ができ上がったのか、バアルの神話ではバアルが神々の王である理由、『来寇の書』では、なぜアイルランド人が現在アイルランドの島に住んでいるのか、日本神話では、なぜ天皇が大和で即位したのかが語られている。

　滅びを与える火においても、第三章で紹介したインドの例があり、ほかにもここで見て来たゾロアスター教やユダヤ教、キリスト教のものがあり、北欧神話でも火によって世界は滅ぶ。しかし、ゾロアスター教やユダヤ・キリスト教のものは浄化の火であり、正しい人は生き残る。また、北欧神話の火は自然をモチーフにしていないことをオルリックは指摘している。[37]彼の次の指摘は、安易に比較をしてしまう本書のような本への警鐘でもあるのだろう。「世界炎上はアジアやヨーロッパの古い民族文化の大きな集団に共通の表象であるが、その形成はまったく千差万別なので、全系列を貫く歴史的連関を辿ることができるかどうかは、不確実なままなのである。」[38]

　37　アクセル・オルリック『北欧神話の世界：神々の死と復活』尾崎和彦訳（青土社：2003）、60-64.
　38　オルリック『北欧神話の世界』64。

ブックガイド
更なる神話の理解に向けて

　本書を読んでからさらに神話を理解するために、どのような本を読んでゆけば
よいのか。

　理解という面に関して大まかに言って、三つの方面からの理解が必要になるだ
ろう。一つ目は神話の文献の理解、二つ目は神話の内在的論理の理解、三つ目は
神話の外的な論理の理解である。

　何よりもまず、神話を読むことが重要であろう。再話集や翻訳をまずは読み、
それに飽き足らなければ、興味の出たジャンルの言語を習得することによって原
語で神話を味わうことができる。さらに進むためには文献学の知識の取得に進む
ことになる。第二の理解、神話の内在的論理を理解するためには、それぞれの宗教・
神話の神学や祭祀、歴史の研究を参照することで、そして三つ目は比較神話、比
較民話、叙述理論、歴史研究などが参照すべき対象であろう。それぞれの理解が
支えあいながら、神話そのものの理解が深まってゆくのである。

　個々の神話に関するさらなる探究をなさりたい向きは、本書で参照した神話が
書かれた本を直接読まれることをお勧めする。写本や校訂に関する情報や、研究
に関しても触れている。

　ここでは、本文や参考文献一覧に掲載していないものを含めて、和文による入
門書、辞書などを紹介したいと思う。

入門書

　世界には様々な神話がある。それらを研究対象にしているのが神話学と呼ばれ
る学問分野であるが、哲学、歴史学、文学、文化人類学など様々な分野の研究者
がそれぞれの立場から、また学際的な立場から研究を行っている。その入門書には、
神話の理解に役立つ様々な情報が、神話の内容の紹介とともに書かれている。

篠田知和基『世界神話入門』勉誠出版：2017。
　　　　　類型や象徴をもとに世界中の神話を分析している。
呉茂一『世界の神話入門』講談社学術文庫。講談社：2021。
　　　　　ギリシア神話を中心に、日本など他の神話との比較なども行っている。
松村一男『神話学入門』講談社学術文庫。講談社：2019。
　　　　　理論を中心に様々な神話の分析を行っている。

山田仁史『新・神話学入門』朝倉書店：2017。
　　　　地域ごとに神話・文献・歴史について紹介がなされている。

要約・再話

　神話の翻訳といっても、最初に読んだ場合、何を言っているのかわからない場合がある。現代日本に住む我々にわかりやすく書き直した再話集も、短期間に理解をしてゆくには有用である。

大林太良、伊藤精司、吉田敦彦、松村一男編『世界神話事典　世界の神々の誕生』
　　　　角川ソフィア文庫。角川書店：2012。
大林太良、伊藤精司、吉田敦彦、松村一男編『世界神話事典　創世神話と英雄伝説』
　　　　角川ソフィア文庫。角川書店：2012。
　　　　2005年に同書店より発売された『世界神話事典』を分冊化したもの。様々な研究者が自分の専門分野の神話を再話・要約したものが掲載されている。

辞典・事典

　また、定評ある辞（事）典もさらなる神話理解のためには重要である。神々や神話に出てくる事物や術語の解説がなされている。著名な神話であれば以下のものが参考になると思われる。

神話総合
『世界神話伝説大事典』篠田知和基、丸山顯徳編（勉誠出版：2016）

神話別
高津春繁『ギリシア・ローマ神話辞典』岩波書店：1960。
L. ルヌー、J. フィリオザ『インド学大事典』1-3。金花舎：1979-1981。
袁珂『中国神話伝説大事典』大修館：1999。
『新カトリック大事典』1-4、別冊、総索引。上智学院新カトリック大辞典編纂委員
　　　　会編。研究社：1996-2010。
『旧約新訳聖書大事典』縮刷版。旧約新約聖書大辞典編纂委員会編。教文館：
　　　　2023。
『神道大事典』佐伯有義、宮地直一監修。臨川書店：1986。

分野別書誌

凡例：
著者名は翻訳も含めて原語、訳書名は所謂ローマ字読みで配列した（例：カトリック→kat)。
ウェブサイトは全て2023年5月31日にアクセスを行った。

項目は次の通りである。
I.事典・辞典 II.日本 III.沖縄 IV.仏教 V.エヴェンキ VI.朝鮮半島 VII.モンゴル VIII.中国 IX.東南アジア X.インド XI.ゾロアスター教 XII.メソポタミア XIII.ウガリト XIV.ユダヤ・キリスト教 XV.ギリシア・ローマ XVI.エジプト XVII.北欧 XVIII.イギリス XIX.アイルランド XX.エスキモー XXI.南北アメリカ大陸 XXII.南洋・オセアニア XXIII.神話理論・広域研究など XXIV.ヨーロッパ文学 XXV.現代ファンタジー文学 XXVI.神話創造文学 XXVII. 真理と詩 XXVIII.その他。

I. 事典・辞典

神話・伝説・宗教

Encyclopaedia Judaica. 2nd edition. Edited by Fred Skolnik and Michael Berenbaum. Detroit: Macmillan Reference USA in association with the Keter Pub. House, 2007.

ルクトゥ、クロード 『北欧とゲルマンの神話事典』 篠田知和基監訳。原書房：2019。

New Catholic Encyclopedia. 2nd edition. Detroit: Thomson Gale in association with the Catholic University of America. 2003.

ファンタジー文学

森瀬繚 『クトゥルー神話解体新書』 コアマガジン：2022。

Stableford, Braian. *Historical Dictionary of Fantacy Literature*. Lanham, Maryland: The Scarecrow Press, 2005.

語源

Beekes, Robert Stephen Paul. *Etymological Dictionary of Greek*. Assistance with Lucien van Beek. Leiden: Brill, 2010.

Brachet, Auguste, and G. W. Kitchin. *An Etymological Dictionary of the French Language.* Translated by George William Kitchin. 3d. ed. Oxford: Clarendon Press, 1882.

Kluge, Friedrich, Max Bürgisser, Bernd. Gregor, and Elmar. Seebold. *Etymologisches Wörterbuch der deutschen Sprache.* 22. Aufl. Berlin: de Gruyter, 1989.

Vaan, Michiel de. *Etymological Dictionary of Latin and the Other Italic Languages.* Leiden Indo-European Etymological Dictionary Series volume 7. Leiden: Brill, 2008.

百科事典・辞典

Oxford English Dictionary. Second Edition. Oxford: Clarendon Press, 1989.

Suda On Line. http://www.stoa.org/.

Voltaire. *Dictionnaire Philosophique.* II. Œuvres Complètes De Voltaire Nouvelle Édition, XVIII. Edité par Louis Molland. Paris : Garnier, 1878.

II. 日本

史料

『風土記』新編日本古典文学全集5。植垣節也校注訳。小学館：1997。

義俊『光源院贈左府追善三十一文字』。『扶桑拾遺集巻第三』所載。源光圀編。166-169。石塚猪男蔵：1898。

黒板勝美編『弘仁式・延喜式・交替式』新訂増補国史大系26。吉川弘文館：1937。

『観智院本　類聚名義抄』法下、『類聚名義抄』10 巻、法下(貴重図書複製会：1937)、4 コマ目、10.11501/3439552。

『方丈記、徒然草、正法眼蔵随聞記 歎異抄』新編日本古典文学全集44。神田秀夫、永積安明、安良岡康作校注訳。小学館：1995。

『古事記』新編日本古典文学全集 1。山口佳紀、神野志隆光校注訳。小学館：1997。

『万葉集注釈』巻第三。澤瀉久孝訳注。中央公論：1958。

『日本書紀』 1。新編日本古典文学全集 2。小島憲之、直木孝次郎、西宮一民、蔵中進、毛利正守校注訳。小学館：1994。

研究

窪田蔵朗『鉄から読む日本の歴史』講談社学術文庫。講談社：2003。

丸山顕誠『祓の神事：神話・理念・祭祀』三弥井書店：2015。

丸山顕誠『現人神となる神事』三弥井書店：2020。

丸山顕誠「世界を超越している神：日本神話における神-世界-自己間弁別とその比較研究」『神話と風土』篠田知和基編(GRMC: 2019)、68-79。

丸山顕誠「聖典と神話」。『神話研究の最先端』笠間書院：2022、32-71。

那珂通世『増補　上世年紀考』三品彰英増補。1898；養徳社：1948。

高取正男『神道の成立』平凡社選書。平凡社：1979。

寺田寅彦「神話と地球物理学」、同著者『寺田寅彦全集』6。岩波書店：1997。

III. 沖縄
史料

『中山世鑑』。『琉球資料叢書』第五、所載。伊波普猷、東恩納寛惇、横山重編。名取出版：1941。

『伊良皆の民話』読谷村教育委員会。歴史民俗資料館編：1979。

『沖縄の民話』日本の昔話30。稲田浩二監修、福田晃、岩瀬博、遠藤庄治編。日本放送出版協会：1980。

『宮古島旧記』明有文長良撰。『宮古島旧記並史歌集解』所載。稲村賢敷編。琉球文教図書：1962。

『那覇の民話資料』第一集。那覇民話の会編。那覇市教育委員会：1979。

研究

丸山顯德「沖縄の津波伝説」。『世界の洪水神話：海に浮かぶ文明』所載。篠田知和基、丸山顯德編。勉誠出版：2005、292-311。

丸山顯德『口承神話伝説の諸相』勉誠出版：2012。

IV. 仏教
史料

『地蔵菩薩発心因縁十王経』。『国訳一切経印度撰述部』大集部五、所載。岩野真雄編。大東出版：1936。

『第130経　神の使者：天使経』長尾佳代子訳。『原始仏典第七巻　中部経典IV』所載。松田慎也、勝本華蓮、長尾佳代子、出本充代訳。335-347。春秋社：2005年。

世親『倶舎論』仏典講座18。桜部建訳注。厚徳社：1981。

研究

藤井佐美「昔話の伝承世界──仏教説話と地域文化の変容──」、『尾道市立大学地域総合センター叢書』11(2021): 2-19。doi/10.18899/chi.11.07。

岩本裕『地獄めぐりの文学』開明書院：1979。

小林信彦「兎が火に飛び込む話の日本版：他のヴァージョンにはない発想と筋運び」『国際文化論集』30(2004): 3-50。

清水邦彦「『地蔵十王経』考」『インド学仏教学研究』51(1)、2002、189-194。

松長有慶『密教』岩波新書。岩波書店：1991。

小野寺郷「奈河と三途の川」、『南山宗教文化研究所報』5(1995): 25-30。

櫻部建、上山春平『存在の分析＜アビダルマ＞』仏教の思想2。角川ソフィア文庫。角川書店：1969；1998。

栂野祥雲『曼荼羅の研究』高野山大学出版部：1927。

V. エヴェンキ

荻原真子「エヴェンキ族の創世神話」『ユリイカ』（1985.1）：116-129。

VI. 朝鮮半島

金富軾『完訳　三国史記』上。金思燁訳。六興出版：1980。

VII. モンゴル

『元朝秘史』上。岩波文庫。小澤重男訳。岩波書店：1997。

VIII. 中国

神話・説話

孔子『論語』新釈漢文大系1。吉田賢抗訳注。明治書院：1960。

袁枚『子不語』1。東洋文庫788。手代木公助訳。平凡社：2009。

『淮南子』上。新釈漢文大系54。楠山春樹訳注。明治書院：1979。

『後漢書』第一冊。范曄撰。中華書局：1965。

『礼記』中。新釈漢文大系第28巻。竹内照夫訳注。明治書院：1987。

『三皇本紀』司馬貞撰。司馬遷『史記』一（本紀上）。新釈漢文大系38。吉田賢抗訳注。明治書院：1973。

『山海経・列仙伝』全釈漢文大系33。前野直彬訳注。集英社：1975。

司馬遷『史記』一（本紀上）。新釈漢文大系38。吉田賢抗訳注。明治書院：1973。

―――.『史記』二（本紀下）。新釈漢文大系39。吉田賢抗訳。明治書院：1973。

薮内清編『中国の科学』中公バックス世界の名著12。中央公論社：1979。

『五運歴年紀』。所載『繹史』馬驌撰。金匱浦氏重修本：１８８９。10.11501/2600454.

研究

青木良輔『ワニと龍：恐竜になれなかった動物の話』平凡社新書。平凡社：2001。

Iijima, Masaya, Yu Qiao, Wenbin Lin, Youjie Peng, Minoru yoneda and Jun Liu, "An intermediate crocodilian linking two extant gharials from the Bronze Age of

China and its human-induced extinction," *Proceedings of The Royal Society B* 289, Issue 1970 (9. March. 2022). doi.org/10.1098/rspb.2022.0085.

宮崎市定「龍の爪は何本か」。『中国文明論集』所載。岩波文庫。341-345。岩波書店：1995。初出、1964。

周正律「漢代における龍の属性の多様化について」、『東アジア文化交渉研究』8、(2015年3月): 451-75。

IX. 東南アジア

Hervey, D.F.A. "The Mêntra Traditions," *Journal of the Strais Branch of the Royal Asiatic Society* 10(December 1882): 189-94.

グェン・カオ・ダム編訳『原語訳　ベトナムの昔話』チャン・ベト・フォン、稲田浩二、谷本尚史訳。同朋舎：1990。

Skeat, Walter William, and Charles Otto Blagden. *Pagan Races of the Malay Peninsula*. Vol. II. London: Macmillan, 1906.

X. インド
史料

THE BHĀGAVATA PURĀNA. Part 2. Translated and annotated by G.V. Tagare. Edited by J. L. Shastri. Deli: Motilal Banarsidass, 1950.

『マハーバーラタの哲学：解脱法品原典解明』上。中村了昭訳注。平楽寺書店：1998。

『マハーバーラタの哲学：解脱法品原典解明』下。中村了昭訳注。平楽寺書店：2000。

『マヌの法典』岩波文庫。田辺繁子訳。岩波書店：1953。

稲田浩二、小澤俊夫編『日本昔話通観　研究編1』パンジャブ。同朋舎出版：1993。

『新訳　ラーマーヤナ1』東洋文庫。中村了昭訳。平凡社：2012。

『リグ・ヴェーダ讃歌』岩波文庫。辻直四郎訳。岩波書店：1970。

『ウパニシャッド』講談社学術文庫。辻直四郎訳。講談社：1990。

研究

矢野道雄編『インド天文学・数学集』科学の名著1。朝日出版社：1980。

湯田豊「アートマンの言語的研究：序論」、『共立薬科大学研究年報』19(1947)：41-57。

XI. ゾロアスター教

史料

『原典完訳　アヴェスタ：ゾロアスター教の聖典』野田恵剛訳注。国書刊行会：2020。

「ブンダヒシュンI」野田恵剛訳注、『貿易風』4（2009年4月）：149-186。
https://elib.bliss.chubu.ac.jp/webopac/XC09000058.

「ブンダヒシュンII」野田恵剛訳注、『貿易風』5（2010年4月）：120-171。
https://elib.bliss.chubu.ac.jp/webopac/XC10000116.

「ブンダヒシュンIII」野田恵剛訳注、『貿易風』6（2011年4月）：165-232。
https://elib.bliss.chubu.ac.jp/webopac/XC11000040.

研究

ボイス、メアリー『ゾロアスター教：三五〇〇年の歴史』講談社学術文庫。山本由美子訳。講談社：2010年。

XII. メソポタミア

史料

Black, J.A., Cunningham, G., Ebeling, J., Flückiger-Hawker, E., Robson, E., Taylor, J., and Zólyomi, G. *The Electronic Text Corpus of Sumerian Literature* (http://etcsl.orinst.ox.ac.uk/), Oxford 1998–2006.

『エヌマ・エリシュ　バビロニア創世叙事詩』月本昭男訳注。ぷねうま社：2022。

『ギルガメシュ叙事詩』月本昭男訳注。岩波書店：1996。

Jacobsen, Thorkild. *The Treasures of Darkness: A history of Mesopotamian Religion*. New Haven: Yale University Press, 1976.

『シュメール神話集成』ちくま学芸文庫。杉勇、尾崎亨訳。1978：筑摩書房：2015。。

Verbrugghe, Gerald P. and John M. Wikersham. *Berossos and Manetho: Introduced and Translated Native Tradition in Ancient Mesopotamia and Egypt*. Ann Arbor: The University of Michigan Press, 1996.

研究

前田徹『メソポタミアの王・神・世界観　シュメール人の王権観』山川出版社：2003。

Michalowski, Piotr. "Maybe Epic: The Origins and Reception of Sumerian Heroic Poetry." in *Epic and History*. Edited by David Konstan and Kurt A. Raaflaub. 9-25. West Sussex: Wiley-Blackwell, 2010.

Young, Dwight Willy. "The Incredible Regnal Spans of Kish I in the Sumerian King List." *Journal of Near Eastern Studies* 50, no. 1 (1991): 23-35.

XIII. ウガリト

谷川政美『バアルの物語：ウガリトの神話：音写資料からの翻訳と解説並びに旧約聖書の影響とその歴史的背景』新風社：1998。

XIV. ユダヤ・キリスト教

聖典・外典・立法・説話

『旧約聖書外典』下。講談社文芸文庫。関根正雄編訳。講談社：1999。

Biblia Hebraica Stuttgartensia. Stuttgart: Deutsche Bibelgesellschaft, 1967/77. https://www.academic-bible.com/en/online-bibles/biblia-hebraica-stuttgartensia-bhs/read-the-bible-text/.

Chagigah. https://www.sefaria.org/Chagigah?tab=contents

Nova Vulgata. https://www.vatican.va/archive/bible/nova_vulgata/documents/nova-vulgata_index_lt.html.

『聖書：原文校訂による口語訳』フランシスコ会聖書研究所訳注。サンパウロ：2011。

Tanakh: A New Translation of The Holy Scriptures According to the Traditional Hebrew Text. Philadelphia: The Jewish Publication, 1985.

The Oxford Annotated Mishnah, A New Translation of the Mishnah with Introductions and Notes, Vol. 1, Shaye J. D. Cohen, Robert Goldenberg, Eayim Lapin eds., (Oxford: Oxford University Press, 2022), 553.

ウォラギネ、ヤコブス・デ・『黄金伝説』56聖ゲオルギウス。高橋輝和『聖人と竜　図説　聖ゲオルギウス伝説とその起源』所載。八坂書房：2017。34-36; 119-22; 103。

『聖書』注釈

デヴィッドソン、ロバート『創世記：ケンブリッジ旧約聖書注解I』新教出版社：1986。

フラー、レジナルド. C.、レオナルド・ジョンストン、コンレス・カーンズ編『カトリック聖書新注解書』A. ジンマーマン、浜寛五郎日本語編。エンデレ書店：1976。

キドナー、デレク『ティンデル聖書注解創世記』遠藤嘉信、鈴木英昭訳。いのちのことば社：2008。

ユダヤ教：研究

Karr, Donn. "Notes on Editions of Sefer Yetzirah in English," https://www.academia.edu/22875900/Notes_on_Editions_of_Sefer_Yetzirah_in_English.

ゲルショム・ショーレム『カバラとその象徴的表現』叢書・ウニベルシタス。小岸昭、岡部仁訳。法政大学出版局：1985。

吉見崇一『ユダヤの祭りと通過儀礼』リトン：1994。

キリスト教

『カトリック教会のカテキズム』日本カトリック司教協議会教理委員会訳監修。2002：カトリック中央協議会。

キリスト教：神学古典

アウグスティヌス『神の国』上。金子晴勇、赤木善光、泉典也他訳。教文館：2014。

アクィナス・トマス『神学大全』4。高田三郎、日下昭夫訳。創文社：1973。

―――.『神学大全』8。横山哲夫訳。創文社：1962。

シルヴェストリス、ベルナルドゥス『コスモグラフィア（世界形状詩）』秋山学訳。所載『中世思想原典集成』8シャルトル学派。上智大学中世思想研究所監修。平凡社：2002。

キリスト教：研究

カーゼル、オード「ある講義から　1944-1945」『秘儀と秘義』小柳義夫訳。みすず書房：1975。

ユングマン、ヨーゼフ・アンドレアス『ミサ』福地幹男訳。オリエンス宗教研究所：1992。

Sokolowski, Robert. *God of Faith and Reason: Foundations of Christian Theology with a new preface*. (Notre Dame: University of Notre Dame University, 1982) Washington D. C.: The Catholic University of America Press, 1995.

―――. *Eucharistic Presence: A Study in the Theology of Disclosure*. Washington, D. C.: The Catholic University Press, 1993.

スリ、エドワード、田中昇、湯浅俊治『ミサ聖祭』田中昇他訳。フリープレス：2020。

高橋輝和『聖人と竜　図説　聖ゲオルギウス伝説とその起源』八坂書房：2017。

XV. ギリシア・ローマ

ギリシア・ローマ：神話・叙事詩

Apollodorus. *The Library: with an English Translation*. 1. Loeb Classical Library 121. Edited by James George Frazer. London: William Heinemann, 1921.

アポロドーロス『ギリシア神話』改版、岩波文庫、高津春繁訳、岩波書店、1978年。

アポロニオス『アルゴナウティカ』西洋古典叢書。堀川宏訳。京都大学学術出版会：2019。

Diodorus. *Library of History*. Volume II: Books 2.35-4.58. Translated by C. H. Oldfather. Loeb Classical Library 303. Cambridge, MA: Harvard University

Press, 1935.

ヘシオドス『神統記』。『ヘシオドス全著作』所載。西洋古典叢書。中務哲
郎訳。京都大学学術出版会：2013。

———.『仕事と日』。『ヘシオドス全著作』所載。西洋古典叢書。中務哲
郎訳。京都大学学術出版会：2013。

ホメロス『イリアス』上下。岩波文庫。松平千秋訳。岩波書店：1992。

ホメロス『オデュッセイア』西洋古典叢書。中務哲郎訳。京都大学学術出版
会：2022。

伝ホメロス『諸神讃歌』筑摩学芸文庫。沓掛良彦訳。筑摩書房：2004。初
出、平凡社：1990。

『キュプリア』逸文。中務哲郎編訳『ホメロス外典 叙事詩逸文集』所載。西
洋古典叢書。京都大学学術出版会： 2020。

オウィディウス『変身物語』1。西洋古典叢書。高橋宏幸訳。京都大学学術
出版会：2019。

オウィディウス『変身物語』2。西洋古典叢書。高橋宏幸訳。京都大学学術
出版会：2020。

プルタルコス『英雄伝』1。西洋古典叢書。柳沼重剛訳。京都大学学術出版
会：2007。

『ソクラテス以前哲学者断片集』第一分冊。内山勝利編。岩波書店：1996。

『ソクラテス以前哲学者断片集』第三分冊。内山勝利編。岩波書店：1997。

Statius, P. Papinius (Publius Papinius). *Thebaid and Achilleid*. Edited by M. J.
Edwards, cllaboration with A. L. Ritchie and M. J. Edwards, Cambridge:
Cambridge Scholars, 2007.

ウェルギリウス『アエネーイス』西洋古典叢書。岡道男、高橋宏幸訳。京都
大学外術出版会：2001。

ギリシア：悲劇・喜劇・抒情詩

アイスキュロス『テーバイを攻める七人の将軍』池田黎太郎訳。『ギリシア
悲劇全集』2、所載。伊藤照夫、西村太良、池田黎太郎、岡道雄訳。岩
波書店：1991。

アイスキュロス、『縛られたプロメーテウス』岩波文庫。呉茂一訳。岩波書
店：1974。

アリストファネス『蛙』。アリストファネス『ギリシア喜劇全集』3、所
載。丹下和彦、荒井直、内田次信訳。岩波書店：2009。

Campbell, David A. *Greek Lyric*. Cambridge, Mass: Harvard University Press, 1982.

ルキアノス『メニッポスまたは死霊の教え』。ルキアノス『偽預言者アレク
サンドロス』全集4、所載。西洋古典叢書。内田次信、戸高和弘、渡辺
浩司訳。京都大学学術出版会：2013。

エウリピデス『アルケスティス』。エウリピデス『悲劇全集』1、所載。西洋古典叢書。丹下和彦訳。京都大学学術出版会：2012。

エウリピデス『バッカイ』。エウリピデス『悲劇全集』4、所載。西洋古典叢書。丹下和彦訳。京都大学学術出版会：2015。

ピンダロス『祝勝歌集／断片選』内田次信訳。京都大学学術出版会：2001。

ソフォクレス断片837。『ギリシア悲劇全集』11、所載。木曾明子、久保田忠利、下田立行他訳。岩波書店：1991。

ギリシア：哲学

アリストテレス『詩学』光文社古典新訳文庫。三浦洋訳。光文社：2019。

プラトン『国家』上下、岩波文庫、藤沢令夫訳。岩波書店：1979。

———.『ゴルギアス』。『プラトン全集』9、所載。加来彰俊、藤沢令夫訳（岩波書店：1974。

———.『ティマイオス』。『プラトン全集』12、所載。種山恭子、田之頭安彦訳。岩波書店、1975。

ギリシア：歴史・地誌

ヘロドトス『歴史』上。岩波文庫。松平千秋訳。岩波書店：1971。

パウサニアス『ギリシア記』飯尾都人訳。龍渓書舎：1991。

ストラボン『ギリシア・ローマ世界地誌』飯尾都人訳。龍渓書舎：1994。

ギリシア・ローマ：研究

Barrett, Charles Kingsley. "Myth and the New Testament: The Greek Word Μύθος." *The expository times* 68, issue 11(August 1957): 345-48 .

フィンリー、モーゼス・イスラエル『オデュッセウスの世界』岩波文庫。下田立行訳。岩波書店：1994。

Goldbers, Sander M. "Fact, Fiction, and Form in Early Roman Epic," in E*pic and History*. Edited by David Konstan and Kurt A. Raaflaub. 167-174. West Sussex: Willy-Blackwell, 2020.

川島重成『『イーリアス』ギリシア英雄叙事詩の世界』岩波セミナーブックス37。岩波書店：1991。

クラウク、ハンス＝ヨーゼフ『初期キリスト教の宗教的背景　古代ギリシア・ローマの宗教世界　上巻』小河陽監訳、吉田忍、山野貴彦訳。日本キリスト教団出版局：2017。

Powell, Barry Bruce. *Classical Myth*. Eighth Edition, Global Edition. Boston: Pearson, 2015.

中務哲郎「ヘシオドスの五時代説話について」。所載『饗宴のはじまり：西洋古典の世界から』41-52。岩波書店：2003。

Sourvinou-Inwood, Christiane. *'Reading Greek Death' to the End of the Classical*

Period. Oxford: Clarendon, 1996.

West, M. L. "The Medieval and Renaissance Manuscripts of Hesiod's Theogony." *The Classical Quarterly* 14, no. 2 (1964): 165–89. http://www.jstor.org/stable/637722.

XVI. エジプト

深谷雅嗣「エジプトの『人類殺戮の物語』：もう一つの洪水神話」パワーポイントプレゼンテーション、第7回神話学研究会、筑波大学東京キャンパス、文京区、東京、2020年3月1日。

XVII. 北欧

V.G.ネッケル、H.クーン、A.ホルツマルク、J.ヘルガソン編『エッダ古代北欧歌謡集』谷口幸男訳。新潮社：1972。

オルリック、アクセル『北欧神話の世界：神々の死と復活』尾崎和彦訳。青土社：2003。

谷口幸男『エッダとサガ』新潮社：2018。Kindle。

XVIII. イギリス

『ベーオウルフ：中世イギリス英雄叙事詩』岩波文庫。忍足欣四郎訳。岩波書店：1990年。

苅部恒徳『「ベーオウルフ」の物語世界　王・英雄・怪物の関係論』松柏社：2006。

Russom, Geoffrey. "Historicity and Anachronism in Beowulf." in *Epic and History*, Edited by David Konstan and Kurt A. Raaflaub. 243-261. West Sussex: Wiley-Blackwell, 2010.

XIX. アイルランド

ジョーダン、ニール『オンディーヌ　海辺の恋人』ウェイフェア：2009。

Lebor Gabála Érenn - The Book of the Taking of Ireland. I-V. Edited by R. A. Macalister. Dublin: Irish Society, The Educational Company of Ireland, 1938-56.

ムーア、トム『ソング・オブ・ザ・シー　海のうた』カートゥーン・サルーン：2014。

「マグトゥレドの戦い」太田明［ケルト神話翻訳マン］訳。 https://note.com/hashtag/%E3%83%9E%E3%82%B0%E3%83%88%E3%82%A5%E3%83%AC%E3%83%89%E3%81%AE%E6%88%A6%E3%81%84.

The Roll of The Kings. in *Lebor Gabála Érenn - The Book of the Taking of Ireland.* V. Edited by R. A. Macalister. Sec. IX. Dublin: Irish Society, The Educational

Company of Ireland, 1956.

XX. エスキモー

Boss, Franz. "The Eskimo of Baffin Land and Hudson Bay," *Bulletin of the American Museum of Natural History* 15, Part 1(1901).

ステュアート・ヘンリ「イヌイットか, エスキモーか：民族呼称の問題」『民族学研究』58/1(1993.6.)：85-88.

宮岡伯人『エスキモー：極北の文化誌』岩波新書。岩波書店：1987。

XXI. 南北アメリカ大陸

『マヤ神話：ポポル・ヴフ』中公文庫。A. レシーノス原訳。林屋永吉訳。中央公論社：1961；中央公論新社：2001。

ゾルブロッド、ポール. G.『アメリカ・インディアンの神話：ナバホの創世神話』金関寿夫、迫村裕子訳。大修館書店：1989。

XXII. 南洋・オセアニア

Dixon, Roland Burrage. *Oceanic*. The Mythology of All Races, 13. Boston: Marshall Jones Company, 1916.

後藤明『南島の神話』中公文庫。中央公論新社：2002。

ストウクス、D. S., B. K. ウィルソン編『パプア・ニューギニアの民話』。沖田外喜治訳。未来社：1987。

XXIII. 神話理論・広域研究など

Beach, Edward Allen. *The Potency of God(s): Shelling's Philosophy of Mythology*. New York: State University of New York Press, 1994.

イェンゼン、アドルフ・エレガルト『殺された女神』人類学ゼミナール。大林太良訳。弘文堂：1977。

松原孝俊「海外の類型伝承」。所載『天孫降臨』日本の神話3。伊藤清司、松前健編。87-96。ぎょうせい：1983。

McDonald, Logan A. "Worldwide Waters: Laurasian Flood Myths and Their Connections." *University Honors Program Theses* 381. (2018): 11-37.

Miller, Dean A. *The Epic Hero*. Baltimore: The Johns Hopkins University Press, 2000.

水野祐『羽衣伝説の探求』産報：1977。

ニーチェ、フリードリヒ『悲劇の誕生』ニーチェ全集2。筑摩学芸文庫。塩屋竹男訳。筑摩書房：1993。初出、理想社：1979。

シェリング、フリードリヒ・ヴィルヘルム・ヨーゼフ・フォン『〈新装版〉シェリング著作集第6b巻 啓示の哲学〈中〉』諸岡道比古編、（文屋

秋栄：2019）13-35。

『世界の洪水神話：海に浮かぶ文明』篠田知和基、丸山顯德編。勉誠出版：2005。

Watkins, Calvert. *How to Kill a Dragon*. New York: Oxford University Press, 1995.

XXIV. ヨーロッパ文学

フランス文学

クードレット『西洋中世奇談集成　妖精メリュジーヌ物語』講談社学術文庫。松岡剛訳。講談社：2014。

フランス文学：研究

Bossy, Michel-André. "Roland's Migration from Anglo-Norman Epic to Royal French Chronicle Hisotry," in *Epic and History*. Edited by David Konstan and Kurt A. Raaflaub. 293-309. West Sussex: Willy and Blackwell, 2010.

Duggan, Joseph John. "Medieval Epic and History in the Romance Literatures." in *Epic and History*. Edited by David Konstan and Kurt A. Raaflaub. 280-292. West Sussex: Willy and Blackwell, 2010.

ヴァルテール、フィリップ『クレティアン・ド・トロワ作『グラアルの物語』に隠された民話』人文研ブックレット42。渡邉浩司訳。中央大学人文科学研究所：2023。

狂えるオルランド関連

西島秀和編訳『マンドリカルド原典集成：太陽の書』私家版：2022。Kindle。

西島秀和編訳『マンドリカルド原典集成：月の書』私家版：2022。Kindle。

研究：総論・通史

クルツィウス、エルンスト・ローベルト『ヨーロッパ文学とラテン中世』南大路振一、岸本通夫、中村善也訳。みすず書房：1971。

Senter, Phil, Uta Mattox and Eid. E. Haddad, "Snake to Monster: Conrad Gessner's Schlangenbuch and the Evolution of the Dragon in the Literature of Natural History," *Journal of Folklore Research* 53 no.1(January/April 2016) 67-124.

XXV. 現代ファンタジー文学

現代ファンタジー文学：研究

Mendlesohn, Farah. "Toward A Taxonomy of Fantasy." Final version. https://www.academia.edu/6730658/Taxonomies_of_Fantasy_final_version.

Stableford, Braian. Introduction to *Historical Dictionary of Fantacy Literature*. Lanham, Maryland: The Scarecrow Press, 2005.

XXVI. 神話創造文学

神話創造文学：史料

Lewis, Clive Staples. *The Collected Letters of C. S. Lewis: Narnia, Cambridge, and Joy 1950-63*. (1963) Pymble: HarperCollisn, 2009. Kindle.

ルイス、クライブ・ステープルス『喜びのおとずれ』冨山房百科文庫7。早乙女忠、中村邦夫訳。冨山房：1977。

Lovecraft, Howard Philips. *Selected Letters: 1929-1931*. Edited by August Derleth and Donald Wandrei. Sauk City, Wisconsin: Arkham House, 1971.

―――. Selected Letters: 1934-1937. Edited by August Derleth and James Turner. Sauk City, Wisconsin: Arkham House, 1976.

Tolkin, John Ronald Reuel.The Letters of J.R.R Tolkin. Edited by Humphrey Carpenter. Assisted by Christopher Tolkien. Great Bretain: George Allen & Unwin, 1981, London: HarperCollins, 2012, Kindle.

―――. Tolkien On the Fairy Stories. Expanded edition, with commentary and notes. Edited by Verlyn Flieger and Douglas A. Anderson. London: HarperCollins, 2008.

トールキン、ジョン・ロナルド・ロウエル『妖精物語の国へ』ちくま文庫。杉山洋子訳。筑摩書房：2003。

Stapledon, Olaf. Preface to *Last and First man: A story of the Near and Far Future*. Second edition. v-vi. London: Methuen, 1931.

神話創造文学：研究

Barkman, Adam. "Rudolf Otto." in *The Idea of the Holy, in C. S. Lewis' List: The Ten Books That Influenced Him Most*. Edited by David Werther and Susan Werther, 113-134. London: Bloomsbury Academic. 2023.

ボルヘス、ホルヘ・ルイス「オラフ・ステイプルドン『スターメイカー』」ホルヘ・ルイス・ボルヘス『ボルヘス・コレクション　序文つき序文集』所載、牛島信明、内田兆史、久野量一訳。291-293。国書刊行会：2001。

カーター、リン『トールキンの世界』荒俣宏訳。晶文社：1977。

Crossley, Robert. *Olaf Stapledon: Speaking for the Future*. Syracuse, New York: Syracuse University Press, 1994.

デイ、デイヴィッド『図説　トールキンの指輪物語世界』井辻朱美訳。原書房：2004。

Hein, Rolland. *Christian Mythmakers*. 2nd edition. Chicago: Cormerstone Press, 2002.

Joshi, Sunand Tryambak. "Cristianity and Paganism in Two Dunsany Novels," in *Critical Essays on Lord Dunsany*. Edited by S. T. Joshi. Ch. 23. Lanham: The Scarecrow Press, 2013. Kindle.

———. Introduction to *Time: And Other Fantasy Tales*. Penguin Classics. By Lord Dunsany. Edited by S. T. Joshi. London: Penguin books, 2004. Kindle.

———. *I Am Providence: The Life and Times of H. P. Lovecraft*. New York: Hippocampus Press, 2013. Kindle.

McCarthy, Patrick A. *Olaf Stapledon*. Boston: Twayne Publishers, 1982.

シッピー、トム『J.R.R.トールキン：世紀の作家』沼田香穂里訳。伊藤盡監修。評論社：2015。

Touponce, William F. *Lord Dunsany. H. P. Lovecraft, and Ray Bradbury: Spectral Journeys*. Maryland: The scarecrow Press, 2013.

山田敦子「ジョージ・マクドナルドの「巨人の心臓」に関する一考察」『日本大学大学院総合社会情報研究科紀陽』10(2009):181-91。

XXVII. 真理と詩

真理と詩：史料

ブレイク、ウィリアム『ブレイクの手紙』梅津濟美訳。八潮出版：1970年。

ブレイク、ウィリアム『ブレイク全著作』梅津濟美訳。名古屋大学出版会：1989年。

ポオ、エドガー・アラン『ユリイカ』岩波文庫。八木敏雄訳。岩波書店：2008。

神話と詩：研究

Benzi, Nicolò. "The Redefinition of Poetic Authority in Early Greek Philosophical Poetry," *Dialogues d'histoire ancienne* 44/2, no. 2 (2018): 15-41.

Franke, William. *Secular Scriptures: Modern Theological Poetics in the Wake of Dante, Literature, Religion, and Postsecular Studies*. Columbus: The Ohio State University Press, 2016.

Franke, William. "Poetry, Prophecy, and Theological Revelation," *Oxford research Encyclopedia of Religion*. 9 May 2016. doi.org/10.1093/acrefore/9780199340378.013.205.

松島正一『ブレイク論集『ピカリング稿本』『ミルトン』その他』英光社：2010。

三宅浩「プロティノスからブレイクへ：『エネアデス』IV,8[6]論文のトマス・テイラーによる英語訳を介しての文献的考察の端緒」『ネオプラトニカ：新プラトン主義の影響史』新プラトン主義協会編。水地宗明監修。326-386。昭和堂：1998。

Vincelette, Elizabeth. "Beauty, Truth, and the Word: The Prophecy and Theology of Poe's Eureka," *The Edgar Allan Poe Review* 9, No. 2 (Fall 2008): 36-54.

XXVIII. その他

『エジプト神話集成』 ちくま学芸文庫。杉勇、屋形禎亮訳。筑摩書房：2016。

ガロー、オデット 『格差の起源　なぜ人類は繁栄し、不平等が生まれたのか』柴田裕之監訳、森内薫訳。NHK出版：2022。

マキアヴェッリ、ニコロ 『マキアヴェッリ全集6』 藤沢道郎訳者代表。筑摩書房：2000。

中島茂一 『近世欧州文学思潮史』 早稲田大学出版部：c. 1903。

Stapledon, Olaf. *Philosophy and Living*. London: Penguin Books, 1939.

田中治六 『哲学名義考：哲学館教育学部講義録』 哲学館：c. 1896。

ヴォルテール 『ヴォルテール書簡集　1704-1778』 高橋安光編訳。法政大学出版局：2008。

付図出典

第一章

Cole, Thomas. *The Titan's Goblet.* 1833. Oil on canvas, 49.2 x 41. The Metropolitan Museum of Art. New York.https://www.metmuseum.org/art/collection/search/10499.

Sime, Sidney Herbert. Cover illustration. 1905. Lord Dunsany. The Gods of Pegāna. 1st edition. Edinburgh: The Riverside Press, 1905. Via Wikimedia commons, https://upload.wikimedia.org/wikipedia/commons/0/02/Gods_of_pegana.jpg.

Girodet de Roussy-Trioson, Anne-Louis. *Apothéose des héros français morts pour la patrie pendant la guerre de la liberté.* 1801. oil and oil painting on canvas. 192 x 184. Château de Malmaison. Via Wikimedia commons, https://fr.wikipedia.org/wiki/Fichier:Anne-Louis_Girodet-Trioson_001.jpg.

第二章

Rare Book Division, The New York Public Library. "Libri Cosmo" New York Public Library Digital Collections. Accessed January 23, 2024. https://digitalcollections.nypl.org/items/adc4a100-90d8-0131-c0de-58d385a7b928.

第三章

Cranach, Lucas. Creation. 1545. in Martin Luther. *Biblia, das ist, Die gantze Heilige Schrift Deudsch* . Wittenberg: Hans luft, 1534. Via wiki media commons, https://upload.wikimedia.org/wikipedia/commons/e/e9/Creation-Luther-Bible-1534.jpg.

Paolo, Giovanni de. *The Creation of the World and the Expulsion from paradise*. 1445. Tempera and gold on wood. 46.4 x 52.1 cm. The Metropolitan Museum of Art., https://www.metmuseum.org/art/collection/search/458971.

Giordano, Luca. *Particolare di Giove e l'apoteosi dei Medici*. Fresco. Collection of reproductions compiled by The York Project. Via wikimedia commons, https://upload.wikimedia.org/wikipedia/commons/8/84/Luca_Giordano_023.jpg.

Brynjúlfsson, Ólafur. "Sæmundar og Snorra Edda (1760).," 1999. 94.` Det Kgl. Bibliotek, http://www5.kb.dk/permalink/2006/manus/738/dan/94+recto/?var=.

AM 738 4to. 43r. handrit.is, https://handrit.is/manuscript/view/is/AM04-0738/95?iabr=on#page/42v/mode/2up.

小林永濯『天之瓊矛を以て滄海を探るの図』肉筆画。1880 年代。

第四章

Martin, John. *The Paradise Lost of John Milton with Illustrations by John Martin.* 1846. Mezzotint. 39.3 x 30.7 cm. In Paradise Lost. John Milton. London: Charles Whittingham, 1846. The Metropolitan Museum of Art, https://www.metmuseum.org/art/collection/search/334091.

Le Veau, Jan Jacques Andrè. *Hubert-François Bourguignon dit Gravelot. Deucalion et Pyrrha repeuplent la terre.* Copper engraving. 1767. Ovid. *Les métamorphoses d'Ovide : en latin et en françois, avec des explications historiques.* Vol. 1. Translated by Antoine Banier. Paris : Pissot, 1767. Fable11. Via Wikimedia commons, https://upload.wikimedia.org/wikipedia/commons/4/42/Ovide_-_M%C3%A9tamorphoses_-_I_-_Deucalion_et_Pyrrha_repeuplent_la_terre.jpg.

Corot, Jean-Baptiste Camille. *Orpheus Leading Eurydice from Underworld.* 1861. Oil on canvas. 112.3 x 137.1 cm. Museum of Fine Arts, Houston. Via Wikimedia commons, https://upload.wikimedia.org/wikipedia/commons/3/3d/Jean-Baptiste-Camille_Corot_-_Orph%C3%A9e.jpg.

Huet, Pierre-Daniel, Pierre Mortier. *Situation du Paradis Terrastre.* 41 x 48 cm. P.J. Mode collection of persuasive cartography, #8548. Division of Rare and Manuscript Collections, Cornell University Library, https://digital.library.cornell.edu/catalog/ss:3293777.

Caravaggio, Polidoro da. Cherubino Alberti. T*he Creation of Adam who reclines at left and touching the hand of God.* 1570-1615. Engraving. 16.5 x 26.8. The Metropolitan Museum of Art, https://www.metmuseum.org/art/collection/search/651209.

第五章

Legendre, Léonce. *Achilles doodt Hector.* Musea Brugge collection. https://artinflanders.be/. photo by Dominique Provost. Public Domain, https://artinflanders.be/en/artwork/achilles-doodt-hector-2.

Rubens, Pierre Paul and Frans Snijders. *Prometheus Bound.* Oil on canvas. 242.6 x 209.6. Philadelphia Museum of Art.

一夢道人選。歌川国芳画。『日本国開闢由来紀』巻一。1860 年。13 コマ目左。国立公文書館蔵。https://www.digital.archives.go.jp/img/3988067。

大蘇芳年『須佐之男命』。木版。31 x 19.3 cm。アメリカ議会図書館蔵。jpd 01966 //hdl.loc.gov/loc.pnp/jpd.01966.

N. Vleughels (Designed) and Sam. Gribelin Junr (engraved). *The Shield of Achilles.* in Homer, *The Iliad of Homer.* Translated by Mr. Pope. 4th edition. London: Barnard Lintot,1736. Volume 5. Book 18. by cc0 1.0, https://upload.wikimedia.org/wikipedia/commons/8/89/1720_image_from_THE_ILLIAD_OF_HOMER_%28translated_by_POPE%29_pg_171_Vol_5_The_Shield_of_Achilles.png.

Tischbein, Johann Heinrich I. Thetis and Achilles. 1757. Etching on ivory laid paper. 18-14. Art Institute Chicago. https://api.artic.edu/api/v1/artworks/159802/manifest.json

第六章

Martorell, Bernat. *Saint Goerge Killing the Dragon.* 1434-35. Tempera on panel. 155 x 98.1 cm. Art Institute, Chicago, https://www.artic.edu/artworks/15468/saint-george-and-the-dragon.

Moreau, Gustave. *Hercules and the Lernaen Hydra.* 1875-76. Oil on canvas. 179.3 x 154 cm. Art Institute, Chicago, https://www.artic.edu/artworks/20579/hercules-and-the-lernaean-hydra.

Rackham, Arthur. In *Siegfried & the Twilight of the Gods.* By Richard Wagner. Translated by Margaret Armour. London: William Heinemann, 1924, https://upload.wikimedia.org/wikipedia/commons/4/4c/Arthur_Rackham_Siegfried_and_Mime.jpg.

Rackham, Arthur. In *Siegfried & the Twilight of the Gods.* By Richard Wagner. Translated by Margaret Armour. London: William Heinemann, 1924, https://upload.wikimedia.org/wikipedia/commons/1/19/Siegfried_kills_Fafnir.jpg.

Santi, Raffaello. *Saint Goerge and the Dragon.* C. 1506. Oil on panel. 28.5 x 21.5 cm. Andrew W. Mellon Collection, National Gallery of Art, https://www.nga.gov/collection/art-object-page.28.html.

第七章

Wolfgang, Georg Andreas the Elder. *Jupiter Changing Io to a Cow.* 1665. Etching on laid paper. 14.8 x 14.8. National Gallery of Art, https://www.nga.gov/collection/art-object-page.133469.html.

「大原の産屋」執筆者撮影

第八章

Bonasone, Giulio. *Noah Leaving the Ark.* 16c. 30.5 x 38.2 cm. Engraving. The Metropolitan Museum of Art, https://www.metmuseum.org/art/collection/search/392937.

Wolfgang, Georg Andreas the Elder. *Deucalion and Pyrrha Land on Parnassus.* 1665. Etching on laid paper. 15 x 14 cm. National Gallery of Art, https://www.nga.gov/collection/art-object-page.133463.html.

Published by Currier & Ives. 1868-78. *Noah's Ark.* Hand-colored lithograph. 27.2 x 35.2 cm. The Metropolitan Museum of Art, https://www.metmuseum.org/art/collection/search/371039.

第九章

Dürer, Albrecht. *The Last Judgement, from "The Small Passion."* C. 1510. Woodcut. 12.7 x 9.7 cm. The Metropolitan Museum of Art, https://www.metmuseum.org/art/collection/search/387436.

Huret, Grégoire. *The Last Judgement.* The Passion of Christ, plate 32. 1664. Engraving. 51 x 35.6 The Metropolitan Museum of Art, https://www.metmuseum.org/art/collection/search/417854.

一夢道人選。歌川国芳画。『日本国開闢由来紀』巻三。1860 年。19 コマ目。国立公文書館蔵。https://www.digital.archives.go.jp/img/3988069.

エピグラフ出典

第一章

ヤン・パトチカ『歴史哲学の異端的論考』石川達夫訳（みすず書房：2007）、129。

第二章

アーサー・オンケン・ラヴジョイ『存在の大いなる連鎖』内藤健二訳（晶文社：1975）、34。

第三章

エルンスト・ユンガー『労働者：支配と形態』叢書・エクリチュールの冒険、川合全弘訳（月曜社：2013）、278。

第四章

ハンス・マグヌス・エンツェンスベルガー『政治と犯罪：国家犯罪をめぐる八つの試論』晶文選書、野村修訳（晶文社：1966）、7。

第五章

アベル・パス『スペイン革命のなかのドゥルーティ』渡辺雅哉訳（れんが書房新社：2001）、306。

第六章

ウィリアム・フォークナー『八月の光』光文社古典新訳文庫、黒原敏行訳（光文社：2018）、sec.20、Kindle.

第七章

マリ＝ジャンヌ・デュリー『ネルヴァルの神話』篠田知和基訳（思潮社：1971）、132。

第八章

ニコライ・アレクサンドロヴィチ・ベルジャーエフ『現代の終末』現代教養文庫、荒川竜彦訳（社会思想研究会出版部：1958）、12。

第九章

ロープシン『黒馬を見たり』川崎浹訳（現代思潮社：1968）、174。

索引：神話の要約・引用・まとめ・概要・表

あとがき

　本書を読んだ後、さらなる神話の理解に向けて、どのような本を読んでゆけば良いのかということに関してはブックガイドを参照されたい。

　しかし筆者は、読者に先ず神話そのものに親しんでいただきたいと考えている。共同体の中で、時には秘義として語られていたものが神話である。神話を語る場に行けないまでも、その神話の雰囲気を想像しながら、直接、翻訳であっても神話に親しんでいただければ執筆者にとっての喜びである。

　本書では取り上げる余裕がなかったが、詩・音楽といった音声表現も神話にとって重要である。祝詞や和歌もメロディ（節）を伴って表現され、時には韻があり、そして神話も和歌や祝詞の中で表現されてきた。叙事詩も韻を踏み、賛美歌はメロディを持つ。そのような中で神話と信仰に関して思いを致していただけるのであれば著者の喜びとなる。

　そしてその経験からは、神話を理解すること、神話を創作の種とすること、学問の対象とすること、なにより人や世界や神との向き合い方を教えてくれるのであると筆者は考える次第である。

　本書はデジタルハリウッド大学の「世界の神話」で行った講義の全体の半分程度を元に書かれたものである。学生諸氏の高いモチベーションと、それに支えられた様々な質問が無ければ本書は成立しなかっただろう。学生諸氏にまず感謝を捧げたい。

　また、宗教的 - 神話的態度・実践研究会における発表をもとにした原稿も多く含まれている。多くの批判・叱正を頂き、原稿は改善された。会員、とりわけ池田光佑、池間俊祐、太田明、奥武輝、小松正弥の各先生方に感謝申し上げる。

また、草稿の段階で様々なご意見を賜った軽澤照文先生の感謝を申し上げる。

成瀬雅人氏には本書の出版の機会を頂き感謝申し上げる。

大西奈己氏には編集において大変な苦労をおかけした。感謝申し上げる。

佐々木正見氏に見事な装丁の表紙を頂いた。感謝申し上げる。

真紀からは物心両面の支えがあった。彼女がいなければ本書はその端緒に就くこともできなかっただろう。最大の感謝を捧げたい。

本書を今は亡き両祖父母、丸山陸徳（俳号・丸山商衣）、丸山ヒデ子、福井雪雄、福井功子に捧げる。両祖父母の愛の下で、伝統的な世界の中で、わたくしの精神が養われたことは何にも代えがたい財産である。

2024 年 2 月

丸山顕誠

丸山顕誠（まるやまあきよし）
1982年生まれ。宗教－神話哲学、日本神話、神道祭祀。博士（日本言語文化学）。
アメリカ・カトリック大学哲学研究科客員研究員を経て、現在デジタルハリウッド
大学非常勤講師、花園大学国際禅学研究所客員研究員。『祓の神事』、『現人神とな
る神事』（ともに三弥井書店刊）ほか。

カバー図版：Joseph Heintz d. J., *Allegorie*, Photo Fine Art Images / Bridgeman Images

神話を読んでわかること

●

2024 年 4 月 6 日　第 1 刷

著者……………丸山顕誠
装幀……………佐々木正見
発行者……………成瀬雅人
発行所……………株式会社原書房

〒 160-0022 東京都新宿区新宿 1-25-13
電話・代表 03(3354)0685
振替・00150-6-151594
http://www.harashobo.co.jp

印刷……………新灯印刷株式会社
製本……………東京美術紙工協業組合